庆祝 人民教育出版社 成立70周年

1950—2020

人教名人录

郭戈 主编
张华娟 副主编

人民教育出版社·北京

图书在版编目（CIP）数据

人教名人录 / 郭戈主编. —北京：人民教育出版社，2020.11
ISBN 978-7-107-33730-7

Ⅰ. ①人… Ⅱ. ①郭… Ⅲ. ①名人—人名录—人民教育出版社 Ⅳ. ①K825.41

中国版本图书馆CIP数据核字(2020)第212594号

人教名人录
RENJIAO MINGREN LU
责任编辑　苏　丹
书籍设计　王　喆

出版发行　人民教育出版社
（北京市海淀区中关村南大街17号院1号楼　邮编：100081）
网　　址　http://www.pep.com.cn
经　　销　全国新华书店
印　　刷　北京盛通印刷股份有限公司
版　　次　2020年11月第1版
印　　次　2020年11月第1次印刷
开　　本　890毫米×1 240毫米　1/16
印　　张　22.5
字　　数　450千字
定　　价　78.00元

主编的话

1950年12月1日，教育部和出版总署在华北联合出版社、上海联合出版社和出版总署编审局（前身为华北人民政府教育部教科书编审委员会）、教育部教科书编审处的基础上，组建了新中国第一家教育出版社——人民教育出版社（以下简称“人教社”）。毛泽东亲笔题写了社名，著名教育家、编辑出版家、文学家叶圣陶担任首任社长兼总编辑，新中国教育出版事业从这里开始走上了康庄大道。70年来，在教育部的领导下，人教社始终将学校教材和教育图书作为编辑出版的主攻方向，主要是通过中小学教材特别是统编教材深刻地影响了几代学子，为促进我国基础教育发展和国民素质提高做出了重要贡献。与此同时，也涌现出了一大批优秀的学科专家，以及在教育界、出版界、学术界有影响的人物。人教社的成立、发展和兴盛，得益于党领导下的新中国对于教材建设和教育出版事业的高度重视，得益于教育部及有关部委的坚强领导和大力扶持。

在人教社70年华诞之际，我们编辑出版的这本《人教名人录》，收录人教社初创时期（1950—1954）入职的部分名人的传记或相关文章，通过回顾、总结他们走过的历程和留下的印记，从一个侧面展现人教人的作为和风采，反映人教社对新中国教育和出版的贡献。这不仅可以激励新时代的人教人凝心聚力、拼搏进取、再创佳绩，而且对于人们了解和研究我国教育特别是基础教育和教材建设的发展都具有一定的参考价值。

本书收录的名家是人教社也是新中国教材建设和教育出版事业的奠基者、开拓者。对于他们的生平及成就，有很多文章曾介绍过，本书限于篇幅，每位名家只能收录一篇相关文章，优先选取能体现他们在人教社工作期间的情况的文章，并大致按照其入社时间加以排列。

70年来，人教社名人荟萃、人才众多，这些人大都驰骋在教育界、出版界、学术界，特别是学科教育领域，既有来人教社工作之前就闻名遐迩的，也有不少曾在人教社工作后来又调走的声名远播者，更多的是一直在人教社工作直至退休的功成名就者。本书能够收录的人物很有限，即便是在人教社初创时期来社任职的也还有许多名家没有收入，如教育家柳湜、刘皑风、张萃中，出版家金灿然、吴范寰，文史学家朱文叔、隋树森，历史学家汪篯（兼职）、杨生茂（兼职）、王永兴、吴雁南、姚涌彬，地理学家田世英、褚亚平（兼职），历史地理学家王剑英、刘宗弼，教育史学家曹孚、熊承涤，语言学家洪心衡、孙功炎、吕冀平，语文教育家冯钟芸（兼职）、刘国正、袁微子，小学教育家霍懋征、吕敬先，儿童文学家刘御、计志中，书法家王微，散文家孙福熙，辞书学家刘庆隆，以及一批中小学学科教育专家，如语文的蔡超尘、黎明（黎季纯）、董秋芳、张传宗，历史的王芝九、李赓序、李纯武，数学的吕学礼、余元庆、曹飞羽、魏群，物理的陈同新、雷树人、张同恂、董振邦、窦国兴，化学的梁英豪、许国培、周芬，生物的徐晋铭、李沧、刘默耕，地理的芮乔松、李明，俄语的丁西成、龙在田等，这些都有待以后增补。同时，也恳切希望大家积极撰写有关文章，更期冀人教社在今后发展的道路上能够涌现出更多的人才。

本书收录的内容一部分为已经发表的文章，也有一部分是专门为本书出版而撰写的。我们做了统一编辑，在每一篇文章之前，我们对传主的生平履历做了简单的介绍，同时对文章作者的基本情况也做了注释，还配了珍贵的历史图片，为读者提供更多的相关信息和背景资料。

本书在编辑出版过程中，得到了人教社黄强社长、王岳副总编辑等领导及人文社科图书编辑室、设计部、出版部等相关编辑室和部门的大力支持和帮助，苏丹、吴海涛、曹周天、锦传银、郭绪、王素芳等做了许多具体工作，谨在此表示衷心感谢。由于时间紧张和水平有限，我们的选编工作难免有不妥之处，敬请读者批评指正。

郭戈

2020年6月16日

目 录

1950年到任

1951—1953年到任

1954年到任

叶圣陶（1894—1988）

叶圣陶（1894—1988），本名绍钧，江苏苏州人。我国著名教育家、编辑出版家、文学家。新中国成立前，历任小学和中学教师、北京大学讲师、复旦大学教师、武汉大学教授和商务印书馆、开明书店编辑。曾参与创办或编辑《小说月报》《妇女杂志》《公理日报》《苏州评论》《光明》《中学生》《新少年》等报刊。1921年参与创建文学研究会，提出并实践了“文学为人生”的主张。1931年参与组织文艺界反帝抗日大联盟。1949年年初，应中国共产党邀请来到北平，任华北人民政府教育部教科书编审委员会主任。新中国成立后，历任出版总署副署长、教育部副部长、人民教育出版社社长兼总编辑、中央文史研究馆馆长。当选第一届至第四届全国人大代表、第五届全国人大常务委员会委员。当选第一届和第五届全国政协常务委员会委员、第六届全国政协副主席。1963年加入中国民主促进会，1978年当选为副主席，1984年当选为主席。他的教育思想可以概括为一句话——“教是为了达到不需要教”，即提倡引导与启发，使学生加强自身能力锻炼，达到疑难能自决、是非能自辨、斗争能自奋、攻关能自勉的主动境界。先后发表过许多论文、小说、诗歌、童话。1928年发表的《倪焕之》是中国现代文学史上最早出现的长篇小说之一。《稻草人》和《古代英雄的石像》开拓了我国童话创作的新园地。新中国成立以来，汇集出版的有《叶圣陶集》二十六卷、《叶圣陶教育文集》五卷、《叶圣陶童话全集》四册、《叶圣陶教育名篇选》等。

叶圣陶与人民教育出版社

叶至善

人民教育出版社成立，我父亲兼社长和总编辑，办公地点在宣武门石驸马大街①。

1955年5月，父亲偶为小学语文课本试作儿歌，9日夜得《小小的船》一首。他在日记上说：

自以为得意，录之：

弯弯的月儿小小的船，

小小的船儿两头尖。

我在小小的船里坐，

只看见闪闪的星星蓝蓝的天。

多用叠字，多用ㄢ韵字，意极浅显，而情境不枯燥，适于儿童之幻想。二十年前在开明编小学课本，即涉想及此，直至今日乃始完成。

儿歌仅四句，三十七个字，却在日记上自批自夸，写下了五十多字的跋，可以想见父亲那天夜里反复吟哦的喜悦。

除了这首《小小的船》，父亲在那几年中还有一件得意的作品，就是1951年9月16日，由出版总署发布的

作者简介：叶至善，中国编辑出版家，叶圣陶先生之子，曾任中国少年儿童出版社首任社长兼总编辑、中国科普作家协会理事长、中国出版工作者协会顾问、第七届全国政协常委会委员兼副秘书长、人民教育出版社教材顾问。

① 1950年12月1日，人民教育出版社成立，社址在北京东总布胡同10号出版总署院内。其中组建单位之一华北联合出版社办公地点在宣武门内石驸马大街，人教社成立后，经理部（后改为出版部）在此地办公。——编者

《标点符号用法》。先是在两个月前，政务院将要发布有关公文的规定，其中有个附件是《标点符号用法》，因不大合适，交人教社重拟。我父亲跟几位在语文方面信得过的朋友讨论了一遍，大家说了些想法，跟往常一个样，仍推我父亲起草。我父亲把常用的十四个符号列出来一看，发现其中的七个——句号、逗号、顿号、分号、冒号、问号、叹号，都用在念起来必须停顿的地方（其实还有破折号和省略号，叔湘先生在写《语法修辞讲话》时发现了，做了适当的纠正），其余七个，如人名号、地名号、书名号等，只表现在书面上，念起来用不着停顿。这个说法过去好像没有谁提过。他就先说需要停顿的七个，对标点功能的定性和例句的解释，行文有统一的格式；他认为不需要停顿的那七个，行文又是一种格式。搜寻恰当的例句是极其麻烦的事，一个来星期，功夫几乎全花在了这上面。定稿后油印了三十份，请朋友们提意见。朋友们没有不赞赏的，也有的提了一些意见。父亲不惮其烦，[illegible]仔细修改了，真个做到了三易其稿。有人说，讲得如此浅显明白，何不由出版总署公布，以便于编辑同志参照。父亲正沉醉于成功的喜悦之中，说只要政务院同意就成；又说如果由总署发布，就成了公文，他是个起草人，不该署名。

叶圣陶（右）与叶至善

还有件事，父亲似乎也很得意。1951年5月3日，《人民日报》刊登了一篇“五一”天安门庆祝大会的报道。我父亲看了，说它“疵病百出，可谈者甚多”。朋友们就怂恿他不妨在署内谈一次。他答应了，说需要做些准备，把报纸同朱文叔先生一起又仔细看了两遍，画了不少记号。22日下午开讲，人民日报社、新华社和教育部都派了人来听。父亲在那天的日记上记着：“一一举而讲之。历四小时而毕，犹觉发挥未尽。听者似尚满意，余亦欣然，然甚觉疲惫矣。”那天我跟了去，经久不息的掌声，可证明所记属实。然而事情尚未了结，过了两个星期，6月6日，《人民日报》发表社论，号召读者“正确地使用祖国的语言，为语言的纯洁和健康而斗争”；同时开始连载吕叔湘、朱德熙两位先生合著的《语法修辞讲话》。就在这一天，他们报社给我父亲送来了上月22日的讲话记录稿，请他亲自校阅。我父亲欣然接受，一连花了五个半天，添加涂改，几乎把八千多字重写了一遍，费的功力着实不少。送回报社之后，他们大概当作业务学习材料，在内部分发了。我没看到印件，还记得父亲在开头处讲到，长安街的白杨至今尚未萌芽，作者说绿叶青葱是报道失实。如今在北京，杨树四月中旬已新绿满枝，那是半个世纪来气候转暖所致；我父亲当时那样说，并非指有为无，故意挑剔。

应该说，我父亲还有一桩可以引以为得意的事。新中国诞生的前夕，他和一班长期从事语文教育的朋友商量，认为三十年以来，小学的“国语”课专教白话，中学的“国文”课掺入文言，逐年递增，直到把白话挤掉才罢休，其实默认了文言和白话有高低雅俗之分，分明是当年新文化运动不彻底留下的后遗症。如今人民当家了，应该把它纠正过来，抹去这条徒乱人意的界限，不管小学中学，通称为“语文”。设立“语文”这个科目，为的是训练学生运用语言和文字的能力，名正言顺，一听就明白。人们必须相互交流生活经验和思想感情，或用语言，或用文字；交流必然是双向的，有接受一方，必然有发表一方，因而在语文科的教学中，听、说、读、写四者必须并重。学习为的是运用，课文当然要以现代人的语言文字为主；为了让学生了解一般文言跟白话有哪些差别，让高中学生读些浅近的文言是必要的；学生如果想在研究工作中运

華西初訪猶如昨既接清芬四十年邃密深沈殊弗
逮媿存虛願欲齊賢竝臻信達兼今雅
譯事羣
欽夙擅場頗冀移栽名說部俾困樓筆得深嘗

叶圣陶（左）与吕叔湘

用古籍，还得接受专门的训练。根据朋友们的共识，我父亲草拟了一份《中学语文科课程标准草案》(小学那份是蒋仲仁先生拟的)，新中国成立之初，以“初步意见”的名义公开征求意见；人教社课本的封面上，好像已经印上了“语文”两个字。直到1951年春季，教育部才组织人员，和“初步意见”原起草人等一同改定，作为正式“课程标准草案”颁发。不管怎么说，“语文”这个科目，到如今已经沿用了半个多世纪了。

查父亲的日记，1952年9月，教育部拟订语文科的教学大纲。在座谈会上，有人提出苏联的教学大纲中，中学是“语法”和“文学”分开的，课本也是分开的，语法教学的分量因而较重，认为我国也该如此。父亲参加了20日的座谈会回来，在日记中写下了一条备忘：“凡平日留心语法者，如叔湘、莘田、丁声树诸君，咸谓语法非万应灵药。可以为辅助而不宜独立教学，使学生视为畏途。此大可注意也。”那时向苏联学习的风刮得正猛，如《生理卫生学》课本改称《人体解剖生理学》，《生物学》课本改称《达尔文主义基础》，改的只是书名，后来大概觉得累赘，又改了回来。中学语文科的《语法》跟《文学》分家却是件大事，十二册中学《语文》课本得全部另起炉灶，都一分为二，化为两个十二册。大概是教育部把那天的座谈会情况汇报到中央，中央派定乔木同志总管这件大事，还定下限期，自1955年秋季开始，要求分了家的新课本陆续出版，并组织若干学校试用。从我父亲写在日记上的那条

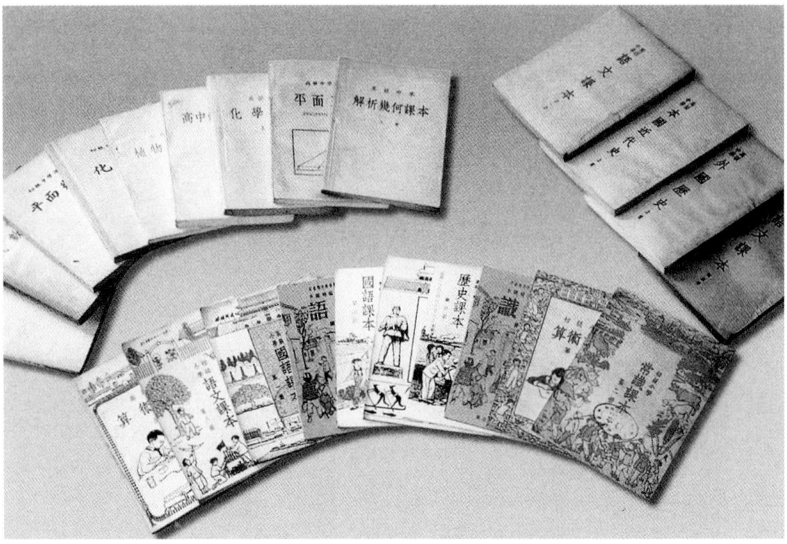

叶圣陶主持编辑出版的第一套人教版教材（1950、1951年）

备忘来看，他当时心里是不太舒服的，好不容易才把小学的“国语”跟中学“国文”串在了一起，“课程标准草案”也才出台，怎么又得变呢？好在他能以大局为重，说决定既然已经做出，大家就该同心协力，把新课本编得像个样子。最后把《语法》改定为《汉语》，是乔木同志的主意。他说这套课本除了讲语法，还得包括语音、正字、词汇、造词、篇章结构，再加点儿语言学的初步常识，为了名副其实，不如称作《汉语》。

编写《汉语》课本，主要由叔湘先生、志公先生两位负责。叔湘先生早就答应我父亲，给人教社写一套简明扼要而又大家认可的语法课本。简明扼要，相信叔湘先生是做得到的；要让大家认可，却很不容易。因为这个“大家”可不平常，指的是少数语法专家，他们都持之有故，言之成理，各有各的体系，互不折服。叔湘先生在社会科学院语言研究所，研究的正是制定一套博采众长的、符合实际又便于实用的语法体系。他老对我父亲说不用催，待所里的研究大致有了眉目，约他写的语法课本才有条件写。如今到了非催不可的坎子上，叔湘先生说：“那就把志公请到人教社来当我的助手。”志公兄是1950年年底由吕先生介绍进的开明；第二年《语文学习》创刊，他任主编；后来连人带刊物，随开明并入了中国青年出版社。我父亲于是跟中青社商量，回说可以，只是《语文学习》停了可惜，只好请志公先生全部带走。人教社考虑了好些日子，才咬咬牙答应了，一塌括子都要。于是成立了汉语编辑室，志公兄当主任，《语文学习》的主编由他兼任。《汉语》课本方面的事，由他负责跟叔湘先生商量处理。

有关《汉语》的事有了着落，我父亲才能集中部分精力，参与中学语文室编写《文学》课本的工作。为什么不全力以赴呢？这是不可能的。单说这1954年吧，最重要的大事莫过于制定《宪法》。我父亲和叔湘先生接受了《宪法》起草委员会聘请，担任了制定《宪法》的语文顾问。写上《宪法》的每个字每个标点，都经过他们俩一遍又一遍推敲。第二件，父亲为编译局校订《斯大林全集》的译稿，一、二、三、七、八、九，共六卷。在人教社的范围内，其他课本在发稿前他仍得最后改定。至于编写《文学》课本，首要之务是挑选称得上文学作品的课文。一些早有定评的短篇译文，如契诃夫的《凡卡》，都

叶圣陶（左三）在寓所庭院与张志公（左二）、刘国正（右二）等合影

德的《最后一课》，都参照了所有的译本，又请翻译家对照原文仔细校正修改了，才拿来作课文。同时又提醒自己，编的是中国的《文学》课本，译文以少用为佳；可是大家都称心的短篇文学作品，哪儿有那么多呢？同事们推我父亲试写了《孟姜女》和《牛郎织女》，因为苏联的《文学》课本中有普希金和托尔斯泰写的民间传说。

转眼到了1955年暑假，开始试用新课本的中学已选定了七十多所。《汉语》才出了初中一册，还没涉及语法，高一只好暂缓试用。《文学》总算出齐了高中、初中各一册，可以按计划在高一、初一同时开始试用了。好在并不需要把两个十二册全部端出来，只要往后每学期以不低于四册的速度跟上就成。语文科又开始了一次革新的尝试，总得有人向语文教育界做个报告，说清楚这样的改革是必要的，而且是办得到的，并扼要介绍“汉语”和“文学”课程各包含哪些内容。报告由谁做呢？既可以代表教育部，又可以代表人教社，我父亲是最佳人选了。为了完成这一任务，我父亲只好把任务带回人教社，请朋友们帮忙：先商量主要讲什么，请中语室汇总列个提纲；提纲经过一再讨论，敲

定之后，分段请几位朋友起草；初稿齐了又一起讨论，或修改，或重写。我父亲把各段串起来写了一遍，又跟大家讨论并修改了多回才定稿，约两万字，题作《改进语文教学，提高语文教学的质量》。报告是7月1日做的，听众近千人，绝大多数是中学语文教员。又把讲稿分送给乔木同志和教育部党组审阅，等意见送回来了，我父亲做了最后一次定稿，让《人民教育》和《语文学习》两种月刊登载。

功夫真个花了不少，高中和初中，《汉语》和《文学》课本各六册倒是出齐了，还按册编写了教学参考材料。可是使人沮丧的是，试用效果大不理想，反馈回来的意见负面的居多，教师和学生都说负担太重，既难教，又难学。按惯例，被选作试点的中学都是拔尖的，看着语文科成绩下降，怎能不着急。新课本结果只试用了两年半，1958年3月由国务院做决定，仍把“汉语”和“文学”合在一起，称作“语文”。这场尝试性的改革就此草草收场，留下的只是那两套分了家的课本，结局使当时出过力的人难免惆怅怀念。1980年，蒋仲仁、杜草甬两位先生选编《叶圣陶语文教育论集》，没有收录我父亲的那个报告。他们说，那个报告是当时大家凑起来的，编在个人的论文集里不太合适。

有一回，叔湘先生跟我父亲聊天，两人都谈到自己不善于当领导。父亲在日记上先记下叔湘先生的话：“我人之想法不出二途：一为得好手而信赖之，任其自己挥洒；一为任人写出毛坯，不惮烦劳而为之修订。二者皆非今日应有之作风。或为高拱无为之官僚主义，或为辛辛苦苦之官僚主义而已。”紧接着记下了自己的感慨：“余亦深知其敝，但无由转变，将奈何。”“任人写出毛坯，不惮烦劳而为之修订”，在编辑工作中，我父亲确实如此，老把自己弄得疲惫不堪，如果能找到可以信赖的好手，岂不快哉！在人教社那十多年，遇到的好手并不少，按百分比看可能还是少了些，没把我父亲养成拱起双手、颐指气使的官僚。

王泗原先生是我父亲信赖的好手之一。他被教育部抢先要了去，让他编写工农中学的语文课本。他每编成一册，总要送到人教社来请我父亲审阅。父亲看他不但敬业，而且有自己的见地，富有旧籍知识，行文却很平易；提什么意见，他都能接上茬，因而深悔当时没有坚持。后来费了不少口舌，才把他调进人教社。蒋仲仁先生前头已提到过，最初起草小学语文科课程标准就是他执的笔。他好像当过许多年中小学教员，因关心语文教学，对我父亲自称为“老调”的那一套比较熟。父亲还发现，他善于团结人。对一位党员来说，这本是必要的条件。父亲说他好像已经成了习惯，不用想就做得十分妥帖，不会使人感到压力。社中人事纠纷，他顺带着就解决了。朱文叔先生小我父亲一岁，衰老而多病。他是把编课本看作革命工作做的，自愿编小学语文，求好的心有点儿过了头，因而老觉得别人不理解他。过些日子，他就含着眼泪对我父亲发一通牢骚。发泄完了，父亲问他怎么办。他想了一会儿，嘀咕了一句“有啥办法”，站起身来颤巍巍地走了。他读报特认真，遇到病句就摘抄下来，分成类，供我父亲写评论做报告时作例子。还有张志公兄，调进了人教社也成为我父亲可以信赖的好手，关于语文方面的一些烦琐的来信，就请他代回复了。

编写生物学课本的也有一位好手——方宗熙先生。他是福建人，1938年年初去印度尼西亚苏门答腊岛的巨港中学教书，后来到新加坡跟着愈之先生做华侨的工作，日军占领期间两人成了患难之交。1947年秋，他去英国专攻遗传学。新中国成立后，他排除多方阻挠，赶回北京找愈之先生，说要报效祖国。愈之先生把他介绍给我父亲，父亲让他修订《植物学》课本和《动物学》课本。没隔多少天父亲对我说，署里来了位留英的编辑，学生物的，知识广博，叫我有事可向他请教，可约他写稿。父亲真个“得好手而信赖之”了。让他接着编《生理卫生学》课本和《生物学》课本，那时叫《人体解剖生理学》和《达尔文主义基础》。先是他写稿，我父亲审读，有意见写在稿纸上，请他考虑修改；后来索性当面商量，毕其功于一役，变成两人一同编写了。宗熙先生也得其所哉，自夸说，把巴甫洛夫的条件反射写得如此浅显明白，还从未见过。

1953年春，宗熙先生受山东大学聘请去当教授。我父亲心想，他去了那儿可以直接培养人才，可以亲手做科学研究，很不情愿地接受了他的辞呈。这一年暑期，他还回人教社根据教师们提的意见，把四部课本修改了一遍。调离的人员这样做的，我只听说过他一位。后来他调到海洋学院，做海带育种试验。父亲每次见面，总要问他取得了什么新成绩。“十年浩劫”中不通音信，再见到他已是1977年秋天了。见他身体依旧结实，精神依旧愉快，父亲问他这十年是怎么过的，他说培养海带的实验室被砸了，几个很有希望的高产品种都毁了。父亲替他惋惜，他说不要紧，可以重新来过。他的夫人可不如他坦然，悄悄对我说，他在“牛棚”里挨了打，打成了肝昏迷，能活过来真不容易，只因为他是摩尔根派。原来还是学术之争呢。“拨乱反正”后，他又有了做科学研究的权利，社会方面的职务比先前多了，经常来北京开会，还不时出国参加国际学术交流；只要到北京，总要来探望我父亲。我父亲说：“怎么又来了，还有什么时间做科学研究？”他说：“都是工作嘛，有什么办法呢！”1985年7月，接到青岛来的讣告，说他患癌症去世了。我去医院告诉了父亲，他沉默了一阵，叹了口气说：“可惜，一个好人！”

人教社那时有件新鲜事，让编辑带着自己编写的课本到学校里去试教。办法大概是大家想出来的，有没有写成条文，我不知道；只知道父亲是当作一回事干的，花了不少时间和精力，接洽了不满十个中学和小学，有城里的，有郊区农村的。每个学校挑一两个班，每个班只试教一门课。请学校的教师一同备课，听课，最后一同做总结；用教学的实践，印证课本是否适用，还得做哪些改进。教学方法亦然。两者齐步并进，才有希望摆脱几千年来灌输式教育的束缚。用眼下的说法，只要切切实实地做下去，学校的教师和出版社肯定是“双赢”，成绩是可以触摸到的，合作会非常愉快。

人教社当时每周有业务学习，常安排我父亲作讲。他屡次提醒中语室，必须提高挑选课文的眼力，不能“拉在篮里就是菜”。课文大多选自新出版的报刊，初选总是不相宜的多，逐步淘汰，比沙里淘金还难。常常初选是一大摞，最后却一篇也不剩。我父亲觉得光讲原则还不能解决问题，在业务学习时，常常根据实例，细细分析这一篇为什么选得好，那一篇为什么不能用。先是刊登那些篇文章的报刊听说了，邀我父亲去他们那里再讲一回。后来有些报刊送来了他们自己的材料，有已经发表，读者反映不错的；有特意采访，而结果没法刊用的。我父亲只要挤得出时间，一律允诺。他在新中国成立之初就说过，抓文风得抓《人民日报》和中央人民广播电台，用眼下的话说是两大“新闻媒体”，一个人人都要读，一个人人都要听。要是报刊电台，如今得加上电视台，文风都准确而生动，语文课受到的压力可能会减轻许多；编语文课本选择课文，也有了比较广阔的余地。

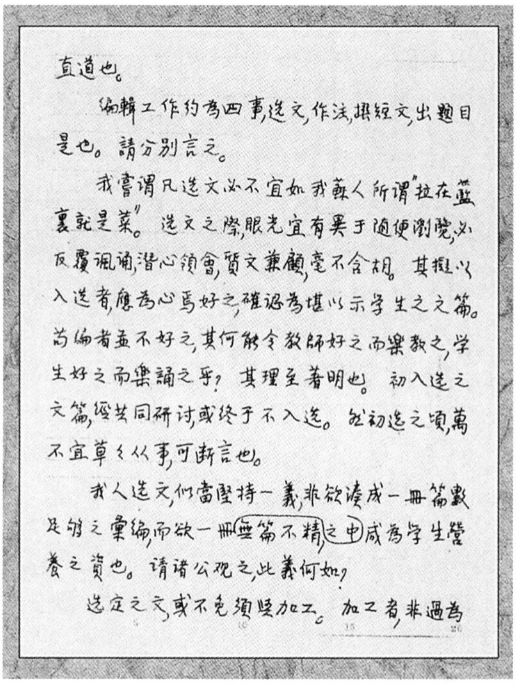

直道也。

编輯工作约为四事，选文，作法，撰短文，出题目是也。請分別言之。

我嘗谓凡选文必不宜如我蘇人所谓“拉在籃裏就是菜”。选文之際，眼光宜有異于随便瀏覽，必反覆諷誦，潜心領會，質文兼顧，毫不含胡。其擬以入选者，應為心焉好之，確認為堪以示学生之文篇。苟编者並不好之，其何能令教師好之而樂教之，学生好之而樂誦之乎？其理至著明也。初入选之文篇，經共同研討，或終于不入选。然初选之頃，萬不宜草草从事，可斷言也。

我人选文，似當堅持一義，非欲凑成一冊篇數足够之彙编，而欲一冊無篇不精之中成為学生營養之資也。请诸公观之，此義何如？

选定之文，或不免須略加工。加工者，非遇為

1962年8月22日叶圣陶致人教社中学语文编辑室的信（部分）

1962年夏天，中华职业教育社的王艮仲、孙起孟两位先生邀集了十多位搞语文教育的熟人，说要创办一个业余的语文学习讲座，学员以在职干部和中小学教员为主，目的是介绍自学的方法，提供学习材料，有计划地帮助他们提高语文水平——为做好自身的业务所必须达到的语文水平。我父亲赞成他们对教学目的的设想，相信他们举办业余学校的经验，愿意跟他们在一起，给急于想做好工作的有志者补上这一缺憾。讲座起初打算招收五百名学员，

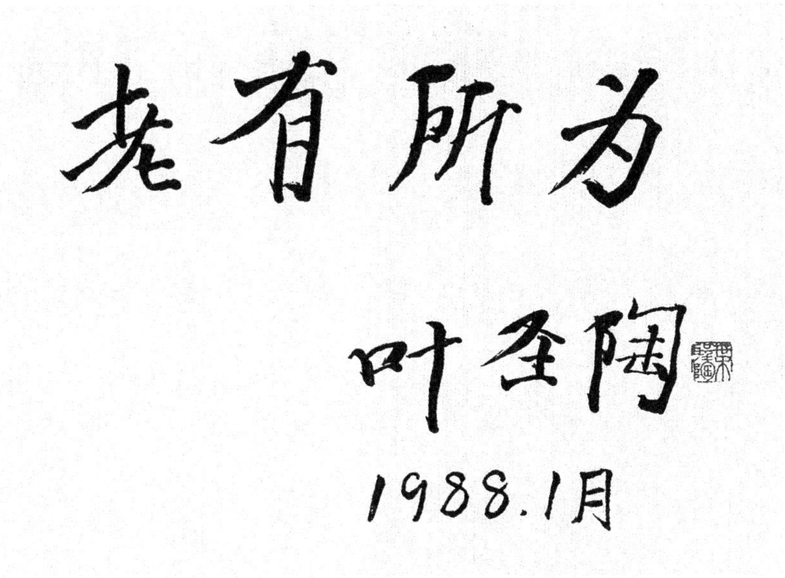

叶圣陶题词

到1966年被迫停办，正式报名的达八千六百多人。直接听讲的一千五百人，其余的即使身在北京，也只好阅读编印成册的讲义，每一讲都录了音，传送到各地，由分校播放。我父亲为讲座出了哪些主意，我就说不清楚了；只记得他每次作讲之前，都要跟文叔先生、泗原先生、志公兄等各位认真准备；作讲时，晓风兄必跟去代写黑板。四年间在讲座上讲过课的有三十多位。据父亲回忆，当时讲的内容大体分三项：一是选读一些文章，有现代的，有古代的；有文学作品，也有非文学作品；二是评改一些文章，有报刊上的，有学员的习作；三是结合前两项，传授一些学习语文的基础知识和基本技能，同时讲一些必须坚持的态度。学员虽然分散在不同的岗位上，却编成了班，编成了组，听讲前组织预习，听课后组织讨论，写了习作相互商量评改；还推出代表，把学员们的意见带到代表大会上，跟讲课的人和办学的人一同商讨教学方面的问题。学校的工作人员极少，有什么紧迫的事，如寄发刊物、布置会场，部分代表就自愿来帮忙。处处表现出自己要学，跟被分数逼迫着学就是不一样。我父亲在1980年还写了一篇《纪念“语文学习讲座”》，在回忆中寄托他深深的眷恋。

（摘自《出版史料》2007年第2期，有改动）

宋云彬（1897—1979）

宋云彬（1897—1979），浙江海宁人。我国著名文史学者、杂文家、民主人士。1928年开始为开明书店编辑加工大型辞书《辞通》。1930年正式入开明书店任编辑。全民族抗战期间，先在武汉军委政治部第三厅从事抗日宣传工作，后赴桂林参与创办文化供应社，参与编辑《野草》半月刊，还曾在广西桂林师范学院任教。1946年创办并主编救国会的机关刊物《民主生活》周刊。1947年任香港文化供应社总编辑，同时为新加坡上海书店编写南洋华侨中学的语文教科书，并在达德学院任教。1949年春任华北人民政府教育部教科书编审委员会委员。新中国成立后任出版总署编审局一处处长。1950年12月人民教育出版社成立时，被任命为社务委员、副总编辑，兼语文组组长，主持编写了《初级中学语文课本》（六册）。其早前著作《中国近百年史》前半部被改编成《高中本国近代史》上册教科书。1951年10月离开北京到杭州，历任浙江省人民政府委员、省政协副主席、省文联主席、省民盟副主任委员和省文史馆馆长等职。1958年调北京任中华书局编辑，参与点校"二十四史"，并兼任北京大学古典文献专业教授。主要著作有《东汉之宗教》《王守仁与明理学》《明文学史》《中国文学史简编》等。

从编辑到编辑

——宋云彬先生文化苦旅六十年

俞筱尧

宋云彬是我国现代著名的文化战士。早在20世纪20年代初，他就已开始办报，朝着民族独立和社会进步这个大方向努力奋斗，但在前进的道路上付出了巨大的代价，竟至抱憾以终。

抨击社会黑暗

1897年8月16日，宋云彬生于浙江海宁硖石镇上的一个商人之家，自幼丧父，家道中落。少时他在镇上米业公会小学堂毕业后，到杭州宗文中学读了一个学期的书，后来又在杭州共和法政学校当了一年旁听生，便回到硖石。他祖母希望他能继承父业，把祖传的锡箔店管起来，然而他无意经商。当时科举制度已经废除，各地都办起了学堂，不再以“四书”“五经”作为主要课程，但在国文课本中仍选入不少《论语》《孟子》《史记》《汉书》和汉魏六朝以及唐宋时期的诗文。他在米业公会小学堂读书时，有位国文教师朱起凤（字丹九），古文很有根底，对宋云彬又关心爱护。在这样一位教师的诱导启发下，宋云彬对古文和中国历史产生了浓厚的兴趣，并且为进一步阅读和研究打下了坚实的基础。宋云彬回家乡后，选择自己喜欢读的书，晚间在床头点一支蜡烛，常常读书到深夜。

1919年“五四”运动爆发，宋云彬接触到了新文化和新思想，《新青年》等杂志对他产生了深刻的影响。1921年，他终于离开了祖祖辈辈生活的老家，开始走上新的生

作者简介：俞筱尧，编辑出版家，曾任中华书局总编辑秘书、文物出版社副总编辑，享受国务院政府特殊津贴。

活道路。从1921年11月到1924年夏，他先后在杭州担任《杭州报》《浙江民报》《新浙江报》的编辑、副刊编辑和主笔，常在这些报纸上发表杂文和社评，揭露社会黑暗，抨击军阀政府的腐败，很受读者的欢迎。也正因为这样，宋云彬成为浙江一带人们心目中的“激进派”。

北伐前后

1924年，宋云彬结识了时任中国共产党杭州支部书记的安体诚，他的人生道路发生了一个重大的转折。安体诚是浙江省党的早期领导人，他了解宋云彬是一位思想进步又有正义感的青年知识分子，当时中国共产党正在积极发展组织，推进国共合作，很需要这样的人才。经安体诚多次启发，宋云彬逐步认识到只有打倒军阀，驱除帝国主义侵略势力，国家才能独立自强，老百姓才能摆脱贫穷落后，过安宁的生活。这年8月，他由安体诚、宣中华介绍，加入了中国共产党。国共合作之后，宋云彬奉命组建国民党临时浙江省党部，并筹组省属的各级党部。1924年下半年，杭县、萧山、鄞县、绍兴四个县临时党部相继成立，同时也向海宁、平湖、临海、永嘉等县派出了筹备员，宋云彬被派为海宁县筹备员。在海宁教育界有一定威望和影响的朱宇苍协助宋云彬开展工作，工作进展得很顺利。

暑假期间，宋云彬和朱宇苍、詹秉文等利用小学教员讲习会，负责宣讲“联俄、联共、扶助农工”三大政策，大力宣传“打倒列强”“打倒军阀”“坚决废除不平等条约”等口号，发展了一批党员。宋云彬还在硖石镇东山建立了第一个区分部，不久几个区的区分部和海宁县临时党部也都相继成立。

1924年10月23日，冯玉祥发动北京兵变，拘禁贿选总统曹锟，电邀孙中山北上共商国是。孙中山在中国共产党支持下发表《北上宣言》，号召举行国民会议。1925年3月12日，孙中山在北京病故，此后国民党内左右两派的斗争日趋表面化。国民党右派背弃孙中山的三大政策，公开反对国共合作。4月，国民党海宁县第一次代表大会在县城（今盐官镇）召开，海宁县党部宣告成立，宋云彬等九人被选任为执行委员。12月，在宣中华主持下，宋云彬和担任嘉兴、杭县、绍兴、鄞县、永嘉、平湖等县党部执行委员的共产党员和国民党左派代表数十人，针对省党部“西山会议派”沈定一（玄庐）搞分裂活动，在硖石原海宁县硖石区党部所在地，召开中国国民党浙江省各县市党部联席会议，号称“东山会议”，反对“西山会议派”的反动路线。“东山会议”代行临时省党部职权，在杭州头发巷15号设办事处，并于1926年3月正式成立国民党（左派）省党部。国民党右派企图以上海、江苏、浙江三省市为基础，在上海另设国民党（右派）中央，与广东国民党（左派）中央相对抗的阴谋，在浙江地区遭到挫败。

1926年5月因社长邵季昂被捕，宋云彬奉命前往上海接任社长。10月，该社被封。宋云彬奉调前往广州，担任黄埔军校政治部编纂股股长，编辑《黄埔日刊》，在政治部主任周恩来领导下工作。他还和政治部总教官恽代英、教官萧楚女时相过从。他们的教育和影响，让宋云彬一生都难以忘怀。1927年4月，北伐军攻克武汉，宋云彬又担任武汉《民国日报》编辑，兼任武汉政府劳工部秘书。但不久蒋介石、汪精卫相继叛变，宁汉合流，宋云彬在武汉待不下去，便经庐山牯岭潜回上海。

蛰居上海

宋云彬到上海后，党组织要他到海宁家乡举行暴动。他觉得在当时形势下在海宁搞暴动没有把握，就这样脱离了党组织。之后，他蛰居在上海宝山路协隆里，不便外出公开活动。为了生活，经老友王伯祥介绍，担任了商务印书馆的馆外编辑。他用笔名宋佩韦为“国学基本丛书”编著了《东汉之宗教》（再版改名《东汉宗教史》）、《王守仁与明理学》、《明文学史》和《资治通鉴选注》等书籍，先后在1931年至1934年出版。

1928年冬，宋云彬为开明书店编辑加工朱起凤编著的《辞通》。《辞通》是一部阐述古汉语音韵、通假、训诂的辞书。全书300万言，是作者花30年心血撰著而成的。当时学者章炳麟、胡适、钱玄同等见了原稿多交口称誉。此书不但篇幅大，且偏僻字多，排版刻字成本高，照相影印又苦于原稿手迹笔画太细，不够清晰，且印数可能不会多，出版商怕亏本，故出版过程颇多周折。后商之于开明书店主持人章锡琛，章锡琛当时很想在出版业有一番作为，在王伯祥、叶圣陶、周予同和郑振铎等人的支持下，经考虑再三，并与夏丏尊商量后决定接受出版，并商请宋云彬进行编辑加工，周振甫等协助。宋云彬是作者在家乡米业公会小学堂读书时的入室弟子，师生关系较好，其编辑加工能力也为作者和章锡琛等所信任。以此缘由，宋云彬正式加入了开明书店。他认真从事，条目次序颇多调整，由原来的72卷厘定成24卷。宋云彬在《辞通·跋》中说："每遇疑难，辄商之先生，三四年来，往返函牍，亦几盈尺。"可见宋云彬编辑加工的辛勤。

《辞通》的出版，与商务印书馆《辞源》、中华书局《辞海》鼎足而三，使开明书店在出版界提高了声望。《辞通》在1934年初版第一次印刷，预约一万册，在两个月内销售一空。随着又续印了几万册，取得了良好的社会效益和经济效益。

在开明书店，宋云彬还和夏丏尊、叶圣陶、陈望道合作编著《开明国文讲义》，和王伯祥合作编著《开明历史讲义》，后又为"开明中学生丛书"写了《陶渊明》《玄奘》《王阳明》等书籍。开明书店为青年读者编印了一套中国古典文学名著的洁本，其中《水浒传》的编辑加工工作也是宋云彬做的。他还在《新少年》半月刊上陆续发表了《夥涉为王》《朝仪》《刘太公》等十余篇"故事新编"式的历史故事作品，后来结集编为《玄武门之变》，由开明书店于1937年出版。

从1930年12月到1937年8月，宋云彬在开明书店工作近七年，充分展现了他的国学根底和写作才能，也使他结识了一批著名文化人和老编辑。1935年12月，他还参加了由沈钧儒等发起成立的上海文化界救国会，积极投入抗日救亡和争取民主政治的活动。上海文化界救国会不久以团体会员资格加入全国各界救国联合会，1946年在重庆改组为中国人民救国会，制定新的政治纲领，选举新的领导机构，宋云彬被推选为中央委员。

全民族抗战期间在武汉

1937年"八一三"淞沪战起，宋云彬举家回到海宁。1938年4月，宋云彬辗转到达武汉，和沈雁冰、叶圣陶、楼适夷等在汉口创办《少年先锋》周刊。由郭沫若任厅长的军委政治部第三厅成立，他到第三厅第五处二科工作。宋云彬在五处二科任科员，主要工作是起草文稿和宣传材料，同时也为一些报刊撰写杂文。

在团结抗日的旗帜下，大批著名学者和文化人都聚集在武汉三厅，他们都不惜放弃各自原来较高的职位和优厚的待遇屈尊俯就，这在国民党当局看来是不可思议的。他们看到三厅能网罗这么多人才，组成如此强大的阵容，既得意又不免感到震惊。

和三厅成立几乎同时，阳翰笙、老舍等积极筹备中华全国文艺界抗敌协会（简称“文协”），得到重庆、成都、昆明、长沙、广州、桂林、香港等全国各地文艺工作者的热烈响应和积极支持，宋云彬也列为发起人之一。文协的发起宗旨是，号召全国文艺工作者“团结起来，像前线将士用他们的枪一样，用我们的笔，来发动民众，保卫祖国，粉碎寇敌，争取胜利”。文协还办起了会刊《抗日文艺》三日刊（后改为周刊、半月刊、月刊和不定期刊），宋云彬担任了编委。这份刊物在武汉沦陷以后改在重庆继续出版，直到1946年5月4日在重庆终刊。该刊8年内共出版72期，是国统区存在时间最长的进步文艺刊物。

文协成立以后，曾配合宣传和纪念活动，编印《武汉各界第二期抗战扩大宣传周特刊》《鲁迅先生逝世二周年纪念特辑》等，在《新华日报》和《抗战文艺》发表。《抗战文艺》一卷四期，发表了茅盾、郁达夫、老舍、冯乃超、胡风等致周作人的信，指出他在北平参加日本侵略者策划的“更生中国文化座谈会”的严重错误，希望他“幡然悔悟，急速离平，间道南来，参加抗敌建国工作”。但是周作人不但没有听从朋友们的忠告，反而越滑越远。宋云彬在《抗战文艺》等报刊上发表了《从学鲜卑语讲起》《杂谈两则》和《杂谈三则》等杂文，对周作人的行为进行斥责。在《杂谈三则》之一《呵周》一文中，宋云彬首先肯定了周作人对我国新文艺的贡献，并说有人以“苦雨斋主”比“五柳先生”，周作人也沾沾自喜，还标榜自己的“言志”文学是真正的文学。宋云彬接着指出：

卢沟桥的炮声，惊醒了一切醉生梦死的中国人，然而我们的“苦雨斋主”却仍从容不迫地在他的“寒斋”里吃“苦茶”！邻居的无线电收音机，可以使他为了俗曲俚歌的刺耳而失眠，“皇军”的飞机大炮声，却可以使他安闲地聆赏。平津沦陷了，他还不肯离开他的第二故乡北平，又不肯跑出他的“苦雨斋”，去干点应该干的工作。于是关心他的、爱护他的朋友们都替他担心，怕他经不起敌人的威逼利诱。而果然，不久他就从“苦雨斋”跑到“更生中国文化座谈会”去了。……处在现在的中国知识分子，除了做一个保卫民族的斗士或出卖民族的汉奸，还有夹缝可钻，还有第三条道路可走吗？而况自从敌人把周作人参加的所谓“更生中国文化座谈会”的记录公开发表以来，我们并没有见到过周作人申辩的文章，反之，在《宇宙风》等刊物里，倒还刊载着他的一贯作风悠闲的新作品。人之无志，一至于是！他标榜“言志”文学，我不知道他现在所“言”的是什么“志”。①

宋云彬还写了不少杂文赞颂章太炎民族革命的功绩，赞颂蔡元培争取民主、保障民权、维护思想自由的精神，赞颂鲁迅的韧性战斗风格，赞颂吴检斋杀身成仁的崇高民族气节。总之，他的杂文正如他的为人，蔑视邪恶，歌颂光明和正气，文笔酣畅，且议古论今，寓意深远。1938年10月，武汉沦陷。宋云彬随政治部三厅五处撤退到桂林，他和胡愈之、张志让等差不多原班人马，组成政治部驻桂林办事处第三组，在桂林中学办公。次年1月，划归设在桂林的西南行营政治部，但原来的办事处建制没有撤销，宋云彬仍任科员。西南行营政治部往来文电较多，宋云彬则须两头兼顾，还要挤出时间应艾青主编的《广西日报》副刊《南方》和迁桂出版的《救亡日报》《国民公论》等报刊之邀写稿，所以忙碌不堪。1939年5月，西南行营政治部通报，政工人员必须一律申请加入国民党，不申请者须说明理由。宋云彬以为：“入党犹之处子适人，一朝加盟，终身以之，非深思熟虑不可。若在至短促之限期内贸然加盟，于己

① 宋云彬著：《宋云彬杂文集》，生活·读书·新知三联书店1985年版，第23—24页。

于党皆失之轻率。语有之，‘靡不有初，鲜克有终’，正以举事之初未能详思熟虑耳。余雅不愿以至郑重之事而轻率出之。”（《桂林日记》稿本）宋云彬拒绝申请，西南行营政治部主管虽感不快，但因其是知名人士，也无可奈何。不久，宋云彬与张志让、刘季平等相继离职。

在桂林文化城

桂林是抗战时期我国西南的文化城，这里有夏衍主编的《救亡日报》和《新华日报》桂林分销处，有范长江等主持的国际新闻社和陈同生主持的青年记者协会，有王鲁彦等主持的文协桂林分会（简称“桂林文协”），有原三厅的演剧九队、抗宣一队和新安旅行团，有欧阳予倩主持的桂剧实验剧团和广西艺术馆，有陶行知创办的晓庄学校，有杨东莼主持的被称为“广西抗大”的广西地方建设干部学校等团体和学校。此外，日本人民反战同盟西南支部和朝鲜义勇队也在桂林开展活动。这里还有胡愈之等主编的《国民公论》半月刊，司马文森主编的《文艺生活》月刊，田汉主编的《戏剧春秋》月刊，黄宁婴主编的《中国诗坛》，刘季平、黄新波等编辑的《工作与学习》和《漫画与木刻》，千家驹主编的《中国农村》等几十家期刊以及名闻海内外的生活书店等进步出版机构。在这里，聚集着全国著名的文化人和学者，他们坚持抗日救亡的宣传和斗争。

1938年7月，根据周恩来和中共中央南方局的决策，胡愈之和沈钧儒等在重庆筹划，通过救国会和广西方面爱国民主人士李任仁、陈劭先等合作，在桂林创办文化供应社（简称“文供社”），编辑出版进步书刊。1939年8月1日，文供社正式成立，沈钧儒、胡愈之、李任仁、陈劭先、李章达等11人成立董事会。李任仁任董事长，陈劭先任社长，陈此生任秘书兼总务部主任，总揽全社的行政事务，胡愈之任编辑部主任（相当于总编辑，后由邵荃麟继任），宋云彬和曹伯韩、张天翼等担任专任编辑，张志让、傅彬然、张铁生、王鲁彦、杨承芳等也都先后参加编辑业务。宋云彬后来又兼管出版部，并邀开明书店的唐锡光协助工作。

文供社很重视政治学习，创办初期，每星期都举行读书会，由张志让担任主席，张铁生和陈此生担任副主席。宋云彬和他们以及胡愈之、姜君辰等都做过读书报告。宋云彬还曾主持讨论思维与存在之关系、相对真理与绝对真理、自然科学与社会科学等课题，发言都很热烈。文供社还办了一份反映内部交流情况的《文化通讯》，由宋云彬主编。文供社在这段时期，陆续编辑出版了许多著作，尤其如“文化室图书”等大批通俗读物，很受读者欢迎。

1940年8月，宋云彬和夏衍、孟超、聂绀弩、秦似创刊《野草》半月刊。这是一份以发表杂文为主，兼及短篇创作、译作和文艺评论的刊物，1946年10月出至第5卷第5期停刊。宋云彬审稿十分认真，对此秦似在回忆当时工作时有一段很生动的描述：

> 《野草》由五个人署名编辑，只要人在桂林，每期的稿件，是大家都要看一遍的。每轮到他看的时候，他总必正襟危坐，提着羊毫笔，咬着烟斗，一字不漏地看完。不论谁的文章，看到有不妥的字句或偶然的笔误，他总要给改了才罢休。……又有一次，记不得是谁的文章，当着我翻检开明书店出版的《二十五史》，足足翻了半小时。[①]

在这段时间里，宋云彬将武汉时期以及后来发表的杂文，分别选编为《破戒草》和《骨鲠集》两本杂文集，由创作出版社和文献出版社分别在1940年和1942年出版。他还利用养病和业余时间编了一本《鲁迅语录》，由文供社在1940年出版，该书特别受青年读者的欢迎，印数较多，销售很快。

宋云彬工作虽然很紧张，又几乎天天要躲日机空袭，但是他写作很勤，许多文章都是利用零星时间或深夜写成的。这时他经过一段时间酝酿，在早年的一部《文学讲话》的基础上加以修改提高，按文学的发展源流，断断续续地编写成了一部七万言的《中国文学史简编》，分《诗经与楚辞》《从汉赋到六朝骈文》《北曲与南词》《小说的起源与发展》《文学革命与新文学的建设》等

---

① 宋云彬著：《宋云彬杂文集》，生活·读书·新知三联书店1985年版，第2页。

十二章加以叙述，由文供社于1945年出版。

1939年7月，宋云彬和舒群、艾青、周立波等酝酿成立文协桂林分会，并参与筹备工作。同年10月文协桂林分会成立后，组织各种讲座、研究班、座谈会、报告会，还组织了战地访问团等各项活动，宋云彬和田汉、欧阳予倩等都在各种场合讲课或做报告，对推动抗日和促进民主运动发挥了重要作用。1940年12月，在文协桂林分会举行的年会上，宋云彬被推选为常务理事。

为了便于商讨工作和交流情况，宋云彬和胡愈之、张志让、张铁生、千家驹、刘季平等十余人经常以读书会的形式进行活动，讨论形势，有些写作计划和写作任务也在读书会上讨论和安排。宋云彬还兼任挂名的广西绥靖公署咨议和广西建设研究会研究员。

宋云彬对党的方针政策是认真贯彻执行的，特别是对毛泽东关于形势的分析、估计十分钦佩。1939年9月，毛泽东发表《关于国际新形势对新华日报记者的谈话》，宋云彬早几天得到了信息，不但认真阅读，还整段整段地在日记里抄录了下来，并且写道："那时候还没有得到英法宣战的消息，但毛主席已经肯定欧洲这场战争一定要爆发。"随后，他便发表了《第二次世界大战的展开及其前途》等论文，对毛主席的谈话内容加以阐释和宣传。宋云彬还曾写过诸如《从鸦片战争说到禁烟》《伟大的历史变革时代的本国史教学问题》等时评。

宋云彬还担任叶圣陶主编的《中学生》战时半月刊的编委，经常为刊物写稿和组织稿件，后来又和金仲华、傅彬然、丰子恺、贾祖璋等被聘为开明书店编译所成都办事处编译委员。1943年9月，宋云彬一度任桂林师范学院教授。

在桂林这几年，宋云彬编刊物，写杂文，经常由施家园足蹬草鞋，冒着大雨，涉水到城里接洽稿件，参加各种座谈会和讲座等社会活动，在党的领导下积极宣传团结抗战、民主进步主张，在舆论界很有影响。

参加"民盟"

1944年秋，日军大举进犯豫湘桂，宋云彬又举家从桂林撤退，12月中旬平安到达重庆。文协假座中国文艺社，由老舍代表文协致辞欢迎。宋云彬也汇报了桂林文化界撤退情况和沿途见闻。不久，张友渔代表党组织聘请宋云彬去延安鲁迅艺术学院任教，宋云彬很高兴地接受了邀请，准备全家前去延安，但在重庆候车候了几个月，没能去成。后经周恩来同意，到设在昆明的英军心理作战部当顾问。他除例行公事外，主要精力仍放在为几个刊物写稿上，曹伯韩主编的《进修月刊》创刊，他被聘任为编委，林涧青主编的《青年知识》月刊复刊，他也热心给予支持。在这期间，他还和西南联大和云南大学的教授朱自清、闻一多、浦江清、尚钺、李何林、李广田、唐兰等相交往；孙起孟、刘思慕、楚图南等时在昆明，也经常在政治上思想上给予帮助。1945年6月，经周新民、罗隆基介绍，宋云彬以个人身份加入中国民主同盟（以下简称“民盟”），并任民盟南方支部常务委员。民盟云南省支部创办的《民主周刊》在昆明和西南一带知识界特别是青年学生中很有影响。宋云彬加入民盟以后，和主编吴晗以及闻一多等共同参与编辑，工作积极，配合很融洽。不久，日本无条件投降，英军心理作战部撤销，宋云彬回到了重庆。1946年年初，他受沈钧儒委托，创刊并主编救国会的机关刊物《民主生活》周刊，共出12期，在4月下旬停刊。随后，他又到桂林，任文供社总编辑，继续从事民主运动。当年7月发生“李闻惨案”，举世震惊。宋云彬愤慨万分，立即和柳亚子共同署名发出急电，抗议国民党当局的暴行。在白色恐怖下，宋云彬在8月间被迫避居湖北大冶，其间曾赴香港，不久又回桂林。

香港期间

1947年1月，应陈劭先之邀，宋云彬再赴香港，任香港文供社总编辑。其间由胡愈之策划和促成，一度为新加坡上海书局编辑中小学教科书，由宋云彬、孙起孟主编，叶圣陶校订，还成立了编委会，参与编写的人员有傅彬然、蒋仲仁、廖冰兄、秦似等。这两套教材包括国语、历史、地理、算术、常识、自然、公民等课程，后来在东南亚出版，为华侨子弟的教育事业发挥了积极作用。

宋云彬还在陈其瑗任院长的达德学院兼任教授。达德学院教授大多是解放战争期间从内地去的进步文化人和学者，学员则是从内地去的进步青年和东南亚一带的华侨青年。该学院设有政治经济学、新闻和经济管理等系科，讲授的课程有“新民主主义论”“社会发展史”“中国革命基本问题”“土地法大纲”“农村工作”等，宋云彬曾讲授“中国近代史”课程。不论教与学，该学院都充满着民主气氛。

1948年9月，《文汇报》在香港复刊。在此之前，郭沫若在上海时，曾应该报总编辑徐铸成的邀请，担任该报总顾问，组织过几个周刊。这次又应邀组织由宋云彬、千家驹、孙起孟、侯外庐（后为杜国庠）、茅盾、翦伯赞、曾昭抡等分别主编了七个周刊，从星期一至星期日轮流编辑，宋云彬主编《青年周刊》，每逢星期日出刊。七个周刊办得很有生气，受到香港和海外读者的欢迎。

在香港期间，宋云彬和周新民、千家驹代表民盟与民革陈此生、农工民主党李伯球、民进党王绍鏊等每星期聚会一次，讨论时事等问题。平时，他经常和柳亚子、沈钧儒、夏衍、邵荃麟、邓初民、张铁生、狄超白、萨空了、莫乃群和徐铸成相往来，经常为一些报刊写稿。他还将1946年在桂林和重庆以及后来避居湖北大冶期间着手编写的《中国近百年史》完稿。全书50余万字，由新知书店1948年在香港出版。在这部书里，他将《1925年至1927年的大革命》《从“九一八”事变到“七七”事变》和《抗战八年》，作为中国近代史的范畴分篇编写进去，叙述较系统是这部著作的一个明显特点。

编写新的中小学教材

1949年2月，宋云彬应邀和郑振铎、叶圣陶、曹禺、王芸生等一起离开香港北上，经山东烟台、潍坊、济南等解放区到达北平，由救国会提名，作为该会代表参加中国人民政治协商会议，被推选为政协第一届全国委员会委员。4月，宋云彬担任教科书编审委员会委员，和主任委员叶圣陶、副主任委员周建人、胡绳等共同筹备新解放区中小学教材的编辑出版工作。当时新中国尚未建立，这个编审机构暂归华北人民政府编制。7月，宋云彬又作为南方文艺界代表，参加中华全国文学艺术工作者代表大会，后被选为中国作家协会理事。

1949年，叶圣陶（后排右二）、宋云彬（后排左三）等在从香港回解放区的船上合影留念

中华人民共和国成立后，宋云彬担任出版总署编审局第一处处长。1950年12月，人民教育出版社成立，宋云彬和叶圣陶、柳湜、金灿然、魏建功等九人组成社务委员会。出版总署副署长叶圣陶兼任社长、总编辑，柳湜任副社长兼副总编辑，宋云彬、刘薰宇、金灿然等任副总编辑，金灿然兼任秘书长。人教社的工作是编辑出版中小学教科书，当时面临的任务是力争尽快修订和重编，由国家统一供应。要实现这个目标，工作十分繁重。宋云彬全身心地投入了这项工作，审阅和编著了多种小学语文教材。这时有人提出将他过去编写的《中国近百年史》前半部，即鸦片战争至北伐战争以前部分，改编为《高中本国近代史》(上册)，在教科书"旧的不适用了，新的没有编出来"的情况下，他也没有多加考虑，就让提议者去改编。但这本《高中本国近代史》(上册)出版以后遭到读者批评，批评文章在《人民日报》的副刊《图书评论》上发表。宋云彬认真考虑后做了答复，主动把责任承担起来。他说明《中国近百年史》是1946年开始编写的，不少地方用杂文笔法，显然是不相宜的。他还把全书检查了一遍，把读者没有指出来的错误也列举出来，向读者做了交代。又说，原来他也认为应该抽时间认真修改，或者彻底重编。但是那时他手头事情很多，就由提议者替他尽可能修改了一下，他认为这样做是不负责任的作风。总之，宋云彬对读者的批评意见，态度是诚恳的。当时批评与自我批评的气氛很好，批评者提出问题虽然很严肃，却没有扣帽子，被批评者也充分申述了自己的意见。

这年6月，毛主席发表《论人民民主专政》一文，说洪秀全、康有为、严复和孙中山"代表了在中国共产党出世以前向西方寻找真理的一派人物"。宋云彬很同意这个观点，但他认为一般青年对康有为、严复可能都不太了解，便特撰《康有为和严复》一文，由《进步青年》发表。后来他还写了《康有为》，全书7万余言。在这部篇幅不大的著作里，他对康有为这位向西方寻找真理的先进人物的生平和思想做了扼要的评述。此书1952年由商务印书馆出版，生活·读书·新知三联书店1964年又出过修订本。

在杭州的几年

1951年宋云彬调赴杭州，先后担任浙江省人民政府委员、省政协副主席、省民盟副主任委员、省文化教育委员会副主任委员、省体育运动委员会主任委员、省文联主席、省文史馆副馆长兼浙江师范学院教授等职。浙江是他的家乡，且是他早年从事革命活动的地方，他这次到浙江去工作，心情是舒畅的。但他平时的主要工作多半仍然是参加社会活动和写作杂文。在杭州这段时间里，特别是1956年间，他在《文汇报》等报刊发表了《持之有故，言之成理——对百家争鸣的一点体会》《略谈讽刺》《从一篇杂文谈到讽刺》和《韩愈的〈师说〉》等多篇论文。对写杂文和讽刺，他似有这样几点看法。

（一）只要能够掌握时代精神，懂得为什么现在才着重提出“百家争鸣”的口号，那我们一定有信心在人民内部展开思想斗争——就是进行学术上的自由辩论，用不着有什么顾虑。

（二）他很赞成陆定一所提出的，凡是“持之有故，言之成理”的，都可以承认它是“一家之言”，让它有宣传和辩论的自由。展开辩论也不一定要得出结论（能够得出结论自然最好）。

（三）有人主张不要杂文，废除杂文，这是不可能的。只要现实生活中存在矛盾，也就存在讽刺，矛盾永远存在，讽刺也永远需要。他认为关于杂文和讽刺问题，鲁迅已经讲过，毛主席的《在延安文艺座谈会上的讲话》说得更明白，对于提高认识是大有帮助的。

（四）讽刺的生命是真实，虽不必是曾有的实事，但必须是会有的实情。宋云彬认为，现在的所谓讽刺，大抵倒是写实。非写实决不能成为所谓讽刺，而是“造谣”和“污蔑”。

当时《文汇报》发表了一篇杂文，批评有关当局处理的两件事：一是某地主管农业的领导干部不准农民搞副业，叫农民把养的鸭子杀掉或卖掉；二是浙江省某县干部下令拆毁古塔，烧掉塔里的文物。宋云彬在浙江工作，读了这篇杂文后，认为第一件事只说发生在某地，不知其详，但类似的事情在浙江也发生过，不过不是杀鸭子，而是强迫农民将几万亩荸荠拔掉，改种双季稻，因为违了农时，致使农民颗粒无收。第二件事指的是浙江龙泉金沙寺塔被毁事件。他认为那篇杂文并非跟事实完全不符，基本上应属于“写实的讽刺”，并非“捏造”和“诬蔑”。如果是这样，那也就不是什么冷嘲，也不是乱用了讽刺，或者用对付敌人的办法来对付自己人。如果像这样的杂文也看作是毫无善意、毫无热情的冷嘲，那必然会发展到“一般地反对讽刺”，杂文这朵“花”就很难开放了。

20世纪50年代初，宋云彬在杭州做报告

宋云彬十分关心和重视党的知识分子政策，经常坦诚地向中共浙江省委反映知识分子的工作条件和要求，认为民主党派成员要起“诤友”的作用。他还积极建议党的各级领导干部既要学习马列主义，还要学习文化，努力掌握专业知识，不断提高领导水平，在文化学术工作上，领导人要尽量少做行政干预。他还十分关心文物保护工作。秉性耿直、襟怀坦白的宋云彬，有时颇为天真诙谐，遇到问题常常直言不讳。1957年，在省政府的一次会议上，他对浙江龙泉毁坏古塔和古塔文物的事件提出了批评，要求省政府重视这一事件，依法进行严肃处理。另外他还讲到，有位中学教师写了篇童话，说到小孩子讲谎话鼻子就会掉下来。有位领导人在做批判唯心主义报告时，竟以那篇童话作为唯心主义的典型来讲。他认为所有这些，分不清文物和迷信，也不知道什么是童话之类，都是由于缺乏文化素养造成的。但1957年“反右派”运动在“左”的思想指导下，所谓“百家争鸣”，实际上只有“无产阶级”和“资产阶级”两家，姓“无”还是姓“资”长期争论不休，怎能正确区分是“讽刺的乱用”还是“不一般地反对讽刺”，做到“百家争鸣”呢？据宋云彬的女儿宋蕴庄事后说起，许志行告诉他们，毛泽东阅看宋云彬发表的杂文后连说“书生之见，书生之见”。但宋云彬仍被错划为“右派”，除保留浙江省政协委员外，被撤销其他一切职务，由行政9级降至行政14级，1959年虽摘掉“右派帽子”，但直到1979年2月才得以平反。

校点《史记》和《后汉书》

被错划“右派”以后，宋云彬做过多次思想检查，但是他始终不知道错在哪里。他认为，对不合理的事提出意见，希望改正，不正是自己应尽的职责吗？有的领导人讲了一些不恰当的比喻，闹出了笑话，写篇杂文“讽刺”一下，不也是可以允许的吗？怎能说这就是“讽刺的乱用”呢？对此，他无法理解。当时他只感到自己不能再搞“政治”了，对古书还有点基础，后半生唯一的出路还是整理古书，对人民也许还有所帮助。他写信给在上海的朋友，希望能到上海去从事这方面的工作。

1958年，国务院科委成立了以齐燕铭为组长的古籍整理出版规划小组，指定中华书局为它的办事机构，并改组为整理出版古籍和文史哲研究著作的专业出版社，正在从各地物色和调集专家学者。宋云彬于1958年9月从杭州调到了北京，在中华书局古代史组担任编辑，参加“二十四史”的校点。当时“二十四史”的校点工作刚开始不久，其中《史记》原来由顾颉刚校点，他的助手贺次君协助顾老做了不少具体工作。宋云彬接手后，发现原来的校点体例很不一致，反复考虑后，他向中华书局总编辑金灿然提出一个建议，由中华书局出面邀请顾颉刚、聂崇岐、贺次君、叶圣陶和王伯祥等几位专家，商量一下校点体例和底本等问题。他们座谈了几次，最后商定以金陵书局本为底本重新加工，并由聂崇岐协助审阅。当时宋云彬虽已年逾花甲，经常工作到深夜十一二点钟。他按照新商定的校点体例和底本抓紧工作，12月下旬完成第一批稿件，以后陆续发稿，陆续校对。校点本《史记》全书130卷，共230余万字，分装大32开精装6册，平装10册，并由郭沫若题签，在1959年9月出版，向国庆十周年大庆献礼。接着，他在中华书局老编辑宋茂华的配合下，以南宋绍兴刊本为底本，着手校点《后汉书》。经孙毓棠、曾次亮、孙人和协助审订，《后汉书》全书120卷，共200余万字，分装大32开12册，在1965年5月出版。他还将《史记·项羽本纪》《汉书·高帝纪》译成语体文并加注释，分别改名《项羽》《刘邦》，列入中华书局出版的“历代政治人物传记译注”丛书，在1962年12月和1964年8月出版。在这段时间里，他兼任北京大学教授，每星期都

宋云彬和夫人合影

去北大为古典文献专业学生讲授《史记》专题课，该专业的学生也经常到他家里请教，他都热情地接待。

紧闭着的“三扇门”

在中华书局这些年，宋云彬的工作和生活是比较稳定的，他对被错划“右派”虽不免感到委屈和怅惘，但在勤勤恳恳工作之余，总是不断进行反思。尽管这样，他总觉得有一些事情解释不通，处在复杂和矛盾的心理状态之中。

和当时许许多多知识分子一样，宋云彬的工作和生活没有安定几年，我们的祖国又经历“十年浩劫”，中华书局古籍整理出版业务停顿，他也就不能再从事这项工作了。1969年9月，他虽已年逾古稀，仍随同中华书局全体干部和部分家属一起下放湖北咸宁文化部干校劳动改造。1972年他因病回到北京。这时他虽然仍咬着烟斗，仿佛还是以前那样从容潇洒，风度不减当年，但直到去世，整整七年间他几乎一言不发，1979年4月在沉默中长逝。临终前他只说：“我心中有三扇门紧闭着，再也打不开了。”这紧闭着的“三扇门”究竟指什么，谁也无法说清，只能说老人是在他经历了一场无法理解的历史浩劫后，怀着对祖国前途和命运的无穷忧虑而去了。

宋云彬1949年应邀从香港到北平，作为救国会的代表，参加全国政治协商会议，并被推为政协第一届全国委员会委员，协商新中国成立大计。1954年，中华人民共和国第一届全国人民代表大会第一次会议在北京召开，他以民盟代表身份参加大会。1958年被撤销代表资格，1959年后以特邀代表身份被推举为第三、第四、第五届全国政协委员。他的错划虽得到平反，但他已没有机会亲眼看到我国实行改革开放、建设中国特色社会主义的新气象了，这是多么令人遗憾啊！

（摘自《学林漫录》第15辑，中华书局2000年版，有改动）

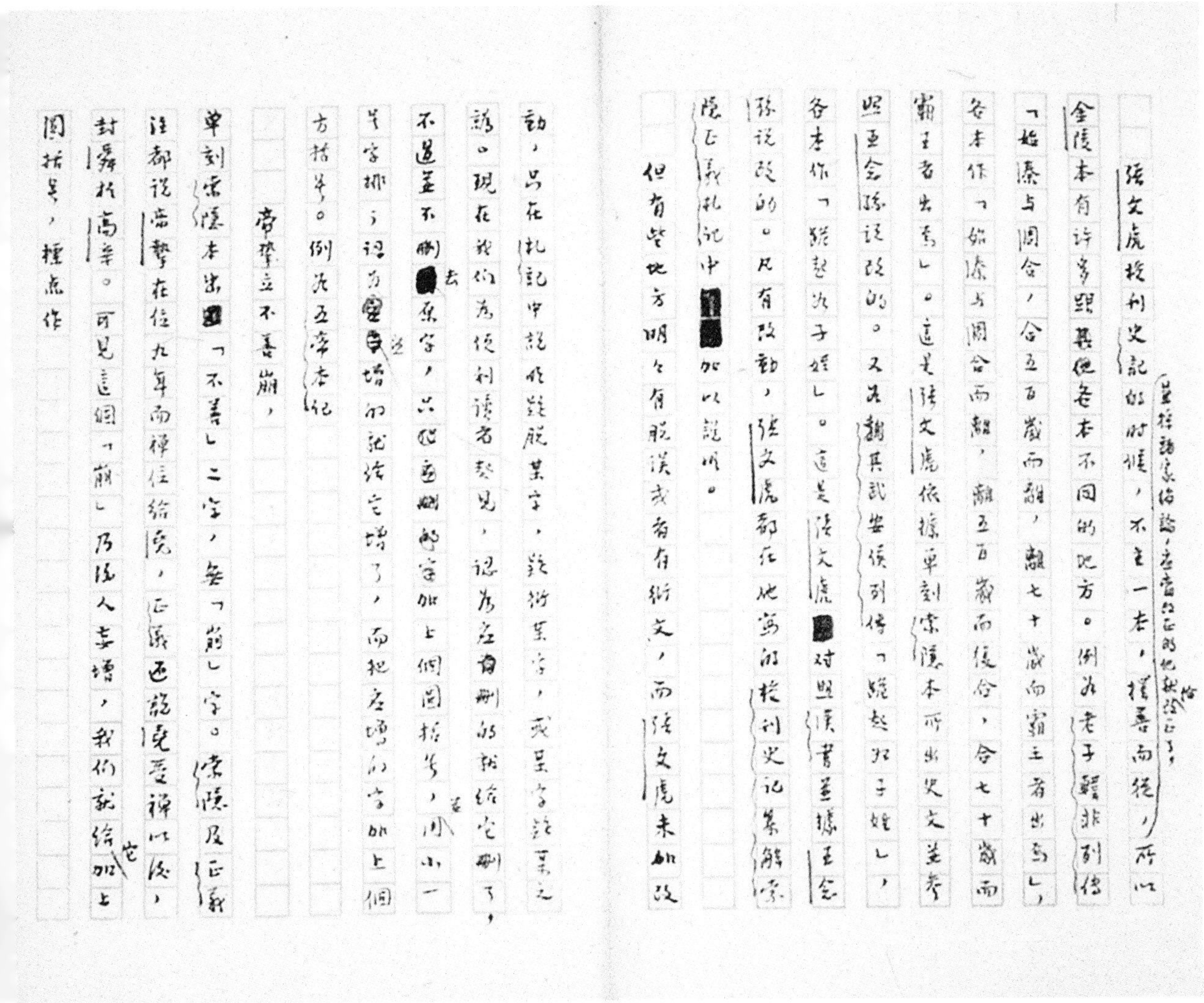
張文虎校刊史記的時候，不主一本，擇善而從，所以金陵本有許多跟其他各本不同的地方。例如老子韓非列傳「始秦與周合，合五百歲而離，離七十歲而霸王者出焉」，各本作「始秦與周合而離，離五百歲而復合，合七十歲而霸王者出焉」。這是張文虎依據單刻索隱本所出史文並參照王念孫說改的。又如魏其武安侯列傳「跪起如子姓」，各本作「跪起如子姪」。這是張文虎[redacted]对照漢書並據王念孫說改的。凡有改動，張文虎都在他寫的校刊史記集解索隱正義札記中[redacted]加以說明。

但有些地方明明有脫誤或者有衍文，而張文虎未加改動，只在札記中說明疑脫某字，疑衍某字，或某字疑某之誤。現在我們為便利讀者起見，認為應當刪的就給它刪了，不過並不刪[redacted]去原字，只把應刪的字加上個圓括號，用小一號字排；認為應[redacted]增的就給它增了，而把應增的字加上個方括號。例如五帝本紀

帝摯立不善崩，

單刻索隱本出[redacted]「不善」二字，無「崩」字。索隱及正義注都說帝摯在位九年而禪位給堯，正義還說堯受禪以後，封摯於高辛。可見這個「崩」乃後人妄增，我們就給它加上圓括號，標點作

宋云彬《〈史记〉点校后记》手稿

吉少甫（1919—2008）

吉少甫（1919—2008），江苏扬州人。我国著名出版家，新中国教育出版事业的奠基者和开拓者。1938年参加革命，1939年加入中国共产党。曾任桂林、香港新知书店经理，重庆、上海、香港群益出版社经理。新中国成立前参与创建上海联合出版社，担任副经理。新中国成立后参与筹建人民教育出版社，担任首任社务委员兼经理部（后改为出版部）主任。1956年和1958年参与组建上海教育图片出版社和上海教育出版社，并担任两社社长兼总编辑。1979年被任命为上海市出版局副局长，先后兼任中国出版工作者协会第一、第二届理事，上海市出版工作者协会第一、第二届副主席，中国郭沫若研究会理事，中国出版科学研究所特约研究员、国家出版局党史资料征集工作领导小组成员等。1986年6月离休。2008年10月逝世并捐献遗体。主编《中国出版简史》和《郭沫若与群益出版社》，著有研究文集《书林初探》，并发表几十篇有关出版史研究的论文。

吉少甫：新中国教育出版事业的奠基者和开拓者

锦传银

吉少甫，江苏扬州人，著名出版家，新中国教育出版事业的奠基者和开拓者，从事出版事业长达七十年。1938年参加革命，1939年加入中国共产党。新中国成立前主要从事国统区革命出版工作，参与创建上海联合出版社。新中国成立后参与筹建人民教育出版社，担任首任社务委员兼经理部（后改为出版部）主任。1956年和1958年参与组建上海教育图片出版社和上海教育出版社，并担任两社社长兼总编辑。在人教社工作期间，挑起了生产经营这副重担，为人教社中小学教材出版发行工作奠定了坚实的基础，为新中国教育出版和教材建设事业做出了重要贡献。

艰险的革命出版工作

青少年时期的吉少甫就读于贵州铜仁国立三中。在校期间，他与同学组织读书会，阅读进步书刊，常到校外向当地群众进行抗日救亡宣传活动，因此为国民党县党部所不容。毕业前两个月，他被迫离校赴贵阳，设法找寻关系前往革命圣地延安，不料赶上日寇轰炸贵阳城，交通受阻，于是在生活书店经理张子明的帮助下，被录用为生活书店练习生。1939年9月初，在读新书店负责人沈静芷及其爱人戴秀红的操办下，吉少甫与罗萍结婚。1939年年底，吉少甫加入中国共产党，从此走上革命出版道路。

1940年年初，吉少甫经徐雪寒介绍，进入桂林文化供应社工作。负责该社编辑工作的胡愈之花了半个月的时间，手把手教吉少甫，使他很快了解了开本尺寸、校对符号、印刷车间的撮字和改版，熟悉了出版印刷基本工作。1940年6月，吉少甫被任命为桂林新知书店经理。皖南事变后，新知书店香港办事处经理张朝同因出版反映皖南事变真相的小册子被拘捕，吉少甫被派往

作者简介：锦传银，人民教育出版社出版部高级主管，北京人教聚珍图文技术有限公司总经理，主要从事出版工作与出版史研究。

1945年任群益出版社
经理的吉少甫

香港接替他的工作。1941年年底香港沦陷，吉少甫等在东江纵队护送下，经三个多月的长途跋涉，于1942年4月重回桂林工作。这段出生入死的经历，铸就了他坚强的政治品格，坚定了他从事革命出版事业的信念。正如吉少甫在《长相依，最忆是桂林——追忆新知书店桂林分店》里所描述的："新知桂林分店是我在政治上受到锻炼成长的最初地方，今天来追思半个世纪以前的事，仍令我心潮澎湃，激动不已。"①

1945年5月，八路军驻渝办事处徐冰（邢西萍）向吉少甫传达上级党组织任命他主持群益出版社工作的决定时说："做好主持群益出版社工作就是做好统战工作，支持郭老安心写作，为郭老整理出版他的新旧著译，在特定政治环境下，对国民党反动派做斗争有重要的意义。"传达决定当天，吉少甫恰巧遇见周恩来、董必武、刘恕、张晓梅（徐冰的爱人），周恩来与其谈及关于做好统战工作和做好国统区革命出版工作的重要意义。吉少甫后来回忆说："我那时还很年轻，因此直到今天还记忆犹新。党的领导人对我的教育，加深了我终生从事革命出版工作的决心和信心。"②

随着抗日战争胜利，党组织决定将群益出版社总部东迁上海。吉少甫作为先锋一路周折，耗时一个月从重庆到达上海，主持上海群益出版社的工作。其间，郭沫若将群益出版社的宗旨题词为："文化之田，易耨深耕。文化之粮，必熟必精。为益人群，不负此生。"③当时，关于与海燕书店合作的问题，吉少甫向冯乃超提出：群益与海燕两家分工合作，今后出版郭沫若的著译作品是统一版式和风格的"文集本"，权益上要尊重著译者的著作权，按时给付版税。④这种以著作权收取版税的合作模式，为人教社中小学教材租型经营制度提供了借鉴。

由于国民党的反动统治，上海进步文化人士遭受的迫害愈演愈烈。1948

① 吉少甫著：《书林初探》，上海三联书店1995年版，第324页。

②③④ 吉少甫主编：《郭沫若与群益出版社》，百家出版社2005年版，第5—6、157、169—170页。

年，吉少甫被迫离沪赴港，协助群益出版社总编辑周而复出版发行20余本《北方文丛》和一批新文艺作品。随着解放战争的胜利，1949年中共香港文委决定，派唐泽霖和吉少甫携带新民主出版社排制毛泽东著作的七种纸型秘密潜回上海。上海解放后第三天，装订好的毛泽东著作的单行本就在新华书店第一、第二门市与读者见面，向上海市民及时宣传了中国共产党的政策和主张。

开拓教育出版工作

（一）参与创建上海联合出版社

1949年5月31日，上海军管会文教管委会给吉少甫发了该管委会新闻出版处27号工作证的证明书，从此他成为新政府的干部。同年6月，调吉少甫与万国钧即刻创建由国营的新华书店，合营的三联、商务、中华、开明等60多家私营书店联合组成公私合营的上海联合出版社（以下简称“上联”），专业出版印行中小学教科书。上联于1949年7月21日成立，在第一次股东大会上，新华书店等15家单位的代表被推举为董事，组成董事会，新华书店代表王益被推举为董事长，三联书店代表万国钧任经理，群益书店代表吉少甫为副经理。当时上联印刷发行的教科书，主要是由中央统一供给教科书的纸型或原稿，由华东局组织的临时课本编审委员会选编，由上联负责排校、出版、供应。在一年多的时间里，上联出版发行了1949年秋季、1950年春季和秋季共三季的教学用书。上联印制的1949年秋季教材包括小学教材813万册、中学教材70.6万册，主要供应山东、安徽、江苏、浙江、福建和上海六省市。此外，上联还为武汉、广州、重庆等地区代印代发部分教材。①

1949年10月10日，上海市出版工作者协会筹委会召开，大会推举卢鸣谷为主任委员，张静庐、吉少甫为副主任委员。该协会组织上海出版界到东北老解放区参观考察，吉少甫为参观团秘书。到北京后，参观团受到

---

① 课程教材研究所编著：《新中国中小学教材建设史（1949—2000）研究丛书·出版管理卷》，人民教育出版社2010年版，第246—247页。

1991年6月，吉少甫（前排右二）向郭沫若纪念馆回赠郭沫若给群益出版社的题词（二排右三为郭沫若女儿郭平英）

总署有关领导接见，并向总署领导提出了如何做好出版发行的“公私合营”和“专业分工”的意见和希望。参观团在返程中再经北京，受到总署署长胡愈之和副署长叶圣陶、周建人等领导的接见，并就参观见闻进行座谈。这次参观考察对吉少甫等人是一次集体主义教育，使他们对出版分工和公私合营有了新的认识。①

（二）开拓人教社的出版工作

1. 参与筹建人教社

叶圣陶在1950年9月29日的日记中记载：“出版行政会议继续开会，余则于上午与吉少甫、万国钧、灿然共谈教育出版社事。吉与万共主上海联合出版社②出版教科书，此社将与华北联合出版社③合并，其中私家股份退出，国家资本即为教育出版社之资本。华北（联合出版）社主持者为于强。而芷芬亦曾参加华北（联合出版）社，余拟拉使共事。谈论历两小时，决定由吉、于、卢三人共商办法，以为正式讨论之底本。万则将参加他务，不能来共事，请其从旁协助，出些主意。”由此得知，吉少甫和卢芷芬分别代表上联和华联参与教育出版社的筹建工作。

叶圣陶在1950年10月9日的日记中记载：“下午，柳湜来，人民教育出版社筹备会开成立会，议定各项，即报告教育部与出版总署。办公室暂设于我署，教育部有十人来参加编辑工作，不日即可来治事。吉少甫为经理部主任，于强与芷芬副之。造印教本，供明年春节应用，即日当开始矣。”据此可见，吉少甫在筹建人教社过程中已被任命为经理部主任，并于人教社正式成立之前开始了1951年春季教材的生产印制工作。

叶圣陶在人教社成立大会致辞中指出：“人教社的组织有社长、副社长和社务委员会，下面有秘书长、编审部和经理部，其中经理部分生产处和经理室，经理部主任是吉少甫，副主任是卢芷芬……社务委员除本人和柳湜同志外，有刘皑风、宋云彬、朱文叔、金灿然、吉少甫、曾世英、魏建功七位同

① 吉少甫著：《书林初探》，上海三联书店1995年版，第415—416页。

② 当时上海联合出版社的经理为万国钧，副经理为吉少甫。

③ 当时华北联合出版社的经理为薛迪畅，副经理为卢芷芬。

出版总署署长胡愈之（前排居中）等领导接见上海市出版界东北参观团时的合影（前排右四为叶圣陶，三排右二为吉少甫）

志。"[1]作为上联代表参与筹建人教社的吉少甫，被任命为人教社首任社务委员、经理部主任，并兼任经理室主任，由此开启了在人教社出版工作的篇章。

2. 建立教材租型制度

叶圣陶在1950年12月25日的日记中记载："上午与愈之、少甫、芷芬谈社事。社中经费甚少，现在资金百四十亿，又向银行贷一百亿，供应华北华东两区明春之书，勉可对付。若欲进而供应全国，则尚须增加甚多。"由此可知，人教社刚成立时资金严重短缺，难以保障教材如数出版。为解决中小学教材出版发行工作中的问题，经出版总署批准，1951年3月，人教社和新华书店总店联合召开了第一届全国教科书出版工作会议及课本发行会议，提出了"调整生产，准时出版，及时供应"的目标，研究协调教科书出版、印刷生产计划，要求各部门分清职责，订立合同，各尽其责，以保证及时供应。会议还确定了"信用预定，预印预发，先远后近，先山区后平原"的发货原则。同时会上就如何做到保证及时出版、满足供应做了一些规定（即原则协议），如提前征订、预印预发、出书时限、分段贷款、发行折扣等。[2]这些规定为人教社与各地出版社和书店，在教材印制发行工作中建立一套职责明晰的规章制度奠定了基础。

正如叶圣陶在1951年4月3日的日记中所记载："此次会议甚有成绩。本来与教本之印造供应皆颇模糊，有此会乃了如指掌。据此教育行政、出版机构、发行机构之必须联络，亦自此会而后大家心中有数。凡此皆值得特别记载者也。"叶圣陶在同年8月22日的日记中对1951年秋季教材供应的实际效果有明确记载："九时，开教育出版社社务会议。少甫报告各地学校将开学，教科书之供应居然及时。此是两年以来第一届之及时，可记之。"

在人教社成立初期，面对物质基础不够、资金支绌、人手紧、任务重、印力紧缺、交通不便等各种困难，要完成供应全国教科书的任务是十分艰难的。担负重任的吉少甫，通过第一届全国教科书出版工作会议及课本发行会议的顺利召开，初步建立全国教材出版发行工作沟通协调机制，按时完成1951年秋季全国教材的供应，为教材出版供型工作的顺利开展提供保障。

①② 课程教材研究所编著：《新中国中小学教材建设史（1949—2000）研究丛书·出版管理卷》，人民教育出版社2010年版，第45、14页。

1952年7月，为继续解决全国中小学教材供应中存在的问题，实现“准时出版，及时供应”的目标，召开了第二届全国教科书出版工作会议及课本发行会议。叶圣陶在同年7月31日的日记中记载：“教科书出版会议于今日下午结束，少甫为拟一稿，供余致辞之用。余观之，就问其详。此次会议主要之决定为改变教科书之经营方式，确定为‘统一筹划，分区经营，分区生产，统一定价，分区负责结算盈亏’。于是各地区教科书之生产，系属地方出版社分内之事，非受我社委托之事。我社与地方出版社仅有业务指导之关系矣。”可见，这次会议确定了人教社与地方出版社之间的业务指导关系，明确了“统一筹划，分区经营，分区生产，统一定价，分区负责结算盈亏”的教科书经营方式，确立了人教社沿用至今的教材租型经营制度。

3. 负责《新华字典》的出版工作

《新华字典》是新中国第一部以白话释义、用白话举例的现代汉语规范字典，它的出版既有人教社辞书编辑室主任魏建功的贡献，也是叶圣陶领导的人教社为新中国奉献的厚礼，其中还有吉少甫的一份辛劳。吉少甫专门从人教社天津造货站调回方国楣负责《新华字典》的校对和印装工作。他对方国楣说：“社里要出一本《新华字典》，已经发排，快出校样了，这是新中国第一本字典，叶圣陶社长交代，字典是典范性书籍，不能有丝毫差错。为此，我们特地把你调回来，请你负责这本字典的校对工作。”方国楣回忆说：“50万册精装书，这在当时是一个不小的印装工程。……当时新华厂的精装力量还很薄弱，又有其他任务，所以无法承担装订任务，这50万册只能自己去找装订社装订。……由出版科抽三人专门下厂检查质量，要求严把质量关，不要催进度，以求慢工出细活。……确定了一些质量标准，如配页不能有误，锁线用线要合格，锁得要紧实。”①

叶圣陶在1953年6月29日的日记中记载：“下午到社，三点与字典室、总编辑室、出版部十余人为会，商量字典之排印出版问题。此虽一小字典，而为之将三年，今年第四季必可出版。于版式、装帧、校对、宣传各方面皆有所计

---

① 方国楣：《新中国第一本语文工具书——新华字典》，《人民教育出版社建社五十五周年纪念文集》，人民教育出版社2005年印制，第115—117页。

划。少甫之意，将以此书试验出版计划之成绩，于此获得经验。”7月16日的日记记载：“九时，芷芬来电话，言出版部方邀新华厂工友座谈字典排版之事，请余参加。即驰往出版部，凡与此事有关之人咸集。讨论集中于版面格式，此字典有图三百余幅，排版殊麻烦。”7月31日的日记记载：“下午到社，少甫、芷芬、张景勋来谈版式规格。彼三人欲提高印订方面之质量，并及插图之位置与美观。谈两小时有余而散。”

为了做好《新华字典》的出版工作，吉少甫一方面调集精兵强将做好校对工作，并与社内相关部门多次沟通版式、装帧设计问题；另一方面与新华印刷厂沟通图文排版问题，由出版部自寻装订社解决装订问题，并安排出版科多人紧盯装订质量问题，还以《新华字典》的工作进度检验出版计划制订的可行性和实效性等。这体现出吉少甫出版工作经验丰富、善于创新，具有很强的统筹协调能力。

4. 改进并规范排字制版

人教社成立之初，印刷制版业仍处于铅与火的时代，当时的校样靠传统的铅排完成，完全是人工操作，费时费力，且工效低下。在传统的铅排阶段，中小学教材的编辑和作者发排的都是手写原稿，排版工人根据这种原稿，一个一个地拣字，再拼版，最后打印出校样，送校对科进行校对。校对员将校样比照原稿逐字逐句对照，依据原稿改正校样上的差错（即拣字拼版的错漏），再将校样退回工厂改版，如此反复三个校次，直至同原稿完全一致，工厂才能打纸型、浇铅版，最后上机印刷。[①]可见，排字的准确率和速度对教材的及时供应起着非常重要的作用。

叶圣陶在1952年12月6日的日记中记载：“少甫、芷芬来谈。少甫主我社有一专属之排字房，乃可使书本有一定之规格。余甚然其言，令其与卜明商之。卜明固印刷管理局之主持人也。”12月8日的日记记载：“因与愈之谈及我社自筹一专属之排字房，愈之以为可行。……适克寒来，闻此，谓小规模不济事，……故应要求新华印刷厂改进技术，使书版合乎规格云。克寒此言甚是，然新华厂之负责人偏于保守，少甫欲另辟蹊径，盖感其难于打通耳。”12月10日的日记记载：“与少甫、芷芬诸君共谈今后排书，究应如何安排。余主从改

① 课程教材研究所编著：《新中国中小学教材建设史（1949—2000）研究丛书·出版管理卷》，人民教育出版社2010年版，第246—247页。

进新华厂与我社之关系着手，务使完成我社之排版任务，且质量须符合我社之要求，自筹排字房实非善计。”12月12日的日记记载：“我社之排字工作全由新华担任，协助其改进技术条件与管理制度，俾合于我社之要求，不再考虑自筹排字房之事。”结合排字校对工艺之复杂、效率之低下、规格之不一，以及新华厂难于完全配合等情况，作为出版部主任的吉少甫深深认识到解决排字制版问题的重要性，并为此煞费苦心。排字制版问题的解决，提高了排字质量和排字效率，为中小学教材的及时供应提供了保障。

5. 提议并落实铸造简化字铜模

1954年下半年，吉少甫代表时任中国文字改革委员会副主任的胡愈之到上海请马公愚和邓散木两位书法家到京参加文字改革的工作。当时，人教社编写第二套教材，正式使用简化字，邓散木用“波罗”钢笔尖和黑墨水精心书写了初小第一册到第四册语文课文。①

叶圣陶在1955年4月25日的日记中记载：“吉少甫自上海归来，谈新铸铜模之事。我人欲提高印刷之质量，首须求字形之整齐划一。必从改造铜模入手。少甫能注意于此，甚为可佩。”11月3日的日记记载：“晨至社中开社务会议，讨论铸简化字铜模，用于各种课本。”11月11日的日记记载：“晨九点，至文改会开会，灿然、张榕、少甫诸人共谈铸造简化字铜模与今后全盘整理所有铜模，使出版界所用铅字完全划一等问题。”可见，吉少甫为推行简化字和铸造简化字铜模付出了很多努力。在此基础上，文化部出版事业管理局于1958年6月发布《关于活字及字模规格化的决定》，在全国全面更新字模，统一活字和字模规格，提高文字排版质量。②

6. 多举措提高印制质量

随着教材需求量的快速增长，为了保证及时供应，吉少甫领导的出版部注意到改进设备和组织调整生产能力的重要性和必要性。1951年冬，人教社配合天津新华印刷厂等，从上海请来四位印报工人，用不到半年的时间对外商留下的一台旧印报机进行检修改进，试印教材获得成功，大大加快了印刷速度。同时，为适应印刷生产力的增加，积极扶持和发展军属和街道装订厂来完成装订任务。这项工作既给各地利用报纸印刷机印制教材提供了经验，又暂时解决了

① 吉少甫著：《书林初探》，上海三联书店1995年版，第337页。

② 方厚枢、魏玉山著：《中国出版通史·中华人民共和国卷》，中国书籍出版社2008年版，第84页。

印刷生产力不足的困难，还为发展书版轮转机印制教材打下了基础。[①]

吉少甫带领出版部人员在实践中不断总结经验，吸取教训，于1952年7月制定了《人民教育出版社书刊印制规格（草稿）》，其中第八条对教材印制的质量标准做出规定；第九条对教材废品标准做出规定，要求教材承印厂将废品剔除；第十二条明确规定人教社要派出版管理人员对承印厂进行“驻厂监印”，对印制过程进行监督检查。1953年7月，出版部制定《人民教育出版社书刊缺数及残破暂行处理办法》和《装订厂承装人民教育出版社书刊奖罚暂行办法》。通过上述管理制度的执行，教材印制质量得到显著提升，这些印制质量管理的基本原则和有关规定至今仍具有实用价值。[②]

为了更好地落实上述印制质量管理规定，吉少甫带领出版部同人主要做了如下工作：一是面向生产、面向工厂，打破坐办公室的工作作风；二是抓紧总结工作经验，针对“印刷折标”“抽样检查”“纸型管理工作”“纸张管理工作”“三种杂志的出版工作”“《新华字典》的出版工作”“二校五遍和二校四遍制”等问题写书面总结；三是采用电镀铜版作母版再复制纸型的办法提高纸型质量；四是依据《关于改进中小学课本质量的几项决定》所明确的人教社与各造货单位的业务指导关系，将出版方面的一些经验推广到各造货单位。[③]

7. 建立出版管理规章制度

新中国成立初期，百废待兴，中小学教材主要解决的是有和无的问题。受到纸张质量、印刷设备、字模质量、纸型质量等多种因素影响，人教社建社初期出版的中小学教材字画欠清、印制不佳、缺页少页等质量问题较多，受到社会舆论的批评。在叶圣陶领导下，吉少甫带领出版部各科陆续制定了多项出版管理规章制度。1951年3月，经理部生产处制定了《排印订工作细则（草案）》，加强印制管理；校对科制定了《图书校对科工作细则（草案）》，加强校对工作管理；出版科制定了《版权规格说明》《书号编排的规格》《课本分类编号办法》，规范排制版工作。为加强纸张采购和管理，1951年3月制定了《材料管理细则（草案）》，1952年7月制定了《纸张收发保管办法》。为加

① 方国楣：《中小学教材出版工作的战斗历程》，《继承·开拓·前进——人民教育出版社建社三十五周年（1950—1985）》，人民教育出版社1985年印制，第91页。

②③ 课程教材研究所编著：《新中国中小学教材建设史（1949—2000）研究丛书·出版管理卷》，人民教育出版社2010年版，第320、320—321页。

强出版印制质量管理工作，1952年7月制定了《书刊印制规格》《书刊装订规格》，其中《书刊印制规格》对印刷质量标准、废品剔除办法、驻厂监印做了明确规定，同时还印发了《书刊成品验收办法》，1953年7月又制定了《人民教育出版社书刊缺数及残破暂行处理办法》《装订厂承装人民教育出版社书刊奖罚暂行办法》。1954年10月18日，在人教社召开的教材出版工作座谈会上讨论通过了《关于改进中小学课本质量的几项决定》，加大对教材印刷质量管理的力度。随着人教社教材出版管理规章制度的制定，中小学教材租型印供体制的逐步完善，人教社中小学教材的出版供型工作逐步向制度化、规范化方向发展。①

吉少甫自1950年冬到北京参与筹建人教社，至1956年1月离职，在人教社工作五年有余，其间挑起生产经营这副重担。五年时光在人教社的发展历程中虽然很短暂，却是这条长河发源形成过程中的重要一段。功夫不负有心人，吉少甫创造性地开展中小学教材出版管理工作，为人教社出版工作的持续快速健康发展和经营业绩的不断增长打下了坚实的基础。

（三）组建上海教育图片出版社和上海教育出版社

人教社最早出版的中小学教材都是黑白版本。为提高教学质量和学习效果，人教社考虑编写出版彩色的教学挂图以配合教学。1955年12月，人教社拟为已开始编写的第二套全国中小学教材配备教学配图。经教育部同意，人教社派吉少甫等七人赴上海，与上海市出版事业管理处合作组建公私合营的上海教育图片出版社。1956年5月1日，上海教育图片出版社成立，吉少甫任社长兼总编辑。此社的主要任务是编绘出版中小学和幼儿教育课堂教学图片，但其选题、组稿和稿件审查由人教社负责。②据记载：“（1956年）12月，人民教育出版社与上海教育图片出版社讨论并制定了全国中小学及师范学校课本彩图插页制版印刷和供应办法。”③上海教育图片出版社是负责人教社彩色插页制版、印刷和供应的单位，从一定意义上讲承担了人教社出版工作的一部分。但是，彩色制版及印刷技术在当时是一种先进的印刷工艺技术，吉少甫重返上海也标

---

①② 课程教材研究所编著：《新中国中小学教材建设史（1949—2000）研究丛书·出版管理卷》，人民教育出版社2010年版，第128—129、133—134页。

③ 人民教育出版社编：《人民教育出版社建社六十五周年大事记》，人民教育出版社2015年印制，第30页。

志着其走到了彩色制版印刷技术的最前沿。

随着上海教育图片出版社的发展，只负责人教社彩色制版及印刷供应已不能满足业务发展需要。1958年，上海教育图片出版社与新知识出版社合并成立了上海教育出版社，吉少甫任社长兼总编辑。上海教育出版社成为我国第二个专业的教育出版社，为我国教育出版和教材建设做出了许多贡献。吉少甫任上海教育出版社社长兼总编辑，是其过去十年教育出版工作的继续和升华，也是对其教育出版和教材建设工作的肯定。

为出版事业奋斗余生

在1958年“大跃进”运动中，吉少甫在宣传工作会议上发言，曾引用胡适原话“好比过河卒子，只好拼命前行”，用来形容其在“大跃进”气氛中的压抑心情。这个发言遭到围攻和批判。有人结合他在1957年整风“反右倾”座谈会上的发言，认为吉少甫是“漏网右派”，犯了“严重右倾错误”。在这种政治高压大环境中，吉少甫最终被扣上了“右倾机会主义”的帽子。[①]

吉少甫任上海教育出版社社长兼总编辑后不久就被停职检查，坐了八个月“冷板凳”，接着到奉贤农村劳动四个月，最后受到党内严重警告、行政降级处分，随后被调到上海出版学校任教务处副处长，参与上海出版学校的创办工作。1959年夏至1963年春，吉少甫历尽艰辛参与创办上海出版学校。当时上海出版学校的校长是上海市出版局局长罗竹风，但他身负重任，工作繁忙，每年只有几次到校指导工作的机会。在校的最高领导层就是教务处，教务处未设主任，副主任由吉少甫、陈荡、王颜晋担任。吉少甫排名在首，成了没有校长名分的“校长”。后因国家经济困难，上海出版学校于1963年停办。在“文化大革命”期间，吉少甫被下放到黑龙江农村落户，[②]直到1979年10月，经组织重新审查，彻底否定了其“思想右倾，整风运动中贯彻领导指示不力，工作中有忽视政治倾向”的结论。

“文化大革命”结束后，吉少甫获得新生。1979年10月，已经60岁的吉少甫被任命为上海出版局副局长，他组织成立上海市出版工作者协会，并任协

---

① 上海市出版工作者协会、上海市编辑学会编：《我与上海出版》，学林出版社1999年版，第638页。

② 吉少甫著：《书林初探》，上海三联书店1995年版，第356页。

吉少甫的著作

会副主席，为上海出版事业的发展再立新功。在做好出版行业管理工作的同时，他热衷于出版史料研究，发表了一系列论文，先后出版了《中国出版简史》《郭沫若与群益出版社》《书林初探》等。

综上所述，吉少甫从事出版事业七十年，把毕生的心血奉献给了我国的出版事业。他先后参与创建上海联合出版社，筹建人民教育出版社，创建上海教育图片出版社和上海教育出版社，尤其是为人教社的出版发行工作奠定了坚实基础。今天我们怀念吉少甫，不仅要怀念他为出版事业奋斗终生的精神，怀念他为开拓新中国教育出版新局面的担当，更要铭记他对新一代出版人的殷殷教诲。在人教社即将迎来七十华诞之际，以此缅之，亦以此鞭策吾辈。

（摘自《教育史研究》2020年第3期，有改动）

魏建功（1901—1980）

魏建功（1901—1980），江苏海安人。我国著名语言文字学家、教育家。1919年考入北京大学，1921年进北大研究所国学门。毕业后留校任教，曾开设声韵学概论、方言研究、声韵学史、古音系研究等课程。1928年任国语统一筹备委员会委员。1935年出版专著《古音系研究》，为其研究音韵学史的代表作。1940年由西南联大转到四川白沙，在西南女子师院创办“国语专修科”。抗战胜利后，曾赴台北任台湾省“国语推行委员会”主任委员，创办《国语日报》。1949年回北京大学任中文系主任、教授。新中国成立后，积极参与大中小学语文教科书的编审工作，后辞去北大中文系主任职务，兼任出版总署新华辞书社社长、人民教育出版社社务委员兼新华辞书社社长（辞书编辑室主任），主持并参与《新华字典》的编纂和《汉字简化方案》《常用字简化表草案》的制定工作。1955年当选为中国科学院哲学社会科学学部委员。1959年在北京大学创办古典文献专业。毕生致力于汉语文的教学、研究和推广工作，在声韵学方面有很深的造诣。主要著作收入《魏建功文集》。

魏建功先生与新华辞书社

郭　戈

曾在人民教育出版社工作的语言文字学家有不少，如魏建功、吕叔湘、张志公、吕冀平、徐枢等，其中魏建功是入社最早、功劳卓著、影响巨大的一位。魏建功是我国现代著名的语言文字学家、教育家。他在人教社成立时是首任社务委员之一，并兼任新华辞书社社长（后改为辞书编辑室主任），到1954年12月调离，前后在人教社工作整整4年，尤以主编闻名遐迩的《新华字典》而永载史册。这既是魏建功及其主持的新华辞书社为人民、为社会做的一件功德无量的大好事，也是叶圣陶领导的人教社为新中国奉献的除中小学各科教科书之外的又一份厚礼。2020年既是新华辞书社建社70周年，也是人教社建社70周年，值此之际，谨以此文表示纪念。

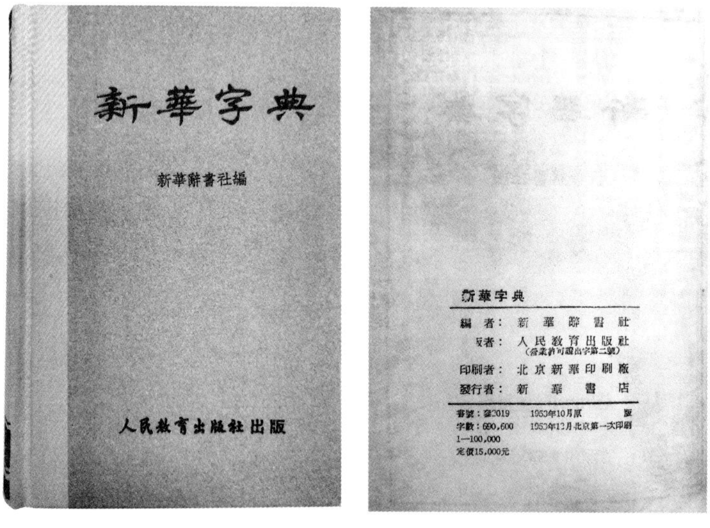

魏建功在人教社期间主持编纂的第一版《新华字典》

作者简介：郭戈，人民教育出版社总编辑，课程教材研究所所长、研究员，兼任叶圣陶研究会副会长、中国教育学会教育学分会理事长，主要从事教育教学、课程教材等研究，发表学术论文200余篇。

新华辞书社创立的机缘

新华辞书社是新中国第一个国家级辞书编纂机构，署“新华辞书社编”的《新华字典》是新中国第一部以白话释义、用白话举例的现代汉语规范字典。对此，主编魏建功功劳最大，审订与终审叶圣陶居功至伟。编写这样的字典，一直是他们多年的情怀和梦想，新华辞书社的创立也缘于此。

早在开明书店任总编辑时，叶圣陶就想编一本适合一般文化程度读者使用的小字典，为此曾多次讨论过字典的编辑出版事宜，并交由时任开明书店编译所主任的吕叔湘设计过一个方案。新中国成立前后，先后担任教科书编审委员会主任、出版总署副署长兼编审局局长的叶圣陶，在负责各种教科书编审之余，并未忘记“辞典字典年鉴地图等”①，仍惦记着适时邀请一位热心辞书的语言文字学家来主持编写这样一本字典。

编纂一本大众需要的新字典，也是魏建功的夙愿。鉴于过去字典辞书多为大部头、内容陈旧，而小字典或学生字典错误多、不甚准确也不好用等问题，长期研究语言文字和推行国语的魏建功，在新中国成立前夕与周祖谟、金克木、张克强和吴晓铃等北大同人，商量编纂一本新型的实用性字典献给即将诞生的新中国。魏建功根据商讨意见还草拟了一个“突破传统字典部首检字法，采取音序排列检字”②的《编辑字典计画》(1949年4月)，并把这个编写方案寄给了开明书店。据吕叔湘回忆，叶圣陶认为这个计划很好，回复说可以接受出版。③新中国成立后，在出版总署编审局兼职工作的魏建功，与叶圣陶一拍即合，都认为随着中小学教科书编写修订工作步入正轨，新中国得有自己新的普及性字典，而且时机已经成熟，于是决定在编审局再建一个以“新华”为字

---

① 叶圣陶著:《叶圣陶日记》(中)，商务印书馆2018年版，第1123页。

② 魏建功著:《魏建功语言学论文集》，商务印书馆2011年版，第397页。

③ 金欣欣:《家国情怀铸就辞书典范之作——中国现代著名语文辞书〈新华字典〉第一版编纂始末》,《新疆社科论坛》2018年第5期。

头[1]的直属机构——“新华辞书社”，并由魏建功出面主持，着手早有计议的小字典（后来命名为《新华字典》）的编写工作。

《叶圣陶日记》对当时两人的相见、共事和新华辞书社的成立过程都有具体记载，为我们提供了宝贵的文献材料。其中，1949年5月6日的日记记载了他们相见的一幕：

傍晚，魏建功来访，谈渠与同气四人计划开明编字典之事。其字典注重于活的语言，以声音为纲，一反从前以字形为纲之办法，的是新创。有计划书甚长，各点余大多同意。唯须用工作人员至少五人，又有五位主编者，历时又恐不会甚暂，如此规模，是否为开明所能胜，余未敢断言。此须俟上海解放之后，南北通信商量，始可有所决定也。偕建功小餐于灶温，杂谈语文方面之近时现象，甚畅快。[2]

由此可见，这次会面十分愉快，叶圣陶对魏建功的字典编写计划也肯定有加，之所以没有马上启动只是天时未到，条件不具。由于其学识、能力和为人颇为叶圣陶所赏识，魏建功被拉到了教科书编审委和编审局兼职工作，帮助叶圣陶直接领导的国文组（成员有宋云彬、孙起孟、孟超、朱文叔、蒋仲仁、杜子劲等）审订中小学教科书，甚至还承担了召集北大同人编写新中国第一本高中语文课本[3]的任务。据《叶圣陶日记》记载，两人相见之后，他们会面十分频繁，内容均为叶圣陶请魏建功参加讨论、校改国语和国文课本事宜。结果一年下来，编字典的事情被暂时搁置下来，魏建功反倒参与不少教科书编审的事情。当然，这也是形势需要和迫在眉睫的大事，因为新中国成立之初出版事业百废待兴，首先应该统一解决的是1949年秋和1950年春两季的中小学教科书，以及包括马、列、毛著作在内的政治书籍和干部读物的问题，接着才是大众需要的字典辞书的编写问题。

---

① 1950年5月，出版总署将在南京办公的解放日报社舆图部改组为“新华地图社”，交由编审局直接领导，由曾世英担任社长。

② 朱永新主编：《叶圣陶研究年刊·2011年》，开明出版社2011年版，第51页。

③ 即魏建功与周祖谟、游国恩、杨晦、赵西陆、刘禹昌共同编写的《高级中学语文课本》第一册、第二册，1950年9月和12月新华书店原版，1951年后改为人教社出版。

他们两个人再次谈及编字典之事，便到了1950年3月9日，起因是教育部有意将挂靠在北京师范大学的中国大辞典编纂处改属出版总署（后来实际上并未接收）。叶圣陶此时又想到了魏建功，“可否由渠主持其事。渠谓于字典辞典颇有雄心，唯须北大方面职务能摆脱方可”。为此，叶圣陶于5月23日和6月8日，两次致函北京大学校务委员会主席汤用彤，商调在该校中文系当系主任的魏建功到出版总署编审局主持筹建辞书机构，领衔字典编写工作。6月19日，叶圣陶日记中记载，北大“已允其解除系主任之职，来我署主持辞书社”，两人随即决定开始谋划新华辞书社筹备事宜，明确由魏建功负责“延致人员”。[①]7月，魏建功在北大中文系的主任职务得以解除，由杨晦教授继任，但魏建功仍在该系任教。[②]此后，魏建功与叶圣陶如前一样经常会面，但谈论的主要话题已变成如何筹建辞书社和编好小字典的事情，也为“将来还拟成立辞书出版社，专门出版供各方面需要的字典辞书”做准备。[③]

笔者查考，新华辞书社成立于1950年8月1日，当时人员有限，未举行正规仪式。当天，魏建功（在编审局兼职，关系在北大）、杜子劲（兼职，关系在编审局，1949年9月15日入职教科书编审委国文组）、李九魁入职；8月2日，张克强到任；9月1日，萧家霖、孔凡均报到。这与《叶圣陶日记》8月2日记“辞书社之工作者今日开始到局工作，仅两人耳”（不含兼职的魏建功、杜子劲），以及9月2日记“新参加者有萧君夫妇二人”是一致的。[④]其中，杜子劲由叶蠖生介绍而来，李九魁由金灿然推荐，张克强、萧家霖、孔凡均则为魏建功推荐（介绍萧家霖的还有刘鸿文），他们在语言文字研究上都有造诣，尤以萧家霖、杜子劲较突出，新中国成立前均出版过不少论著。

---

① 商金林撰著：《叶圣陶年谱长篇》第三卷，人民教育出版社2005年版，第9、24、28、29页。

② 魏至：《魏天行（建功）先生年表》，《炎黄文化研究》2004年第1辑。

③ 胡愈之著：《胡愈之文集》第五卷，生活·读书·新知三联书店1996年版，第362—380页。

④ 叶圣陶著：《叶圣陶日记》（中），商务印书馆2018年版，第1181、1185页。

新华辞书社及人员之变迁

1950年12月1日，人民教育出版社成立，魏建功被任命为首届社务委员，并参加了叶圣陶主持召开的第一次社务会议。同时，成立只有4个月的新华辞书社（还有新华地图社、人民教育社）转隶人教社，魏建功兼任辞书社社长，并组建了辞书社社务委员会，成员有叶圣陶、魏建功、金灿然和萧家霖。[①]其工作任务是编纂供大众和学生使用的小字典，办公地点与人教社一起都在出版总署大院内。1950年12月1日入职登记的人员有魏建功、萧家霖、杜子劲、孔凡均、李九魁、张克强和李文生7人。除了李文生是组织分配来的辅仁大学毕业生，且为助编之外，其他人员都是原辞书社由总署管辖时的编辑。魏建功仍为兼职，一半时间在人教社编字典，另一半时间在北大教书，其工资由两家单位各支付一半。严格说来，魏建功只能算半个“人教人”。

1951年1月，新华辞书社社务会决定“加添人员，加劲工作”。[②]魏建功很快先后招来了老编辑朱冲涛和年富力强的编辑张廼芝（女）、李伯纯，与助编刘庆隆（黎锦熙介绍）、王蕴明（女），以及缮写员游禹承，工作人员增到13人。他又安排4位年龄较大者各负责一摊。据刘庆隆回忆说：“1951年年初，根据工作需要，划分了三个组：编写组由魏建功、萧家霖两位负责，资料组由杜子劲负责，总务组由朱冲涛负责。当时编写组编写《新华字典》，资料组负责购置图书和收集资料，总务组负责财务、添置家具和办公用品等。”[③]

1952年2月，教育部工作会议决定成立教科书编审委员会，加强对教科书和人教社的管理和支持力度，在人力配备、办公用房和后勤保障等方面“将尽力相助”。其中人力配备之一项，拟以教育部名义调北大的魏建功和清华

---

①② 商金林撰著：《叶圣陶年谱长篇》第三卷，人民教育出版社2005年版，第78—87、84—85页。

③ 刘庆隆：《〈新华字典〉出版三十年》，《商务印书馆九十五年（1897—1992）：我和商务印书馆》，商务印书馆1992年版。

1951年4月新华辞书社人员在出版总署院内合影

的吕叔湘专职到人教社工作。[1]为此，叶圣陶还同他们分别谈过话。魏建功对完全辞去北大教授职位一直下不了决心，而叶圣陶记吕叔湘云“自言不甚宜于我社之工作，谓较近者为语法研究”[2]。结果，魏建功继续在人教社兼职，主持辞书社全面工作，萧家霖负责日常工作，享受“处室长级”待遇（相当于编辑室主任），吕叔湘则于该年10月到人教社兼职工作，后任副总编辑，主持《汉语》课本的编写工作，并极力推荐张志公入社协助其工作。1952年6月，人教社编辑部门迁至西单大木仓胡同教育部院内小红楼办公，编审部各编辑组改称编辑室。其中，新华辞书社改为辞书编辑室（但对外仍叫新华辞书社），魏建功任主任，工作人员有（按年龄大小排序）萧家霖（59岁）、杜子劲（55岁）、朱冲涛（55岁）、孔凡均（49岁，女）、李九魁（43岁）、张克强（36岁）、张廼芝（32岁，女）、李伯纯（30岁）、刘庆隆（29岁），以及王蕴明（29岁，女，助编）、赵桂钧（27岁，缮写员，接游禹承）、李文生（25岁，助编），总数仍为13人（不含工友李开馨）。作为人教社主要领导，叶圣陶继续分管辞书编辑室（新华辞书社）。

1953年1月，新华辞书社编写的第一本工具书《常用字用法举例》（1954年11月第三版改书名为《常用字汇》）

①② 商金林撰著：《叶圣陶年谱长篇》第三卷，人民教育出版社2005年版，第196、206页。

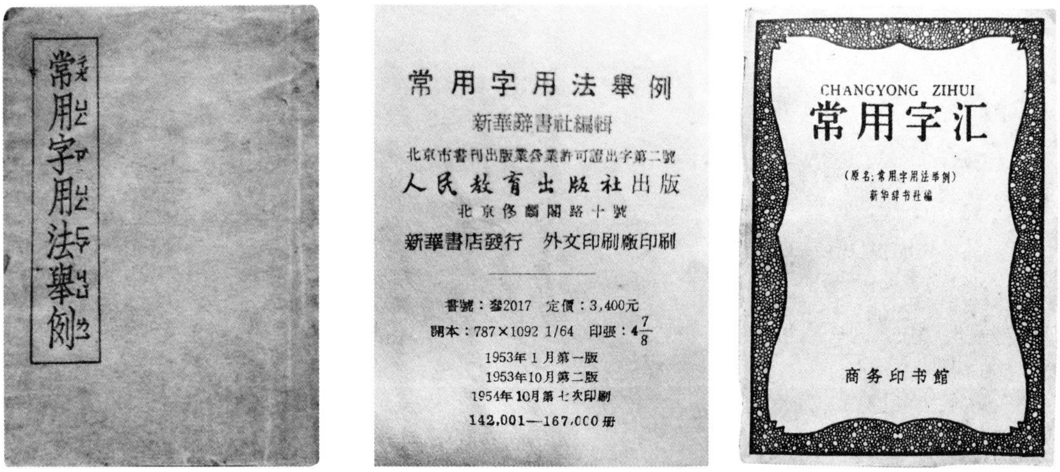

新华辞书社编的《常用字用法举例》和《常用字汇》

正式由人教社出版。10月，魏建功及同人积三年之功、几易其稿的音序排列的《新华字典》也由人教社出版，封面“新华字典”四个字由魏建功题写。12月，为加强对辞书工作的领导，叶圣陶调恽逸群①兼任辞书编辑室副主任（辞书社副社长），协助魏建功领导该室工作。魏建功和萧家霖便有更多时间用于部首排列的《新华字典》的编写工作。1954年11月，这个版本的《新华字典》得以顺利出版，也由魏建功题写书名。至此，魏建功多年来编字典的心事了却，意愿达成。之后，他逐渐淡出人教社辞书室的工作（业务由萧家霖主持），而忙于北大尤其是国家文字改革的事情，将精力投入制定《汉字简化方案》和修订《常用字简化表草案》的新的事业之中。

1954年12月1日，新华辞书社划归文化部出版局管辖的古籍出版社②，其人员14人（上述13人加1954年10月入职的刘洁修）全部调离。其间，他们又根据《汉字简化方案》和《汉语拼音方案（草案）》，对《新华字典》音

---

① 恽逸群（1905—1978），江苏武进人。中国新闻记者、新闻教育家。1926年加入中国共产党。1949年上海解放后，先后担任解放日报社总编辑、社长，华东新闻出版局局长，并参加首届政协会议，出席开国大典。1953年4月，任新华地图社副总编辑，后任人教社辞书编辑室副主任、古籍出版社副总编辑等。

② 古籍出版社于1954年6月成立，社长、总编辑由叶圣陶兼任，日常工作先后由副社长郭敬、王乃夫主持，章锡琛、恽逸群任副总编辑，王春任党支部书记，设有古籍编辑室、语文编辑室、辞书编辑室及资料室。1957年3月，古籍出版社并入中华书局。

序本进行了一次全面修订。1956年7月1日，古籍出版社辞书编辑室（新华辞书社）又并入中科院语言研究所，并与中国大辞典编纂处的编辑人员和语言所部分人员一起组建了词典编辑室，同时也意味着已存在6年的新华辞书社的完结。1957年,《新华字典》转商务印书馆出版（新1版），此后《新华字典》一直由商务印书馆负责出版。

《新华字典》的编写过程

《新华字典》是魏建功主持的新华辞书社的主要工作成果和代表作，也是人教社策划、编写出版的第一部字典。这部字典编写从1950年7月底开始启动，到1953年7月中旬交稿付印，前后编写了整整三年，凝聚了我国老一辈语文教育学者特别是辞书人的智慧和心血。这部精品力作由魏建功主编，叶圣陶审订并终审，辞书社十余人直接参与，多次征求多方意见，克服了种种困难，反复修改，几易其稿，精益求精，终于于1953年问世。其工作量之大，编写难度之高，历程之艰辛和复杂，可想而知；其编辑出版过程的经验和做法，也值得总结和借鉴。

（一）框架设计（1950年7月）

《新华字典》编写项目启动于新华辞书社成立前夕的1950年7月27日，魏建功、李九魁、张克强、杜子劲和叶圣陶、吕叔湘等共十人开了一天座谈会，讨论如何编好小字典。经过比较几种方案，确定了按照魏建功先前制订的“以音统字、以字统义、以义统词”为总体例的字典编辑计划施工，以中国大辞典编纂处的《增订注解国音常用字汇》为基础，编写一部适合一般文化程度读者查用的新型小字典，既要注音，又要释义和例句，且全用白话，还穿插配图，从内容到形式都有别于以往市面上的各种字典。

（二）“部分油印本”（1950年8—12月）

1950年9月2日，魏建功、李九魁、张克强、杜子劲，还有刚刚入职的萧家霖、孔凡均夫妇，邀请叶圣陶等审看和讨论已写成的一些条目样稿，商讨了字典体例和如何注释等一系列技术问题。叶圣陶评价说：“觉诸人所见均齐，所撰字典当可胜常一筹。”[①]接着，他们便做了分工，并分头去搜集资料，开始根据编写宗旨和体例进行试编。经过几个月奋战，于1950年12月拿出了一个“部分油印本”，并分送有关领导、专家、教师等征求意见。结果回来的意见颇多，主要反映小字典应是供一般人学语文看，而不是让专家学者用的等问题。经过汇总和鉴别，编写组确定了下一步在“部分油印本”的基础上写成初稿的方案。

（三）“写定之字典稿”（初稿，1951年1—7月）

新华辞书社转隶人教社之后，人员添加一倍，增到12人，字典编写工作开始加速。魏建功带领萧家霖、李九魁、张克强、孔凡均、杜子劲，以及新加入的李文生、张廼芝、李伯纯、刘庆隆、朱冲涛、游禹承，全力以赴投入资料收集和初稿编写工作。1951年4月，叶圣陶收到了一个对“部分油印本”修正的“缮清稿”，审看之后“一一提出修改意见”，并认为“辞书社所编字典尚非敷衍之作，一义一例，均用心思。唯不免偏于专家观点，以供一般人应用，或嫌其烦琐而不明快。深入浅出诚大非易事也”。叶圣陶既肯定了“缮清稿”，又指出了努力方向——简明扼要、深入浅出，还“期于讨论中发现必须遵循之体例”。在叶圣陶的鼓励下，辞书室干劲高涨，提出9月底要完成字典初稿，甚至提出了“今年字典编成，继之将续编小学生字典”的新任务。由于充实了编写队伍，明确了工作任务，大家干活又卖力，故辞书室提前于1951年7月提交了小字典初稿，即“写定之字典稿”。

（四）“写定之字典稿”的修订（1951年8月—1952年3月）

“写定之字典稿”（初稿）出来以后，魏建功又将其征求有关方面和部分学者（如王力、张中行等）的意见和建议，还分别召开了由专家、中小学教师和有一定文化程度的干部参加的座谈会。其中，叶圣陶为了审看这些稿子，断断续续花费了两个月的时间，“有的稿子像作文一样进行修改，有的地方提出意

① 以下未注释的引文均出自《叶圣陶日记》。

见，供编写人员参考研究，有时也和大家一起讨论”[①]。他感到初稿问题比较多，修订进度甚缓，要求加快进度，随时督促，鼓起大家的积极性，并将原先制订的1951年年底编成字典的计划，改成了1952年6月完稿、年底出版。但是，这个计划也落空了，主要原因有三方面：一是1951年年底“三反”运动在全国展开，1952年年初进入高潮，“大家已卷入‘三反’之浪潮，经常工作几乎全部停止”；二是魏建功因在人教社是兼职工作，按要求必须回北大参加教师结合“三反”之思想改造运动，时间长达三个月之久；三是稿子分歧较大，很难统一，而且存在政治思想性和科学性的问题。在一段时间内，意见没有统一，对工作该怎样进行下去的想法没有定下来，因而影响了字典初稿的修订工作。[②]

（五）“重新改定之字典稿”（第二稿，1952年3—9月）

1952年3月15日，魏建功从北大参加思想改造运动回来后，按照叶圣陶关于“辞书社须研究整顿，方可做出成绩”的指示，开始整顿社务，反思重建和推进工作。并且，通过“三反”运动和思想改造学习，全社人员对马列主义理论和党的方针政策有了新认识，政治立场、观点和水平也有了新提高。经过一系列业务会和深入讨论，特别是开展批评与自我批评，大家的思想逐步统一，分歧逐步消除，一致认为要对字典初稿进行全面改造甚至重写。为了解决过去缺乏统筹、各自为政、互不沟通、效率不高等问题，这次集中大修订或重写工作着重抓初编、看稿、定稿三个环节，并采取流水作业、平行进行的方式。初编的人分成小组，每个人编的稿子，由小组互审提意见，个人进行修改，然后交魏建功定稿。初编者用蓝墨水，看稿人修改用红墨水，定稿者用绿墨水。魏建功定稿后，交赵桂钧刻写油印，分送叶圣陶、金灿然等领导和专家，中小学教师以及一部分读者去审阅提意见。[③]就这样，魏建功重新带领辞书社全体人员，经过半年的努力工作，于1952年9月拿出一个“重新改定之字典稿”（第二稿）。

---

①②③ 刘庆隆：《叶圣陶先生和〈新华字典〉》，《语文建设》2000年第11期。

（六）“重新改定之字典稿”的修订（定稿，1952年9月—1953年7月）

“重新改定之字典稿”（第二稿）出来后，便进入一个较为漫长的修订阶段。魏建功一如既往地从各方面收集意见和建议，然后据此进行认真修改和完善，以便再次修改定稿。其中，仅人教社就有副总编辑辛安亭、吕叔湘，语文编辑室朱文叔、黎季纯（黎明）、刘御、王泗原、隋树森、王微、蔡超尘、孙功炎、张中行等参与其中。叶圣陶更是率先垂范，这次审读如同初稿审读一样仔细认真，耗费数月，但他不厌其烦，甚至乐在其中。至7月交稿付排，以至于8月排印中，叶圣陶还在不停地修改字典稿件，如同他审读其他教科书特别是语文课本一样，实为“流水作业”的审订者或终审者。在字典定稿之前，为慎重起见，魏建功再次请专家与有一定文化程度者各座谈一次，听取意见再做必要修改。同时，以《人民日报》一篇文章为例，摘出其中主要用词，看字典中是否都能予以解决，结果漏字者有之，已列而解释未周严者有之。最后，经过大半年的反复修改、技术加工、核查体例、平衡条目和添加绘图（由人教社绘图科绘制）等，于1953年7月中旬完稿付型，并交人教社总编室，由总编辑签发，送出版部发排。叶圣陶评价这部字典时说：“我人之字典为应读者之需，总得为读者解决问题，虽不能尽善尽美，终当有多少优点。”魏建功则谓：“此字典仅属草创，总算脱了窠臼，不如其他字典之抄来抄去。至于求其精纯正确，无懈可击，只得俟诸异日。”

《新华字典》的出版过程

《新华字典》付型签发以后，便进入出版和印装环节（1953年7—12月），这个过程也不简单，需要做的工作很多。当时是传统手工铅字排版印刷，装订除订书机和切纸刀属半机械化作业外，其余基本上都是手工作业，耗时费力又分散，很容易出错，尤其是在印装这一最后环节中，还发现了一个政治性错误。整个出版过程归纳起来，主要有下列各项。

一是协调各方，统一行动。在《新华字典》即将交稿之时，叶圣陶、魏建功召集辞书室、总编室、出版部等十余人，会商字典的排印出版问题，对版式、装帧、插图、校对、宣传各方面都有计划和要求。其中，初版计划印制50万册，初次印数30万册。叶圣陶希望人教社各有关部门和单位要高度重视，统一思想行动，明确工作任务，一定要步调一致，密切配合，还特别强调："字典是典范性书籍，这又是新中国第一本字典，不能有丝毫差错。"①

二是签订合同，落实责任。在提交定稿之前，按照人教社出书程序和规定，特别是出版印制公约，辞书室与出版部需要签订一个出版合同，明确两部门以及各环节和相关人应负之责。比如，每次排版校样出来以后，都要一式两份，一份交辞书室校核，另一份由出版部校对科进行校对。

三是确定版式，设计封面。在《新华字典》发排前后，叶圣陶、魏建功、萧家霖以及出版部主任吉少甫、设计科科长李惠乔等几次商量该书的排版格式问题，在多个版式和封面样张的设计中，选择了一个简洁、朴素、美观的方案。最后确定下来初次印刷的30万册《新华字典》均为布脊纸面精装（精装书），用850毫米×1 168毫米纸，64开本，全书53万字，正文700面，音节表、笔形部首检字表和附录180面，共880面，合13.75印张，并且确定封面书名"新华字典"4个字由主编魏建功亲笔书写（隶体字），署"新华辞书社编"，下面注明由"人民教育出版社出版"。

四是起草凡例，策划宣传。魏建功和辞书室编辑积极参与出版全过程，除了参与4次校核样稿之外，还做了一些后续性的文稿工作。首先，由魏建功和萧家霖起草了一个关于《新华字典》出版的宣传稿，交由叶圣陶修改审定。其次，他俩又起草了一个刊于《新华字典》中的检字表，交由叶圣陶修改审订。因为《新华字典》按照音序排列，故须附个检字表，供不熟悉拼音字母的人检索。接着，魏建功又独自草拟了一个《新华字典》的凡例，交由叶圣陶修改审订。叶圣陶"为签注意见十余处，希望扼要从简，针对读者立言，不须语读者之意即不必说"。其中，凡例第一条开宗明义地讲："本字典编写的目的主要是想让读者利用这本字典对祖国语文的语词能得到正确的理解，在书面上和口头上都能正确地运用。"②

① 方国榍：《新中国第一本语文工具书——〈新华字典〉的出版》，《人民教育出版社建社五十五周年纪念文集》，人民教育出版社2005年印制，第115—117页。

② 新华辞书社编：《新华字典》，人民教育出版社1953年10月版。

五是认真校对，杜绝差错。《新华字典》排印后，校对环节十分重要。叶圣陶与魏建功多次谈到这个问题，同时要求出版部校对科调集校对能手，严格把关，消灭差错。据当年参加此项工作的同志回忆：出版部主任吉少甫专门找到有丰富校对经验的部门负责人方国楣和于凤池等，来专门负责《新华字典》初版的校对工作，并特别交代了社长叶圣陶说的“字典是典范性书籍，这又是新中国第一本字典，不能有丝毫差错”这句话。于是，每次样稿出来，他们就轮流校对，就这样夜以继日地一直到四校核红签字付印（还不包括抽查全书后300页校样）。[①]而且，除了校对科校对之外，魏建功和辞书编辑室的编辑也在同时审核校对，平日书籍出版都是“三审三校”，《新华字典》初版则是“四审四校”。

六是督促印刷，精心装订。印刷和装订是图书出版过程的又一重要环节。《新华字典》第一次印刷30万册精装书，这在当时是一个不小的印装工程。印刷全部由国营大厂北京新华印刷厂承印，质量应该没有问题，但该厂却承接不了装订。于是，方国楣又被派去负责印装工作。他派人将印厂印好的散页拿到社会上的6家装订社去完成装订，一方面提出严格质量标准要求，另一方面派多人下厂专门监督检查。“总之，因为初次出版这么大量的精装书，又是新中国第一本字典，大家没经验，生怕出纰漏。从分批交货到最后全部交到新华书店，没有因印装质量被拒收，基本上过关”。[②]

七是妥善处理突发事件。字典辞典与教科书一样都不容出一点错，不管是印制过程中，还是问世之后发现问题都需要立即处置解决。在《新华字典》第一版印制过半的时候也出现了这样的紧急情况。《新华字典》成品样书一送到金灿然（已由人教社调回出版总署任出版司副司长）手中，他就发现了该书的一处严重错误，即第82页上“国民”的释义第二项：“2. 人民民主国家里专政的对象，他们不能享受人民的权利，却要遵守规定的义务。”（第一个释义项：“1. 取得某一国家国籍的人”。）叶圣陶当天立即“作书至建功、家霖，告以灿然自字典中看出毛病，颇严重，宜急谋补救，作勘误”。第二天，叶圣陶、魏建功、萧家霖、恽逸群一起商议补救错误的办法。还有20万册未印，可以改版。已印的30万册只能勘误，同时明确了具体责任人，“当时油印分发

①② 方国楣：《新中国第一本语文工具书——〈新华字典〉的出版》，《人民教育出版社建社五十五周年纪念文集》，人民教育出版社2005年印制，第115—117页。

原稿，多数人看过，余亦看过，未经发觉，仅恽一人曾标明应改动，而萧君等未之改”。由此可见，当编辑做编校历来都不是件轻松的活儿，当编辑自己著书尤其是编写字典、教材、地图等更不省心。

八是《新华字典》初版的发行和再版的修订（1954年7—12月）。《新华字典》初版全部由新华书店发行，上市不到半年即销售一空。对初版的修订再版，又提上了议事日程。本应适当修订，稍微改动，加以完善，但《新华字典》初版为音序排列，北方人对国家通用语言和拼音掌握问题不大，而南方人则不然，因为方音重，查阅起来比较费劲。于是，魏建功决定修订再版，“改按音序排列为部首排列”。过去一直忙碌不停而此时已60岁的叶圣陶决定放手，让魏建功和恽逸群这两位辞书室正、副主任负责《新华字典》部首版的最后审读和出版工作。

结束语

字典不同于一般书籍，是常用的工具书，如同教科书是学生都要读的书一样，是非常特殊、十分重要的精神产品。它们不仅应具有简洁性、可读性、科学性、思想性，更应具有规范性、标杆性、经典性、权威性，不容出现一般书籍里常出现的编校错误。正因为如此，叶圣陶、魏建功才会在新中国成立之初创设一个编写辞书的专门机构——新华辞书社，专心编写供大众和学生阅读的字典——《新华字典》，也才会在百忙之中，费了三年多时间，不知疲倦、不辞劳苦地反复修改和不断打磨这本小字典，即便最后把自己“折腾”得筋疲力尽、苦不堪言，也在所不惜、无怨无悔。难能可贵的是，他们除了理性认识、职业习惯、责任感和使命感之外，还有一份浓浓的字典情怀和志趣，由此才能坚持不懈并乐此不疲，对其持续地保持兴味。还有，对这部字典，魏建功一直主持并主编，叶圣陶始终大力支持并亲自审订与终审，但他们都没有在出版的《新华字典》上署名，更没有因此得利，他们虽然对这部字典自我评价不高，如魏建功一句谦虚地自评——“此字典仅属草创，总算脱了窠臼，不如其他字典之抄来抄去”，却创造了一部精品力作，创造了一个辞书传奇，影响了一代又一代的共和国学子。

（摘自《中国教育科学》2020年第4期，有改动）

曾世英（1899—1994）

曾世英（1899—1994），江苏常熟人。我国著名地图学家，我国现代地图学和地名学的开拓者。1918年毕业于苏州工业专门学校土木科。曾任天津顺直水利委员会练习技师、副技师，华北水利委员会绘图室主任。1929—1946年先后任实业部地质调查所技师、技正、简任技正。主持编绘《申报地图》和《中华民国地形挂图》。1946年任上海华夏图书出版公司筹建人。1949年后历任解放日报社舆图部负责人、出版总署新华地图社社长兼中科院地理研究所制图组组长、人教社社务委员兼新华地图社社长、地图出版社副总编辑、国家测绘总局测绘科学研究所研究员和副所长等。主持了《中华人民共和国地图集》（1957）等多项重大地图集的编制工作，开拓了我国地名标准化研究新领域，潜心研究地名学理论，在地名译写、地名正名、地名罗马化以及建立中国的现代地名学等方面，做了大量开拓性的工作。当选为第二、第三届全国人大代表。担任第五、第六届全国政协委员，中国文字改革委员会委员，中国地名学研究会名誉理事长，《国家大地图集》总编委员会和《中华人民共和国地名词典》总编纂委员会副主任等。

曾世英先生与新华地图社

郭　戈

曾世英是我国著名的地图学家，我国现代地图学和地名学的开拓者，尤以主编《申报地图》①和《中华人民共和国地图集》而在国内地图制图界大名鼎鼎。其著述可见《曾世英论文选》(中国地图出版社1989年版)，其事迹可见《曾世英纪念文集》(中国地图出版社1996年版)。曾世英也是一位“人教人”，他在人民教育出版社成立初期，曾担任社务委员，并兼任人教社代管的新华地图社社长，从而使人教社在拥有的众多学科名家中又增添了一位仅有的地图学大家。

曾世英在新中国成立前主持编绘的《申报地图》

① 上海《申报》为纪念创刊60周年而资助出版的《中华民国新地图》(1934)和缩编本《中国分省新图》(1933)，习称《申报地图》。它是中国第一部现代地图集，发行量大并且广泛流传，当时国外各种版本的中国地图均以其为蓝本或受其影响。

新华地图社转隶人教社

曾世英成为“人教人”，缘于新华地图社转隶人教社。新华地图社转隶人教社，与其主要业务——编制教学地图有关，也是新中国成立之初急于编出全国通用地理教材，尤其是绘制统一规范的教学地图的需要。

新中国成立前，教学地图走在各类地图的前列，并由私营舆地学社编制出版。当时教学用书不统一，体系多种多样，编绘人员为使地图适应多种教材的教学需要，选取的内容繁杂，主题不突出，与参考图差别不大，各种版本的印数也不多，仅千余册（幅）。新中国成立后，鉴于地图编制出版事关重大，不同于一般书刊，应由国家有关部门统一领导，出版总署便于1950年5月1日，将上海解放日报社（社长、总编辑恽逸群）移交的舆图部（其前身是《申报地图》编纂处，办公地点在南京）改组为新华地图社，由曾世英任社长，继续在南京宁海路2号（1951年年底迁至上海路206号）办公，并具体由编审局（局长由出版总署副署长叶圣陶兼任）直接领导，为将来成立专业的地图出版社做准备。

1950年12月1日，在出版总署编审局一处、四处，华北联合出版社，上海联合出版社，以及教育部有关司局教材编审处的基础上成立了人教社。同时，将其管辖的新华地图社、新华辞书社（1950年8月1日成立）和人民教育社（1950年5月1日成立）转隶于人教社。其中，新华地图社的任务主要是编绘制印教学地图和一般地图，新华辞书社主要是编纂大众和学生字典，人民教育社主要是编辑出版《人民教育》杂志。因此，这三家单位的主持人曾世英、魏建功、柳湜便与叶圣陶、刘皑风、宋云彬、朱文叔、金灿然、吉少甫成为人教社首届社务委员会的委员。这段历史的亲历者、中国地图出版社原副总编辑陈潮回忆说：“新华地图社因体制、人员不健全，但其主要任务是编制出版教学地图，故领导决定地图社暂由人教社代管。”[①]并且，“‘新华地图社’题名即出自出版总署副署长兼人教社社长、总编辑叶圣陶手笔”[②]。

---

① 陈潮：《在人教社工作的日子》，《中国教育报》2000年12月7日。

② 陈潮：《新华地图社始末》，《地图》1992年第3期。

1953年4月，新华地图社又回归出版总署领导，社长负责制改为总编辑负责制，由从人教社调回出版总署出版局任副局长的金灿然兼任总编辑，曾世英、恽逸群（12月又兼任人教社辞书编辑室副主任）为副总编辑，主持日常工作。同时，新华辞书社由南京迁至北京，在朝阳门外杜家楼14号办公。到1953年年底，人员增至46人。1954年8月，出版总署召开署务会议，决定接受私营地图出版社之申请，改为公私合营，与新华地图社合二为一。同年12月，新华地图社与上海私营的地图出版社合并为地图出版社，人员增至77人，曾世英继续任副总编辑，直至1963年10月。[①]合营后的“新华地图社”的名称一直沿用到1957年12月底，后经文化部（出版总署已撤销）批准，自1958年1月1日起，统一使用“地图出版社”这一名称，1987年又更名“中国地图出版社”。

由此可见，新华地图社从1950年5月创立起，到1954年12月合并到地图出版社，实际上只存在了四年半时间。其中，隶属人教社的一段时期是1950年12月至1953年4月，大约两年半。因此，曾世英也就有了不到三年担任人教社社务委员并成为“人教人”的机缘。作为人教社社领导班子成员，他没有其他分工，主要是主持新华地图社的工作。

新华地图社的“全家福”

人教社成立时，所属新华地图社在册登记人员为曾世英、王锡光、章高炜、傅圣梁、徐树楠、傅德、黄剑书（女）、张国华、陈潮、张万金、范正一、程法荣、沈焕千、孙长荣共14人。1951年先后调入6位工作人员，即赵群（女）、刘宗弼、李宝琴（女）、高昌玉（女）、杜祥明、沈寿徽。至此，新华地图社工作人员增至20人。1952年，又有6人先后入职，即杨晋森、嵇寿康、汤锡光、林师圻、童家勇、刘宏谟。至此，新华地图社全体人

① 中国地图出版社社庆办公室编：《中国地图出版社五十年（1954—2004）》，中国地图出版社2004年版，第274页。

员增至26人，与1953年4月新华地图社由南京迁至北京办公时的人数（26人）[①] 正好吻合。

在上述工作人员当中，除了曾世英之外，有不少已是有名的地图编辑和绘制专家，如王锡光、章高炜、刘宗弼、傅圣梁、徐树楠等。一批志向高远、好学上进的年轻人，如黄剑书、范正一、杜祥明、陈潮等，在工作中得到锤炼，逐步成长为业务骨干和中坚力量。他们在新华地图社及以后的工作岗位上都做出了重要贡献，有的还成为地图出版、测绘和科研方面的专家学者。例如，王锡光、章高炜、黄剑书、范正一是地图编绘名家，刘宗弼是历史地图学家，杜祥明是地名学家，陈潮是知名的教学地图编绘和研究专家，其中，范正一当选为全国人大代表，杜祥明被推举为全国政协委员，刘宗弼、范正一和陈潮享受政府特殊津贴，陈潮和杜祥明走上地图出版和测绘研究单位的领导岗位。

1951年11月，曾世英（二排居中）与人教社所属新华地图社同人合影

① 陈潮著：《图情六十年》，中国地图出版社2004年版，第355页。

当时新华地图社人员的薪金待遇，普遍比人教社本部的高，这是因为新中国成立初期我国一度实行了供给制的分配制度。1950年1月20日，政务院通过《关于中央直属机关新参加工作人员工资标准的试行规定》，以小米市斤为计量单位，把工资标准分为25个等级。中央人民政府主席最高为一级，每月3 400斤小米。同时，又将全国各地分成11类工资区，其中南京、上海比北京的标准高。所以，新华地图社编审王锡光每月1 200斤小米，高于人教社社务委员宋云彬、朱文叔和副总编辑刘薰宇、朱智贤的1 100斤；技师或技术员（如章高炜、傅圣梁、徐树楠、刘宗弼、黄剑书等）每月（740—920斤）则相当于人教社本部中层正职（如蒋仲仁、丁晓先、陈同新、田世英、方宗熙等）的工资，且远高于地理编辑室负责绘图的老编辑侯峙和编辑马宗尧的工资。曾世英还在中科院地理研究所（南京）兼职研究员，负责筹办地图室，所以其薪酬由人教社和地理所各付一半，共计1 350斤。

编绘《中国人民地图集》

新华地图社编绘制印的第一本地图，是曾世英主编的《中国人民地图集》，也称《中国人民地图》。这部地图集是前《申报地图》的继续订正版，启动于地图社成立之前，完成于1951年春，共计46幅，大16开本。其中，总图18幅（含世界、太平洋、亚洲及全国地形、水利、地质、矿产、土壤、气候、农作物、历史疆域、语言分布、人口密度、交通等），城市图3幅（共收90个城市），分省图25幅。由人教社经理部安排在北京新华印刷厂制印。陈潮回忆说："1951年4月地图社编制的《中国人民地图集》完成，人教社安排在北京新华印刷厂制印。地图社先后派出傅圣梁、徐树楠、陈潮等人驻厂监印，受到吉少甫、卢芷芬经理等人的热情接待，周围同志如张景勋、李惠乔、沈若文、史晓风等问寒问暖，关怀备至，数月相处的同志之情，至今难以忘怀。"[①]其后，虽然地图印制基本完成，却未正式出版。曾世英撰写的最后一篇文章《一本没有出版的地图集》，详细讲解了《中国人民地图集》的

① 陈潮:《在人教社工作的日子》,《中国教育报》2000年12月7日。

资料依据、绘制技术和制版方法，但对于该图集没有出版的原因仅以一句“因边界资料陈旧未能出版”而略过。对此，《叶圣陶日记》却有多处记载，道出了其真实情况。

此事由中缅疆界不明而起，请示了政务院。当政务院征求外交部、内务部（民政部前身）意见时，发现中缅疆界问题多多，且事关重大，而且中苏、中蒙疆界亦有问题。其中，中缅边界问题由来已久，十分复杂，两国拥有2 000多千米的共同边界，由于历史原因，当时有三段边界（阿佤山区、尖高山以北和南畹三角地区）始终没有划定。当时两国都独立解放不久，尚未就此形成一致意见。新华地图社虽为人教社代管，但已成官方和中央地图编制机构，其出版发布的地图影响非同小可，必须根据政策，站定立场，不能含糊。这既关系国家主权和领土完整，又涉及与邻国的外交关系和友好往来，况且新中国刚成立不久，自然是慎之又慎，所以只好将地图出版事宜暂时搁下。1956年1月，国务院设立国家测绘总局，地图出版社也已是当时国内唯一的出版公开地图的机构。1957年3月，经中缅两国总理互访后又多次协商和谈判，就边界问题最终达成一致意见，并于7月9日第一届全国人大常委会第五十次会议审议通过。因此，在《中国人民地图集》基础上重新改绘的《中华人民共和国地图集》（16开本，地图出版社编制）在1957年10月出版（内部发行）。

反思这件事情，既有政策未定、难以掌控之故，也有考虑不周、预测未及的原因。人教社为此遭受了很大的经济损失，原定图集1951年出版，46幅已印成41幅，一切材料已购备，投入资金12亿元（旧币）。叶圣陶在日记（1951年12月31日）中说：“今因疆界问题，图幅须重印者甚多。积压资金之损失，作废重印之浪费，其数必不在少。在今日反浪费声中，可为一典型之例子矣。”经过这件事情，大家认识到地图编制以及教材内容，还会有不少涉及诸如地图“边界”或“疆界”这样重大、敏感而严肃的问题，既要高度重视，符合国家有关规定，更要提前做好预案和重大选题报备工作。曾世英也深感“地图不同于一般书刊，特别是代表国家的正式地图，是表示国家版图的重要手段，不仅精确表明疆域方位，而且地图上地名的写法对论证领土主权归属和维护国家尊严有着十分重要的作用”[1]。在新中国成立前，地图绘制出版多出自私营地图社，政府审查也不甚严格。新中国成立以后，不仅加快了私营地图社公私合营和国有化的步伐，而且关于地图编制出版的资质报备和审核制度也逐步建立和严格起来。

编制出版中小学教学地图

中小学教学地图是根据教学大纲或课程标准的要求，设计编绘的适合教学需要的专用地图，并广泛运用于中小学地理、历史等学科。其类型也有多种，如地图册、教学挂图、填充地图、教科书插图等，是教学的一种直观有效的教具。开展教学地图的编绘制印工作，是曾世英领导的新华地图社的主业，也是其与人教社教材主业对接的渠道。1953年出版的《新华小学地图》(分中国、外国两册)、《伟大祖国的地形》(教学挂图，双全张)，是曾世英主持的新华地图社编绘出版的最早的教学地图。第一张参考地图是新华地图社与内务部合作编制、1954年出版的《中华人民共和国行政区划图》(双全张)。第一张专题地图是与交通部合作编制、1954年出版的《世界海运地图》(3全张)。还接受了陈述彭编制、1954年出版的《中国地形鸟瞰图》。此外，到1954年年底改称地图出版社前，新华地图社编制的教学地图主要有中学适用26开本《新华本国地图》《新华世界地图》《世界政区挂图》《苏联政区挂图》《欧洲挂图》等，参考地图有《中国地形挂图》《中国人口挂图》《越南地图》等共10多个品种。新华地图社在南京办公时期的编绘成果18种均署名“新中国地图社”，并由中华书局出版。

---

① 曾世英著:《曾世英论文选》，中国地图出版社1989年版，第238页。

新华地图社编制的《新华小学地图》上、下册

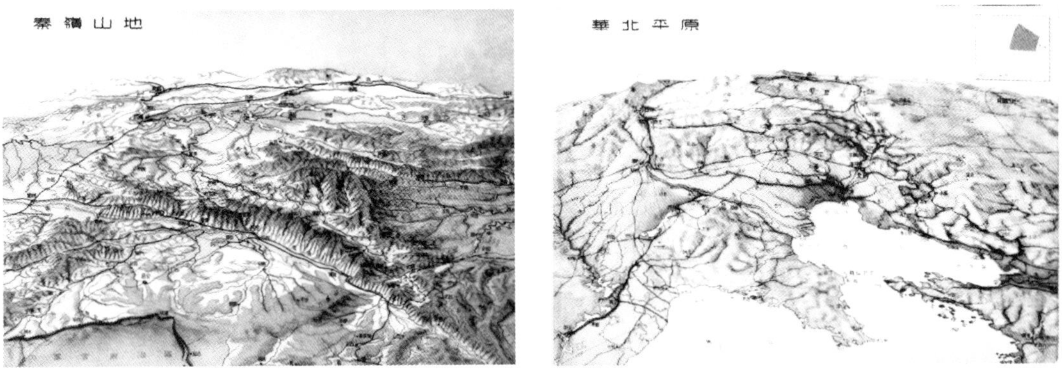

陈述彭编制的《中国地形鸟瞰图》

新中国成立后，实行了中小学教材统编政策，教科书的编审出版和发行趋于统一化和专业化，人教社的成立也源于此。随着人教版通用教材覆盖面的逐步扩大，新华地图社与教材配套的教学地图十分畅销，如1953年出版的《新华小学地图》第一版就发行了50万册。也正因为如此，“曾世英领导编绘了多种中小学教学地图”，才能“首次使地图成为我国中小学生学习地理课程时的必备课本”。[①]不仅如此，新华地图社是国营机构，有着过去私营舆图社不具备的制度优势，可以不为谋利集中力量精心绘制。其“慢工出细活儿”的教学地图，陆续在1953年以后出版，质量上乘，均为佳作。《新华小学地图》内容简明，体系完整，附有互补色地球外形图和中国地图，用红蓝眼镜阅读，具有立体效果，增加了学生学习的兴趣。1∶400万比例尺的《伟大祖国的地形》和《伟大祖国的政区》挂图，图幅较大，线条粗放，色彩鲜艳，对比强烈，远观效果较好。陈述彭根据曾世英的地图数据编制的《中国地形鸟瞰图》（20幅图，7色套印），还受到了叶圣陶的称赞（见1951年4月29日日记）：“浙大陈君绘鸟瞰地图，交我社出版。将地面绘成立体的，就各方面表示，附有说明文字及生活之照片，用意甚佳，于观者印象至深。余为其校阅所注文字之错误，并修正其说明文字。”陈述彭的一段回忆，既道出了教学地图对他上学学地图和工作画地图的旨趣，也记录了曾世英对其事业的引领：

……中小学教学地图是多么重要啊！它不仅给我留下了深刻的印象，而且引发了我爱好地图、攻读地学的强烈兴趣。

---

① 金祥文主编：《曾世英纪念文集》，中国地图出版社1996年版，第7—20页。

新中国成立初期，新华地图社在南京成立，由曾世英先生任社长。我在杭州浙江大学当助教时，和几位同人一起绘制了一些三维的“西湖图景”，塑造了球面的全国立体模型，受到了曾世英先生的青睐。于是，他交给我一些教学地图的绘制工作。首先是一幅小学地图册上的“北京鸟瞰图”，我当时虽然没有来过北京，还是认真地完成了任务；接着，我和郑威、吕人伟合作，彩绘了一系列中小学教学系列挂图，记得有《荆江分洪》《都江堰》《一定要把淮河治好》以及《祖国改造自然的开端》，印数都超过10万份，畅销全国，曾先生很高兴。

1954年我徒步考察自然地理分区界线时，走进太行山区山西晋城的穷乡僻壤里的一所小学。我们想在教室借宿，老师起初不同意，当有位同行告诉他我就是墙上这些挂图的作者时，老师就非常热情地接待了我们。教学挂图显示了社会效益！①

需要指出的是，20世纪50年代初，人教版中小学历史、地理课本及教学参考书中的地图插图绘制，并非由新华地图社承担，而是由人教社地理编辑室的马宗尧②、侯峙、成为本（1954年调到新华地图社工作）负责，且主要为手工绘制的黑白单色地图。此外，总编室下面设有绘图科（科长李惠乔，编辑陈圣西、孙福熙、蒋德舜，助编刘承汉、孙全洁等），其任务也不是绘制教学地图和地图插图，而是负责人教版各种教材和一般图书中的插图绘制和封面、版面设计。

---

① 陈述彭：《亲切的回忆和感受》，《地图》2004年第6期。

② 马宗尧是新中国第一幅全国地图——《中华人民共和国新地图》（挂图，彩版印刷）的编制者。该图之前叫《新中国地图》，1949年9月由中国史地学社出版发行，后由中国史地学社于1949年11月再版，大中华图书总经销。

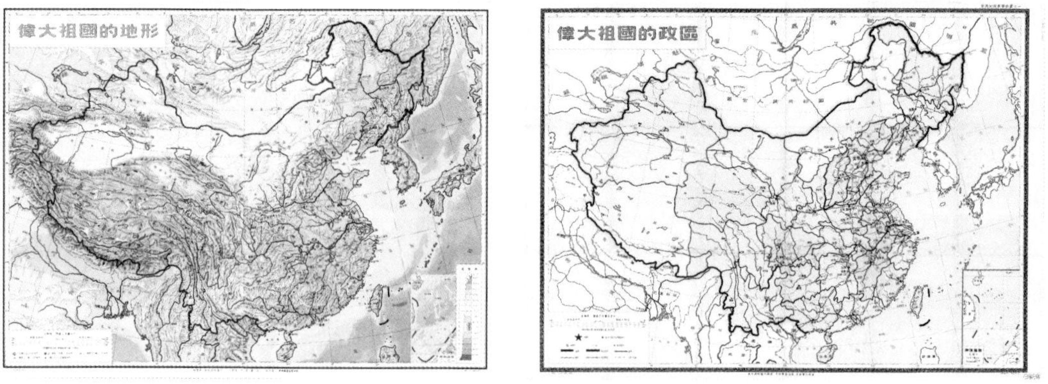

新华地图社编绘出版的教学挂图

人教社对地图社的“遥控领导”

新华地图社、新华辞书社和人民教育社隶属人教社之后，人教社对这三家的领导管理方式实际上有所不同。其中，新华辞书社的人事、财务关系和办公地都与人教社融为一体，一度被改组为一个编辑室——辞书编辑室（对外称新华辞书社）。人民教育社是人教社的非建制单位，其人事、财务关系和办公地都在教育部院内，其主要工作（《人民教育》杂志办刊业务）也相对独立。新华地图社则介于新华辞书社和人民教育社之间，最大特点是“异地办公”“遥控领导”[①]。此外，人教社创建之初，在北京之外办公的附属单位有三家。一是上海办事处（主任赵景源，人员较多），由原上海联合出版社改组而成，由经理部（1952年改为出版部）管理，主要承担华东区教学用书的印制任务，1953年6月撤销，业务和人员归并到华东人民出版社。二是天津造货站（主任王之铃，人员不多），也由经理部管理，主要是利用天津部分印刷厂的生产力，承担华北区教学用书的印制任务，1954年撤销。三是新华地图社，隶属人教社时一直在南京办公，其地图编绘业务相对独立，政治学习活动受当地政府指导，但其人事和财务关系则归人教社直接管理。[②]尤其是编绘和制印地图，比一般书籍和教材技术复杂、生产周期长、成本高、投入大。所以，新华地图社工作业务的开展以及工资发放等，

---

① 郭戈：《人教社的“三社”始末——纪念新华地图社、新华辞书社和人民教育社建社70周年》，《中国出版》2020年第7期。

② 陈潮著：《图情六十年》，中国地图出版社2004年版，第355页。

都与人教社本部密切联系。而曾世英等每次到北京开会，也都到人教社汇报工作。即便是地图社的政治学习活动，如参加“思想改造”和“三反”“五反”运动等，也由人教社联系并委托中国科学院南京办事处党组织代为领导，并且还指派专人专程赴宁指导检查。对此，陈潮有两段专门的记载：

1950年5月中央机关及事业单位开展思想改造（又称审干）学习运动。新华地图社远在南京办公，人教社专派人事科长杨定远同志（37岁，河北人，高中毕业，1944年入党——笔者）到宁，联系就近委托中国科学院宁区办事处统一组织领导，脱产数月参加学习。定远同志艰苦朴素，平易近人，对政治原则问题严肃认真，一丝不苟。我作为一个刚参加革命工作的青年，第一次接触解放区来的共产党员的形象，也是接受党的教育的开始。数月共同学习生活，同志感情很深。

1950年，人教社领导成员吉少甫同志（江苏扬州人，1939年入党，在人教社任职前后都在上海工作——笔者）去上海公干途经南京，对地图社的业务进行考察。少甫同志极其耐心地与每个同志谈话，气氛融洽。当时大家担心不适应北方生活，对可能调京工作有顾虑。他的谈话对鼓舞大家的干劲、坚定迁京工作的决心，起了很大作用。[①]

当时曾世英还在中科院地理研究所兼职。该所前身为南京政府教育部管辖的中国地理研究所，1950年6月移交中科院[②]，由竺可桢、黄秉维主持筹备，设普通地理、地

---

① 陈潮：《在人教社工作的日子》，《中国教育报》2000年12月7日。

② 地理学家、冰川学家施雅风院士回忆说，1949年南京解放后，“属于教育出版系统的一位领导同志来信，表示地理所原属于教育部，现在人数也少，拟接收到教育出版部门，负责编辑地理教科书，询问是否赞成。我们当即回函婉谢说：‘我们是做研究工作的，希望到科学院仍做研究，不适合编教科书。’不久，中央以董必武为首的华东接收工作代表团南下，科学院办公厅等随行到南京、上海接收原中央单位，接收原中央研究院各单位和地理所。……我们进入中国科学院的愿望完全实现了”。（吴传钧、施雅风主编：《中国地理学90年发展回忆录》，学苑出版社1999年版，第238—252页。）

图制图、大地测量三个研究组，分别由周立三、曾世英、方俊负责。所以，曾世英除了主持地图社工作之外，还投入大量时间筹建中科院地理所的地图室。据陈述彭院士回忆："当时曾世英先生任新华地图社社长，家住虹桥，每天骑自行车上班，来回约一个半小时，从不迟到早退，午餐带几片面包和一个水果，躺在大办公桌上午休片刻，全身心地策划新中国第一个地图科学研究基地。"①与此同时，曾世英也把筹建地图室与新华地图社的工作有机结合起来，通过参与地图室筹建的南京大学地理系的李旭旦和浙江大学地理系的陈述彭等，为地图社编绘了不少教学地图。

结束语

曾世英领导的新华地图社隶属人教社短暂的数年，为后来的地图出版社与人教社的教材长期合作打下了坚实的基础。当时按照国家规定，全国中小学课本统一由人教社编辑出版，教学地图统一由地图出版社编制出版，地图出版社为地理课本提供所需的地图资料，并编制出版与课本配套的地图册、教学挂图等。两家在基础教育地理教育建设中密切合作，按照教育部制定的中学地理教学大纲和课程标准的要求，配合地理课本编制出版了一系列教学地图册、专题挂图和作业图册等，对提高我国地理教学质量、促进地理教育事业发展起到了重要作用。

曾世英把毕生精力都贡献给了中国地图事业，做出了历史性的贡献，赢得了国内外的高度赞誉。他在回顾一生的得失时，曾谦逊地说："我惭愧，一生只做了两件事，一是参加了《申报地图》的设计和编纂工作，一是在地名译写规范化上做了一些工作。"②如果说曾世英一生还有第三项重要贡献的话，那就是在新中国成立

① 金祥文主编:《曾世英纪念文集》，中国地图出版社1996年版，第123—126页。

②《创地图学伟业 开地名学先河——现代地图制图学家、地名学家曾世英》,《地图》2004年第6期。

中国地图出版社出版的《曾世英论文选》和《曾世英纪念文集》

初期他担任社长的新华地图社所编绘制印的一系列教学地图，以及他所负责编制的包括教学地图在内的各种地图，对亿万学生和教师的深远影响。正如他的弟子、地名学家杜祥明所说："他领导编绘了多种中小学教学地图，首次使地图成为我国中小学生学习地理课程时的必备课本。"①

[摘自《南京师大学报》(社会科学版)2020年第3期，有改动]

① 金祥文主编：《曾世英纪念文集》，中国地图出版社1996年版，第7—20页。

刘薰宇（1896—1967）

刘薰宇（1896—1967），贵州贵阳人。我国著名教育家、数学家。1919年于北京高等师范学校数理系毕业后，曾在河南省立第一师范、湖南常德第二师范、上海大学附中、浙江春晖中学、立达学园任教。1928年留学法国，在巴黎大学研究数学。1930年回国后，返立达学园，并在上海暨南大学、大夏大学、同济大学兼课。全民族抗战时期在西南联大任数学教授，后回贵阳任省立高中校长。1950年调出版总署任编辑，同年12月调入人民教育出版社任副总编辑，主持中小学数学教科书的编写，审订中小学数学教材。著有《初中代数》、《解析几何》、《数学的园地》、《数学趣味》、《文章作法》（与夏丏尊合编）、《因数与因式》、《马先生谈算学》和散文集《苦笑》等。

忆刘薰宇先生

王家修

我从小就喜欢读刘薰宇先生的书。在20世纪30年代，我学习算学接触到的等差、等比级数（现在叫等差、等比数列）、堆垛、微分、积分等数学概念，就是从《数学趣味》《数学的园地》这些书上见到的。从这些书中，我才知道刘薰宇这样一位导师。

从那时起，我见有以刘先生名字写的书，都要买来读。记得当时开明书店出版的《文章作法》（夏丏尊和刘薰宇合编），我买来读后，知道是夏先生原来写的讲义，经刘先生用来教学一年，又改写了许多地方，举了许多恰当的例子，才出版的。在刘先生引用的例子中，我认识到，在要说明一个道理或方法时，举些什么例子才最恰当，才能把理由说清楚，文章也才不致空虚。同时从中看出，刘先生虽然是研究数学的，但在文学上也有相当造诣，从而使我树立了要做一个具有比较广博知识的人的理想。

夏丏尊、刘薰宇合编的《文章作法》

作者简介：王家修，与刘薰宇有师生和同乡之谊，曾在贵州麻江中学任教，担任教导主任等职。

在《数学趣味》一书中，刘先生曾从《算法统宗》里引用了程大位的诗句：

三人同行七十稀，
五树梅花廿一枝；
七子团圆正半月，
除百零五便得知。

这首诗的大意是：用70乘3除所得的余数，21乘5除所得的余数，15乘7除所得的余数，然后总加起来，如果它大于105，则减105，还大再减，……最后得出来的正整数就是答数了。

刘先生引的这首小诗，使我在后来的学习工作中得到启发，并加以仿效。比如，我曾在学生的语文课本中发现选有于谦的一首七绝《石灰吟》：

千锤万凿出深山，
烈火焚烧若等闲。
粉骨碎身浑不怕，
要留清白在人间。

这首诗多数学生都能背诵，我讲化学讲到“石灰”一节，便指出烧石灰时，是从山上开凿石灰石，放入石灰窑中，用烈火煅烧，温度到800—1 000℃而成生石灰，放出碳酸气（公式略），这正是“千锤万凿出深山，烈火焚烧若等闲”。当生石灰加水后，就粉碎而成熟石灰（公式略），这样“粉骨碎身浑不怕”。把熟石灰粉刷在墙上，吸收空气中的二氧化碳，就变成雪白的粉墙（公式略），这恰是“要留清白在人间”。

这样结合学生读过的诗句来讲科学知识，不但让学生认识诗歌能言情、言志、寓意、比喻等，同时，也能用这种形式来叙述知识。这对激发学生的学习兴趣很有作用。

我曾在讲到同角三角函数关系时，把六个三角函数写在六边形的六个角顶上，中心写“1”字，连接各条对角线，并把成“品字形”的三个三角形填成阴影，便可借以记忆同三角函数的相除、平方和相乘的诸种关系式，得四句协记口诀：

三角函数六角写，
旋转相除得上前。
平方关系“品形”见，
两端相乘得中间。

根据这一口诀，在六边形上可以记住30多个三角公式。多年来，我用这种写成口诀的方法帮助学生记忆，启发学生思维，引起了学生学习自然科学的极大兴趣，也取得了较好的效果。追本溯源，这一教学法实是由于我从小就喜读刘先生的书受到的影响。

刘先生在他的《数学的园地》一书中，曾用旧社会对夫妻的称谓关系来比喻函数中的自变量与函数的关系，大意：在旧社会中，如果丈夫是当官的，人称其妻为太太；丈夫当教师，妻子称师母；丈夫做工，妻子称师傅娘；丈夫经商，妻子称老板娘；丈夫务农，妻子称农妇……这说明妻子的社会地位，旧时是跟着丈夫的社会地位而改变的。假如人的社会地位能定出单位，可以用数来表示，那么，丈夫的地位就相当于函数的自变量，而妻子的地位就是函数了。这个比喻，虽然不宜在课堂上给学生讲授，但在和学生集会做游戏或在一些小型文娱晚会上拿来当笑话讲，

刘薰宇著的《数学的园地》和《数学趣味》

也能博得与会者的笑声而增进师生的情趣。[1]

1935年，我在贵阳读高中时，又买到一本《解析几何学》。该书是刘先生鉴于国内学校在讲授这门课程时，大都采用英文本，而英文本又来自英、美等国，异国学生知识掌握程度与我国学生不同，且不利于我国学术独立，遂根据他历年的教学经验编成该书。我考大学时，就是以刘先生的这本书作为主要的补充读物。

1937年卢沟桥事变后，平津的北大、清华和南开三所大学在湖南长沙组成“临时大学”，随后又于1938年，由长沙迁往昆明，更名为国立西南联合大学。我曾报考清华大学，并被录取。1939年秋，我接到联大通知，说明清华已和北大、南开组成联大，我已被录取，希望我到昆明办理入学手续。当时，我和爱人蔡云松已相互爱慕，适她在贵阳女中毕业，我们便一同赶赴昆明。入学注册时，得悉刘薰宇先生也在联大，教微积分课程。第二天，我便约唐德斐、蔡云松、钱春深诸同学一同去拜访，这是我和刘先生的第一次见面。

刘先生当时住在联大租赁作师范学院师生宿舍的几栋破旧瓦房围着的一个小院落里，一棵高大的梧桐树，遮盖着他住的阴暗潮湿的斗室，先生也没有带家眷，生活环境显得格外幽静。先生身材不高，精神矍铄，蓬松着灰白的头发，丰满的面庞上嵌着一双浓眉大眼，穿着一件褪色蓝布长衫，一见就知道是笃实的学者。先生平易近人，用一口乡音热情地接待我们，使我们感到分外亲切。

刘先生一一询问了我们的家庭住址、原读学校等，我们都做了自我介绍。他高兴地说：“你们说的，现在我一时不能全部记住，以后处久了，我自然都会记住的。”

---

① 刘薰宇在《科学小品文和我》一文中，曾将自己的数学小品文的写法概括为“在嬉皮笑脸中来谈点严肃的数学法则”。正是这种方式，让他获得了无数读者的喜爱，连著名艺术家丰子恺也大加赞赏。丰子恺小时候不喜欢数学，人到中年了，才读到刘薰宇的数学小品文，在感到惊喜的同时，也很遗憾：“他每次发表（科学小品文），我都读，诱我读的，是它们富有趣味的题材。我常不知不觉地被诱进数学的世界里去。每次想：假如从前有这样的数学书，也许我不会抛荒数学。”（《数学趣味·序》，开明书店1934年版）——编者

我说："先生是专研究数学的，而在文学上也有很深的造诣，能写书，这对我们青年鼓舞极大。"先生谦逊地说："我不算有什么造诣，只不过年轻时在我祖父的教育下多读了几本书，学了一点观察事物的方法而已。比起苏步青、华罗庚等数学大师来，我逊色多了。他们不但在数学上做出了重大贡献，而且能写出很好的诗文……"先生又语重心长地鼓励我们说："值此国难当头之际，你们能进大学，是很不容易的！要下决心吃苦，要培养毅力，向法拉第、华罗庚等科学家学习，扩大自己的知识面，养成观察事物、分析事理的习惯，成为有用之才，对国家、对人类做出自己的贡献。"我们又问刘先生："我们准备选读先生开的微积分课程，不知采用什么课本？"刘先生说："学校暂时采用 Granville，Smith，Longley 三人合著的 *Elements of the Differential and Integral Calculus*。该书由龙门书局大量翻印供应。中国开办大学以来，许多学校的理工课程延聘外籍教师，或者是留洋回国的中国教师。他们都是用外国教材，用外语讲课，否则就视为'程度不够'。至今，中国人自己写的初等微积分课本不多见，连好的译本也不多见。"

钱春深同学问刘先生："商务印书馆虽曾出版过一本杨德隅编的《初等微积分学》，恐怕是第一本中国人写的微积分了。薄薄的一本，不会是大学课本吧？"我也问道："不但大学教材用外国的，一些中学如上海中学、扬州中学等，代数课用的《范氏代数》，也是从英文本译过来的。据说那学校或学生，为了粉饰自己程度不高，译本都不用，要买原本，所以商务印书馆、开明书店等大书局，也不曾印译本推销。"

先生感慨地说："长此以往，我国学术何时可以独立！几年前，我曾根据自己教学时的笔记编写过一本《解析几何学》，原因就是看到国内许多学校用的是英文本，想改变一下这种状况。但我很不满意，在取材上、编排上仍不能适合我国多数学生的程度，只能作参考书。"我们几个人几乎异口同声地说："我们在高中学习解析几何时都得益于先生那本书啊！"

我继续问刘先生："据说，曾经当过北洋大学校长后来转到清华机械系的刘仙洲教授，就在追求国家学术独立上做了很多工作，编写了很多关于物理学、机械工程学的书，坚持用汉语讲课，为我国工业输送了不少人才，为国家做出很大贡献。”先生说：“是嘛！刘仙洲先生这次也到昆明来了，在联大工学院，住拓东路。他写有很多书，称得上著书等身，也能吃苦。”

这年，我在联大选学刘先生开的微积分，他用汉语讲课。因此，他本来是联大师范学院的教师，许多理学院的同学由于听英语的能力较差，便也来选学他的课了。只是先生的普通话讲得不标准，几乎是纯“贵阳腔调”，但这并不碍事；相反，一些云、贵、川籍的同学听了倒倍觉亲切。

先生讲课语音清晰，快慢适度，深入浅出，通俗易懂，论证定理逻辑组织严密，绘图不用尺规，也能层次分明，比例恰当，线条粗细有别。先生律己以严，从不迟到，从不缺课，做到全学年一课不缺，生活上每日黎明即起，从不抽烟，不酗酒。[1] 刘先生对学生则如亲人、若子侄，真诚朴实，平等相待。在和先生相处的日子里，每于夜晚，他房中灯烛长明到深夜。在他结束对我们讲授微积分不久，又有一本《实用微积分》在开明书店发行了。我们这才知道他是常在深夜写书的。

每节课后，先生总要从课本的习题中挑选几题布置给我们作课外作业。学过微积分的人都知道，求函数的导数是有定法的，为了使学生熟记公式和方法，课本中编有较多的习题。当时，我们把书上的题全部做了，抄成一本一本送交先生，要求他给我们订正。他总是和颜悦色地接过去，而且每次都替我们细细批改，一题不漏地又批又改，发还时，还单独叫我们去重点讲解出错的原因。

1941年，由于昆明物价日日飞涨，我们只靠家中供给的学费上学，连起码的生活都难维持了。我和几位同学

---

① 有意思的是，在人教社同事张中行的印象中，刘薰宇完全是另一种形象：“刘先生是编数学教材的，性格……是闭关型，向来不夸夸其谈，需要说话，也是沉静而低声。……刘先生的出口是吸烟和喝酒。在社的大院里，吸烟之勤，他必可以考第一吧，至少是据我所见，他的两唇间总夹着一支纸烟。据说酒瘾也不小，饭间必喝，而且喝得不少。”（张中行著：《流年碎影》，中国社会科学出版社1997年版，第351页。）——编者

打算办补习学校求得薄酬以补助学资。经与刘先生商榷，他很赞成并鼓励说："你们进师范学院，就是准备日后办教育、当教师嘛！办学校是给你们创造实习的机会，好得很！"我们请他替学校命名，以便张贴广告招生，他欣然答应了，命名"立达"。他还说："这两个字，不但有'己欲立而立人，己欲达而达人'之意，而且音近'联大'，暗指是你们办的学校，好吗？"他的话说得大家满意地大笑。从此，我们那学校就叫"立达补习学校"了。

我读完大学一年级课程后，先生移住昆明开明书店内，我们师生之间就过往渐疏了。但我在亲聆先生教诲的几个月中，先生和蔼可亲的态度、认真负责的精神，给我留下了深刻的印象。事隔四十年了，我还保持着先生当年言传身教的优良作风，这使我在大半生的教学生涯中有所建树。

（摘自《贵州文史资料选辑》第29辑，贵州人民出版社1989年版，有改动）

1962年11月，人教社副总编辑刘薰宇（前排右二）、张凌光（前排左二）与新调入数学编辑室的同志合影

朱智贤（1908—1991）

朱智贤（1908—1991），江苏赣榆人。我国著名心理学家、教育家。1928年从江苏第八师范毕业后留在附小任教。1934年从中央大学教育学系毕业后，先后在厦门集美师范学校和山东民众教育馆工作，出版许多教育论著，如《小学历史科教学法》《小学课程研究》《教育研究法》《小学写字教学法》等。1936年赴日本，在东京帝国大学文学部大学院任教育学研究室研究员。1937年卢沟桥事变后回国，先后任江苏教育学院、四川教育学院、中山大学教授，香港达德学院教务长兼中业学院院长，讲授心理学、教育心理学、儿童心理学、教育学和教育史等课程，又出版诸多论著，如《小学研究工作实施法》《战时中小学科学教育之改进》《青年心理》《现代公民教学法》《论新民主主义教育》等。1949年后历任华北人民政府教育部教科书编审委员会委员、出版总署编审局一处副处长、人民教育出版社副总编辑兼教育组组长。1951年年底调北京师范大学工作，历任教授、心理学教研室主任、儿童心理研究所所长、校学术委员会副主任，兼任中国教育学会副会长和儿童教育心理研究会理事长等。创办《心理发展与教育》杂志并任主编。名列国务院公布的首批博士生导师名单。荣获“全国优秀教师”称号，并获“人民教师”奖章。代表作有《儿童心理学》《心理学大词典》《思维发展心理学》《中国儿童青少年心理发展与教育》等。

朱智贤：新中国教育学科的带头人

郭　戈

朱智贤是中国现代著名的心理学家，也是一位优秀的教育家。据笔者所查，朱智贤最早发表的文章是小小说《采琴的旧痕》(《少年杂志》1926年第5期)，这一年他17岁(朱智贤出生于1908年12月31日)，正在江苏第八师范(1928年春改为东海中学师范部)读书。接着，他又在《儿童世界》《小朋友》《少年杂志》上发表了几篇文艺作品。毕业之前，朱智贤的创作兴趣由文学转到教育，正如他所说："说起教育研究，自己不知是怎样会那么起劲。……我在师范毕业以前，曾写了不少的稿子。"[①]师范毕业之后，他从没有间断过研究和写作。自古英雄出少年，朱智贤就是一个聪慧过人、才华横溢的典型。一颗学术新星冉冉升起。1930年，对朱智贤来说是极不平凡的一年。这年年初，正在八师附小任教的朱智贤在商务印书馆出版了他的第一本著作——《小学历史科教学法》(该书是其读师范时撰写的)；这年夏，已教书两年且平时注重教研的朱智贤被保送到中央大学教育学系学习；仍是在1930年，朱智贤在当时很有影响的教育学术杂志《中华教育界》发表了《儿童自治的组织与指导》《儿童字典的研究》《师范生参观问题》《中国学校教育的新生命》四篇论文，同年又在《小学教育》《地方教育》《国立中央大学教育学院教育季刊》上发表了《儿童自治问题》《小学生表演的指导》《怎样指导小学生做日记》《小学生的实际问题研究法》四篇论文；还是在这一年，他撰写了另两部著作——《小学课程研究》和《儿童自治概论》，翌年，这两部著作分别由商务印书馆和上海中华书局出版。同时，他在《现代少年应有的修养》(《少年杂志》1930年第5期)一文中提出"要有强健的身体""要有丰富的学识""要有正确的思想""要有'干'的能力"，这是"现代少年"应当具有的基本素养和条件。朱智贤的雄心壮志、优良品质由此可见一斑。

---

① 朱智贤:《我与教育》,《初等教育界》1934年第4期。

朱智贤在青年时代出版的三本著作

从此以后，潜心钻研教育教学和儿童心理问题成了朱智贤生活的主旋律，不断发表论文和出版著作成了他工作的常态。笔者查阅文献资料发现，1926—1949年，朱智贤在《教育杂志》《中华教育界》《教育研究》《教育周刊》《教育与文化》《教与学》《初等教育界》《小学教育》《中等教育季刊》《建设月刊》等40多种报刊上发表文章达117篇，内容涉及教育教学思想和理论、教育研究方法、师范教育、民众教育、课程教材、学科教学、儿童心理、教育心理、大众心理和心理学基本原理等诸多领域。而且1930—1949年，朱智贤先后出版了18部著作（含译著和合著），即《小学历史科教学法》（商务印书馆1930年版）、《小学课程研究》（商务印书馆1931年版）、《儿童自治概论》（上海中华书局1931年版）、《小学行政新论》（儿童书局1932年版）、《民教活动设施法》（山东省立民众教育馆1932年版）、《通俗讲演设施法》（山东省立民众教育馆1932年版）、《儿童教养之实际》（中华书局1933年版）、《教育研究法》（正中书局1934年版）、《小学学生出席与缺席问题》（商务印书馆1935年版）、《小学写字教学法》（商务印书馆1936年版）、《人民与国家》（商务印书馆1936年版）、《小学研究工作实施法》（商务印书馆1938年版）、《战时中小学科学教育之改进》（中山文化教育馆1938年版）、《青年心理与教育》（商务印书馆1940年版）、《青年心理》（桂林文化供应社1941年版）、《心理常识漫话》（与杨云美[1]合作，乐群书店1943年版）、《现代公民教学法》（1—8册，上海书局1948—1949年版）、《论新民主主义教育》（文光书店1949年版）。

① 杨云美，后改名杨敏，1920年生，江苏海门人，朱智贤的夫人。1939年从南通女子师范学校毕业，考入江苏教育学院社会教育系，1941年转入国立社会教育学院学习。1948年曾任香港达德学院先修班副教授。1949年后，先后在华北人民政府教育部教科书编审委员会、出版总署编审局、人民教育出版社教育组工作过。1951年年底随同朱智贤一起调入北京师范大学工作，在附属实验中学教书。

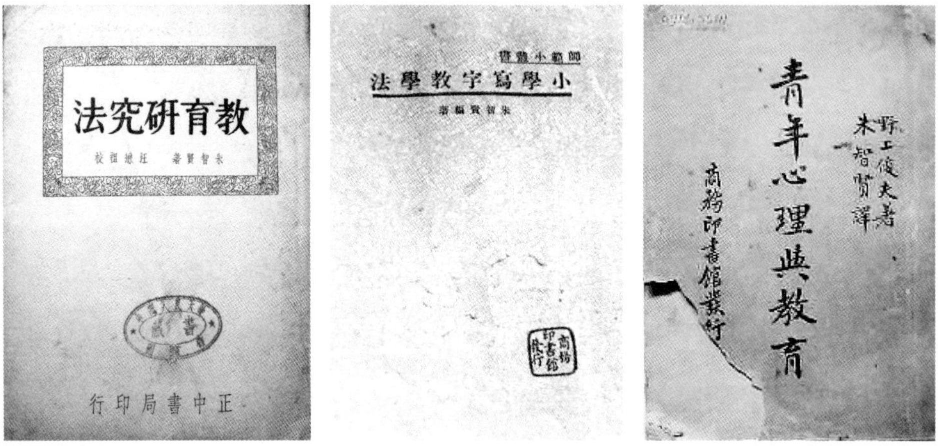

朱智贤在新中国成立前出版的教育学和心理学著作

从事全国师范教育学科教科书的编审工作

朱智贤在北京师范大学从事心理学科教学和科研工作所取得的成就已广为人知，但他于新中国成立前后在中央和国家教科书编审机构的编辑经历却鲜为人知，即先后在华北人民政府教育部教科书编审委员会（1949年4月至11月）、出版总署编审局（1949年11月至1950年12月）、人民教育出版社编审部（1950年12月至1951年12月）工作近三年，并都兼任了这三个编审机构的教育组组长，主要负责全国师范教育学科教材和一般教育用书的编写、审查和出版工作。朱智贤能够入选新中国教科书编审机构教育学科负责人是有其缘由的。

首先，朱智贤思想政治上历来追求进步，新中国成立之前发表过一系列论新民主主义教育的文章，是党组织信任的党外知名学者，这是他能够入选的首要原因。朱智贤出身贫寒，却志向远大、不甘平庸，既是一位毕生奋斗者、爱国主义者和学术创新者，又是一位马克思主义者——早在日本留学和工作期间，就开始接受马克思主义，学习了《资本论》；1938年担任江苏教育学院教授时，由于接触一批进步人士和中共地下党员，他对马克思主义加深了认识，并开始学习俄文，阅读有关著作，并试图用辩证唯物主义观点阐述教育学和心理学基本问题。①1946年，他在中山大学任教授时因为支持和参加广州青年学生反内战、

---

① 林崇德：《中国的发展心理学七十年》，《心理发展与教育》2019年第5期。

反饥饿示威游行，并发表《风雨如晦话学潮》(《广州每日论坛》1946年5月25日）的抨击时弊的文章而遭到解聘。为此，朱智贤在党组织帮助下，携全家到香港，任达德学院教授兼教务长，同时还兼任中国社会教育社主办的中业学院院长。在香港期间，他不仅与郭沫若、叶圣陶、孙起孟、于伶、力扬、林砺儒、邓初民、沈志远等进步民主人士交往甚密，第一次提出加入中国共产党的要求，进一步靠近革命、靠近党，还撰写了不少论述新民主主义教育的论文，如《“争取学术独立”的基本问题》(《国讯：港版》1947年第3期)、《迎接人民教育的新时代》(《生活教育丛刊》1948年第1期)、《新教育的任务》[《真善美(广州)》1949年第19期]等。

其次，朱智贤在教育学、心理学这两门学科上都有很深的造诣，并且在课程、教材和教学领域的研究成果丰硕，这是他能够入选的重要原因。如前所述，朱智贤自师范毕业尤其是就学于中央大学教育学院之后，在教育学和心理学方面撰写了百余篇论文，出版了十多部专著，并在多所师范和综合大学教过心理学、教育心理学、儿童心理学、教育学和教育史等多门课程，是名副其实的教育学和心理学专家。尤其是他对师范教育的研究①，对基础教育课程教材的研究②，对学科教学和教学法的研究③，以及对青少年儿童的研究④，使其不

---

① 如《师范生参观问题》(《中华教育界》1930年)、《师范实习制度之评论》(《初等教育界》1934年)、《师范实习指导法》(《福建教育》1935年)、《师范学校教学方法之新趋势》(《福建教育》1935年)、《师范教育改造问题的再认识》(《中等教育季刊》1942年)、《师范学校“小学教材及教法”教学之研究》(《广东教育》1946年)。

② 如《小学课程研究》(商务印书馆1931年版)、《编辑民众课本之商榷》(《山东民众教育月刊》1935年)、《试用部颁民校课程标准草案的意见》(《山东民众教育月刊》1936年)、《修改课程标准问题》(《教育杂志》1936年)、《编辑战时补充教材的一个计划》(《教育与文化》1940年)。

③ 如《小学历史科教学法》(商务印书馆1930年版)、《小学写字教学法》(商务印书馆1936年版)、《怎样指导小学生做日记》(《地方教育》1930年)、《民众学校的教学法》(《山东民众教育月刊》1931年)、《战时中小学科学教育之改进》(中山文化教育馆1938年版)、《教学之心理的基础》(《广西教育》1947年)、《小学书法学习心理》(《广西教育》1947年)、《教学思想演变述要》(《广东教育》1947年)、《现代公民教学法》(上海书局1948年版)。

④ 如《儿童自治的组织与指导》(《中华教育界》1930年)、《儿童字典的研究》(《中华教育界》1930年)、《儿童故事的研究》(《中华教育界》1931年)、《儿童教养之实际》(中华书局1933年版)、《儿童教养上几个应打倒的思想》(《现代父母》1933年)、《中学生的心理指导》(《教育与民众》1935年)、《小学学生出席与缺席问题》(商务印书馆1935年版)、《与青年们谈谈求知问题》(《青年月刊》1939年)、《青年心理》(桂林文化供应社1941年版)。

华北人民政府教育部教科书编审委员会全体工作人员合影（中排左四为朱智贤，后排左六为杨敏）

但能够胜任师范教育学科教育学、心理学两门课程的教材和著作的编审工作，而且在教科书编审委员会的主要业务——中小学教科书编审和课程标准制定方面也有相当的发言权。

最后，朱智贤有着丰富的大中小学校的教学经历、教研成果，也有一定的编辑经验，这也是他能够入选的一个重要因素。朱智贤1928年从师范毕业后在附属实验小学教国语和历史，并担任儿童自治指导主任；1934年从中央大学毕业后在集美师范任教；1937年卢沟桥事变后，他中断在日本东京大学研究院的学业毅然回国，先后任四川达县联立中学历史教员兼教学主任、重庆女子师范教育学院教员、江苏教育学院副教授、四川教育学院教授兼国立社会教育学院教授、中山大学师范学院教授、香港达德学院教务长兼中业学院院长。并且朱智贤始终既是一名优秀的教师，又是一个勤勉的教研者，他的不少著述都是根据其教学经历而创作的。此外，朱智贤还做过编辑工作，如在中央大学读书时主编过《现代教育月刊》；1934年在厦门集美师范教书期间，主编了《初等教育界》和《儿童导师》两种儿童教育刊物；1935年在山东民众教育馆担任编辑主任时，负责编辑了三个教育刊物，即《山东民众教育月刊》《小学与社会周刊》和《山东日报》的《民众教育副刊》，并编辑校核了《怎样举行讲演与展览》（束百明著，山东省立民众教育馆1936年版）等书，还发表了几篇专门

论述教材编辑的文章。朱智贤在小学、师范和大学有近20年教龄，加上其教研能力和编辑经验，对于做好新中国中小学和师范教科书编审工作，无疑是一个很重要的素养和条件。

（一）担任教科书编审委员会委员兼教育组组长

1949年3月29日，曾昭抡、阳翰笙、于伶、臧克家、严济慈、朱智贤等从香港启程经过天津抵达北平。4月15日，由中宣部直接领导的教科书编审委员会（挂靠在华北人民政府教育部）正式成立，叶圣陶为该委员会主任，周建人、胡绳为副主任，金灿然为委员会秘书主任，委员有傅彬然、宋云彬、孙起孟、王子野、孟超、叶蠖生。叶圣陶日记4月29日记载："因有孙起孟来会，朱智贤亦将入会工作，晚餐设酒。"[①]该委员会下设国文、史地、自然、教育、政治五个小组。其中，朱智贤兼任教育组组长，成员有傅彬然（兼）、杨敏、王忠祥等，主要任务是负责编辑出版中等和高等师范学校教育学、心理学教学用书和教育参考书。到新中国成立时，教育组主要做了下列工作。

---

① 朱永新主编：《叶圣陶研究年刊·2011年》，开明出版社2011年版，第49页。

一是修订和审读师范学校教育科目的一些教材。教科书编审委成立后，原定的工作任务是编撰各科新教材，但由于人力与时间的限制，重新编撰教材没有那么快，也没有那么简单，可秋季学期教学用书问题又不能不尽快解决，所以为了应急，在编撰之前就先对老解放区和国民党统治区出版的诸多中小学和师范教育科目教材做了修订和审读工作，兼及部分编写工作。其主要成果是产生了《中小学教科用书审读意见书》(1949年7月6日)，颁发到各地教育行政机关以供参考选用。其中，师范(教育科目)部分有教育概论、教育心理、教育行政、测量统计的推荐书目。

二是编辑出版了一套师范学校教育学科教学参考资料。鉴于新中国成立之前出版的师范学校教育学科教材大多渗入反动观点和材料而不能再用，而新的教材一时又来不及编辑印行，朱智贤领导的教育组就老解放区出版的有关教育的文告、法案、论文和报道，依照师范学校现有教育科目，选辑了师范学校教育学科教学参考资料一套(4种5册)，即《教育学参考资料》《小学各科教材及教学法参考资料》《小学教育理论与实际参考资料》《小学教育典型经验介绍》，分别暂作为“教育概论”“小学行政”“教材及教学法”“教育实习”四个科目的基本教材和必读书目。

三是参与了新中国文化教育的一些筹建活动。根据目前能够查找到的相关历史文献，主要有以下几项工作。(1)参加了党组织为文化名人和专家安排的诸多学习、报告、参观等活动，进一步提高了对中国革命、马克思主义

朱智贤领导的教育组编辑的师范学校教育学科教学参考资料

理论和毛泽东著作的认识水平。[①]（2）参与了大学教育系改造工作的组织和研讨。1949年4月，朱智贤与张宗麟、晁哲甫、孙文淑、沈体兰、鲁世英等九人被推选为常务委员，专门研究大学教育系（主要是华大、师大、北大、燕京、辅仁五所大学）课程厘定原则以及有关课程之目标、年限以及实习等问题。[②]（3）参加了中华全国第一次教育工作者代表大会和中苏友好协会的筹备和发起工作。[③]其中，中华全国教育工作者代表大会设有筹备会干事会，有干事十人左右，有钱俊瑞、柳湜、方与严、孙起孟等同志，朱智贤也是干事之一。（4）与叶圣陶、蒋仲仁一起草拟了《中小学课程标准总纲》，并撰写了《教育学》部分章节。叶圣陶在日记中记载：7月19日"看智贤、仲仁所拟中小学课程标准总纲"[④]；10月8日"审查《中学课程标准总纲草案》""此草案系智贤所拟"；10月28日"讨论朱智贤所撰《教育学》之第一章"。[⑤]

四是修订和再版其有名的《论新民主主义教育》。朱智贤在教科书编审委员会工作期间，还将其撰写的《论新民主主义教育》（文光书店1949年版）一书进行了多次修订和再版，截至1949年10月该书已发行到第四版。该书收录了他撰写的《迎接人民教育的新时代》《新民主主义教育的历史背景》《新民主主义教育发展道路》《新民主主义的劳动原则》《论人性改造与教育》《论行为构成与教育》《论群众观点与群众路线》《论思想教育与生活改造》《论集体学习与个人学习》《新中国教育制度的规则》《新教育改革诸问题》《改造学习迎接时代》共12篇文章。有评论认为，朱智贤的《论新民主主义教育》与林焕平的

---

① 黄永言著：《朱智贤传》，人民教育出版社2000年版，第189—191页。

②《北平市各大学教育系座谈课程问题》，《人民日报》1949年4月26日第2版。

③《全国教育工作者代表会筹备会定期在北平举行》，《人民日报》1949年7月14日第1版；《中苏友好协会发起人名单》，《人民日报》1949年7月17日第2版。

④ 朱永新主编：《叶圣陶研究年刊·2011年》，开明出版社2011年，第72页。

⑤ 叶圣陶著：《叶圣陶日记》（中），商务印书馆2018年版，第1138、1142页。

《新民主主义教育的创造》（香港智源书局1949年版）、常春元的《新民主主义教育教程》（上海杂志公司1950年版），都是最早研究新民主主义教育的著作，“堪称此类探索的典型代表”[①]。

（二）担任出版总署编审局一处（负责教科书编审）副处长兼教育组组长

1949年11月1日，中央人民政府组建出版总署，将华北人民政府教育部教科书编审委员会并入出版总署后，改称编审局（局长由副署长叶圣陶兼任，副局长由副署长周建人和办公厅主任胡绳兼任）。编审局一处处长宋云彬兼语文组组长，朱智贤任副处长兼教育组组长，成员有陈侠、熊承涤、蔡爱璧、杨敏、王忠祥、梁建兴等，工作任务仍然是负责师范院校急需的教育学、心理学教学用书和参考书的编辑和审查。到1950年12月撤销编审局成立人教社时，教育组主要做了以下两方面的工作。

一是以教育丛刊社的名义编辑了一套“教育资料丛刊”。内容汇集当时国内各级各类教育的政策法规、工作报告和研究成果，以及老解放区的教育经验和苏联等国的教育经验和研究成果，如《当前教育建设的方针》《苏联教师的教学经验》《怎样学习苏联的教育工作》《复式教学法》《怎样改造特殊儿童》《小学校的少年儿童先锋队》《小学教师的学习及其领导》《小学的行政管理》《小学教育典型经验介绍》《一年来各地小学教育概况》《儿童生活的民主管理》《小学的思想政治教育》《成绩考察与苏联五级分制》《苏联学生的思想政治教育》《一个办农民文化学习班的报告》《在成长中的工农速成中学》《怎样办好干部业余教育》《怎样办好工人业余教育》等。

二是与出版总署翻译局共同组织翻译出版了苏联的两种教育学著作。一种是凯洛夫主编，沈颖、南致善、路宝槐等译的《教育学》（上、下册），由新华书店分别于1950年12月和1951年初版。该书是由华北大学译学馆16个人集体翻译的，1951年后改由人民教育出版社出版，到1956年又多次修订，发行量达几十万册，成为当时国内影响最大的教育学译著。另一种是冈察洛夫著，郭从周、南致善、路宝槐译的《教育学原理初译稿》（人民出版

---

① 刘辉：《深化新民主主义文化思想研究之我见》，《教学与研究》2005年第2期。

朱智贤在出版总署主持编辑的部分“教育资料丛刊”

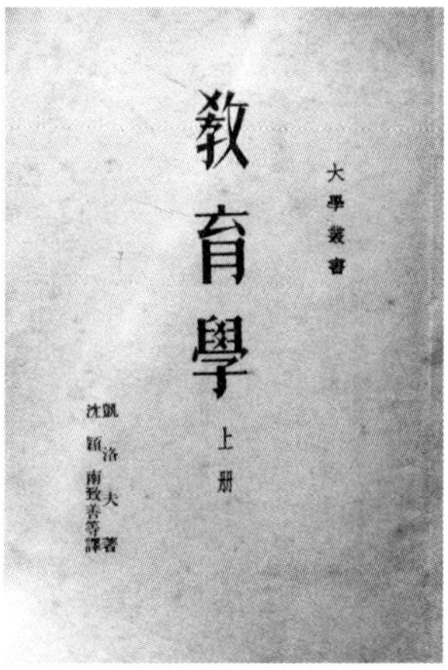

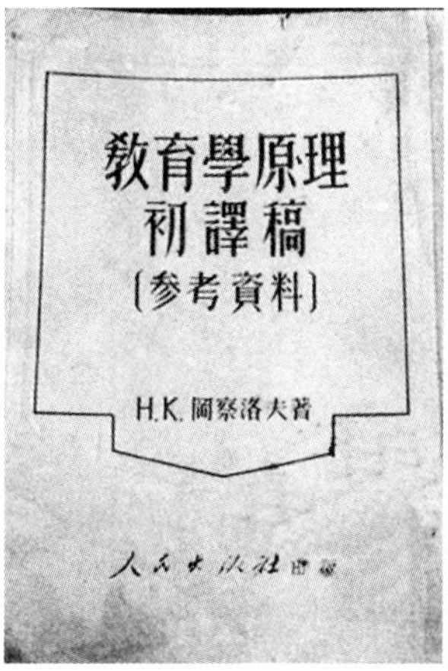

《教育学》和《教育学原理初译稿》

社1951年版）。这两种译著对于当时学习苏联教育科学和教育经验起到很大作用。

此外，朱智贤还参与了人教社的筹办工作，并起草了有关组织条例。对此，叶圣陶在日记中都有记载，如“偕胡愈之、宋云彬、叶蠖生、朱智贤等驱车前往教育部，与部长、司长诸公为会，筹商成立教育出版社社事”；“与叶蠖生、宋云彬、朱智贤、金灿然四人谈教育出版社之筹备。缘明日教育部同人将来我署开筹备之会。谈至十一时半散，推宋云彬、朱智贤起草组织条例”；等等。[①]

① 商金林撰著:《叶圣陶年谱长篇》第三卷，人民教育出版社2005年版，第47、48页。

任人民教育出版社副总编辑兼教育组组长

1950年12月1日，人教社正式成立，社长兼总编辑叶圣陶（出版总署副署长兼），副社长、副总编辑柳湜（教育部视导司司长兼），朱智贤、宋云彬、刘薰宇和金灿然被任命为副总编辑。朱智贤还兼任编审部教育组组长，组员有陈侠、熊承涤、蔡爱璧、杨敏、王忠祥、梁建兴等，工作职责仍然是负责中等和高等师范教育院校教育学、心理学教学用书和参考书的编辑和审查。截至1951年年底朱智贤调离人教社，教育组主要做了以下几项工作。

一是继续以教育丛刊社的名义编辑“教育资料丛刊”，由新成立的人教社出版或再版。到1955年，这套丛书约有70种，所含内容十分广泛，涉及教育诸多方面，编辑思路仍然是按照原定的分类选辑全国报刊特别是文教报刊登载的教育研究的文章、各地教育专题研究报告以及苏联等国教育建设经验的资料。其中，1951年由人教社出版的“教育资料丛刊”有《苏维埃心理学的成就》《儿童心理的发展》《苏联国民教育法令选集》《在成长中的人民文化馆》《学校中的爱国主义教育》《中学数学教学的改进》《中学语文教学的改进》《中学历史教学的改进》《中学物理教学的改进》《中小学的音乐教育》《怎样依靠群众办好学校》《怎样办好儿童保育工作》《怎样做母亲》《教算一得》《模范的人民教师》《家庭与学校》《七岁儿童的教育》《苏联学校教育讲座》《苏联的高等教育》《中学物理习题解法》《法西斯化的美国教育》等。同时，还将原来由新华书店出版的“教育资料丛刊”的近10个品种重新修订，改由人教社再版。当年参与此项工作的陈侠回忆说：

> 我初到出版总署编审局，就在教育组工作，当时组长朱智贤同志已经领导本组干部编辑了四册师范学校教育学科的代用课本，正在领导大家编辑“教育资料丛刊”。我报到以后，首先就投入丛刊的编辑工作。丛刊的任务包括宣传教育方针政策、交流教育工作经验、发表教育研究报告、介绍苏联教育建设、批判错误教育思想等。看起来剪刀糨糊的工作居多，实际上选题、取材、编辑加工、审核发稿，都需要有一定的政策水平和业务水平。原来这些有朱智贤同志把关，我做起来觉得比较轻松，后来智贤同志病了，不久又调往北京师范大学任教，让我来负责，就开始感到担子沉重了。①

二是以“师范教育丛书”的形式组织翻译或修订和再版苏联的教育学、心理学、教育史和学前教育学著作，并在人教社出版。一是由教育组编辑陈侠与

---

① 陈侠著：《课程论重建与教育科学研究》上册，人民教育出版社2017年版，第276页。

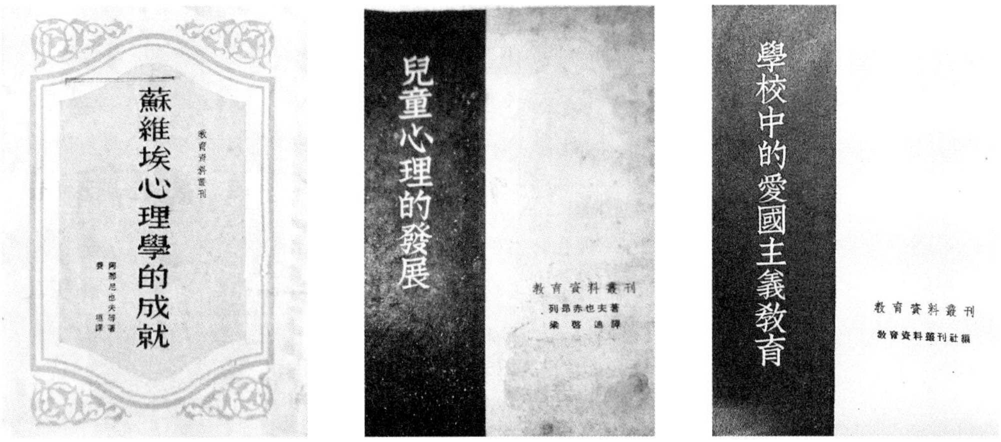

朱智贤在人教社主持编辑的部分“教育资料丛刊”

原译者南致善共同修订凯洛夫主编的《教育学》，于1951年、1952年先后在人教社出版了该书上、下册的二次修订版。二是确定了组织翻译苏联教育学、心理学著作的一些选题，如叶希波夫、冈察洛夫编的《教育学》（两册，于卓等译，人教社1952年版），斯米尔诺夫著的《教育学初级读本》（陈侠、丁酉成译，人教社1953年版），苏罗金娜著的《学前教育学》（高天浪译，朱智贤校订，人教社1953年版），包若维奇等著的《儿童心理学概论》（王春燕等译，人教社1953年版）等。

三是编辑并在人教社出版了由全国妇联主编的“苏联儿童教育丛书”，有《从初生到上学儿童的保育》（1951）、《幼稚园教养员工作指南》（1951）、《三岁前儿童的集体教养》（上、下册，1951），以及《幼儿园的语言课程》（1952）、《农村学前教育工作者手册》（1952）、《幼儿园主任手册》（1953）、《幼儿园的创造性游戏》（1953）。

四是编辑并在人教社出版了由人民教育社组织编写的“人民教育丛书”共6种，全部于1951年出版，即《农民识字教育的领导问题》《干部带头和模范教师》《农民识字教育的组织形式和教学方法》《较好的冬学和常年民校》《杜威批判引论》《苏联初等教育》。其中，前4种是为了配合教育部关于开展农民业余教育的指示而编辑，均选自报刊上发表的文章。

由此可见，朱智贤在新中国成立前后，特别是在人教社担任副总编辑兼教育组组长以后的工作任务，是十分繁重也富有成效的。他既要参与编审部的领导工作，又要具体负责师范教育学科教材和一般教育图书的编辑工作，还要自己撰写专业论著。不仅如此，他坚持学习俄语（新中国成立前自学过俄语），并试图翻译苏联教育学和心理学方面的原版论著。由于工作紧张、劳累过度、积劳成疾，终致他患肺病吐血病倒在工作岗位上，住进了医院，做了切除肋骨的手术。手术后的朱智贤元气大伤，身体十分虚弱，已不宜在人教社做高强度的工作，更不能担任行政工作。在他的老朋友、北京师范大学校长林砺儒教授（后任教育部副部长）的关心下，经人教社领导叶圣陶、柳湜批准（唯一的条件就是希望朱智贤身体恢复后能够继续参加人教社组织起草的师范学校教育学、心理学课本的撰写工作）和其家眷同意，朱智贤调到北京师范大学，这样可以一边休养，一边适当进行教学和研究工作。于是，1951年年底，朱智贤改任北京师范大学教育系心理学教研室教授，此后几十年，便专心从事儿童心理和教育的研究和教学工作。

1948年朱智贤全家合影

1962年朱智贤、杨敏夫妇和学生们合影

1978年朱智贤、杨敏夫妇合影

离开人教社后不忘人教社

虽然朱智贤在北京师范大学一度以养病为主，但他仍参与了大量专业论著的撰写和翻译工作，并先后担任了儿童心理学教研室主任、心理学教研室主任，讲授普通心理学和儿童心理学课程。虽然他离开了人教社，但仍是人教社的重要作者，他编撰或组织编写和翻译的一系列学术著作、译著或教材，也大都在人教社出版。

一是参与了由人教社组织和出版的新中国第一部国人自创的《教育学》和《心理学》课本的编写工作。1950—1951年，朱智贤在人教社任职时，就确定了在引进和翻译苏联教育学、心理学著作的同时，要采用内外结合的办法编写新中国自己的师范学校《教育学》和《心理学》课本的计划。这项工作是在教育部师范教育司的领导下，邀请国内知名的专家学者与人教社教育编辑室的编辑共同完成的。1952年8月，编写工作正式启动，已在北京师范大学任教的朱智贤教授参加了《教育学》（四册，1953）第四章“幼儿教育”的撰写工作（其他编写者有张凌光、丁浩川、陈选善、胡毅、苏竞存、蔡仪、滕大春等）。同时，他还参加了《心理学》上、下册（1953）的编写工作（其他编写者有陈选善、曹日昌、周先庚、唐钺、孙国华、郭一岑、邵鹤亭、彭飞），从而为新中国第一批师范学校《教育学》和《心理学》课本的诞生做出了贡献。值得一提的是，这两部书出版之前，叶圣陶曾经于1953年3月在10天内全力修改《心理学》书稿，并且在5—8月又多次对《教育学》书稿提出了一些修改意见，并称赞“朱智贤所写，条理清晰，语言较顺适，为之修润较为有味”[①]。

二是先后组织翻译（含校订）了苏联心理学、教育学的一些著作或教材，均交由人教社出版。这些著作或教材如下。

苏罗金娜著，高天浪译，朱智贤校订：《学前教育学》，人教社1953年版；

查包洛塞兹著，朱智贤、赵璧如译：《心理学》，人教社1954年版；

凯洛夫总主编，冈察洛夫、叶希波夫、赞科夫主编，陈侠、朱智贤、邵鹤

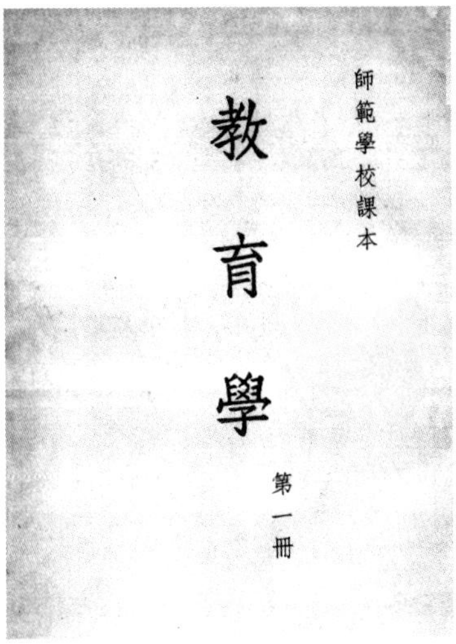

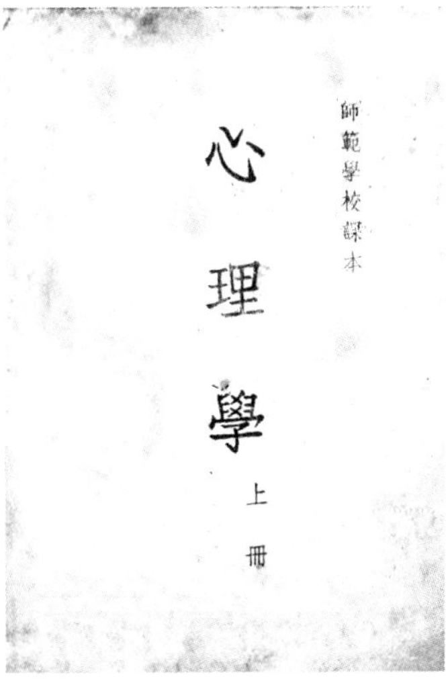

朱智贤参与编写的人教版《教育学》和《心理学》

① 叶圣陶著：《叶圣陶日记》（中），商务印书馆2018年版，第1449页。

亭、于卓、李沂、熊承涤、郭如琴、张渭城、李子卓、陈友松译:《教育学》,人教社1957年版;

彼得罗夫斯基著,北京师范大学教育系心理学教研组译:《心理学的哲学基础和自然科学基础》,人教社1957年版;

富尔顿纳多夫、彼得罗夫斯基著,朱智贤等译:《心理学》,人教社1957年版;

斯米尔诺夫总主编,朱智贤、张世臣、龚浩然、卢盛忠、曹飞、孙晔、李沂、胡士襄等译:《心理学》,人教社1957年版;

沃洛基亭娜著,朱智贤、龚浩然、卢盛忠、张世臣译:《小学儿童心理学概论》,人教社1957年版;

沙尔达科夫著,朱智贤、李沂、张世臣、陈帼眉、陈世杰、章志光、关丽娟译:《中小学学生心理学概论》,人教社1958年版;

彼得罗夫斯基著,朱智贤、伍棠棣、卢盛忠、张世臣、龚浩然、孙晔、王明辉译:《普通心理学》,人教社1981年版。

三是撰写了一些重要的心理学教材和专著,先后在人教社出版。这些著作如下。

朱智贤著:《批判实用主义杜威在心理学方面的反动观点》,人教社1955年版;

朱智贤著:《儿童心理学》(上、下册),人教社1962年版;

朱智贤著:《朱智贤心理学文选:理论心理学、发展心理学、心理学小品集》,人教社1989年版。

其中,《儿童心理学》(1962)是1961年全国高等学校文科教材会议指定朱智贤教授编写的教科书,供综合大学和高等师范院校心理及教育专业使用,被公认为我国第一部运用马克思主义观点、吸收国内外研究成果、联系中国实际的儿童心理学教科书,而且成为“文化大革命”前唯一正式出版的具有完整体系、体现我国学术水平的心理学教材,受到了国内外学者的高度评价。[1] 2018年11月,人教社出版了该书的第六版,此时恰逢朱智贤110周年诞辰。

---

① 林崇德:《中国的发展心理学七十年》,《心理发展与教育》2019年第5期。

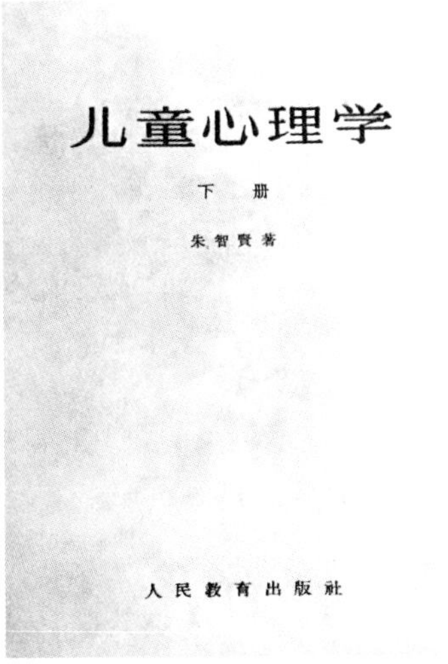

朱智贤著的《儿童心理学》和《朱智贤心理学文选》

改革开放以后，朱智贤是国务院公布的首批博士生导师，培养了新中国第一位教育学（含心理学）博士林崇德。林崇德教授的一些重要学术著作也大都在人教社出版，如《学校心理学》(2000)、《发展心理学》(2009)、《林崇德心理学文选》(上、下卷，2015)、《林崇德教育演讲录》(2015)等。1998年12月30日，为纪念朱智贤先生90周年诞辰，北京师范大学发展心理研究所联合人教社等单位和个人共同成立了朱智贤发展心理学和教育心理学基金会，所长林崇德和人教社副总编辑吕达分别担任了该基金会的理事长和副理事长。

综上所述，可以看出朱智贤先生不仅是中国现代著名的心理学家、教育家，也是优秀的教育学家和编辑出版家；既是新中国儿童心理学、发展心理学的奠基者、带头人，也是新中国成立之初教育学科的带头人、师范教材和教育图书编辑出版工作的奠基者。朱智贤在新中国成立之初引领和开拓的我国教育学、心理学教材和教育图书的编辑出版事业，后来被人教社特别是教育编辑室进一步发扬光大，他的历史贡献和功绩将永远为教育学科的出版史和学界所铭记！

（摘自《中国教育科学》2020年第1期，有改动）

蒋仲仁（1910—2007）

蒋仲仁（1910—2007），贵州贵阳人。我国著名语文教育家。1929年贵阳师范毕业，先后在贵阳、重庆、昆明等地中小学教国文，编写多部教材和进修丛书。1946年到香港，协助孙起孟办务实中学，兼任国文教师，为香港《文汇报》编过《教育周刊》。1948年跟随叶圣陶在香港开明书店当编辑，出版《现代小学课本》和《初中精读课本》。1949年后，先后在华北人民政府教育部教科书编审委员会国文组、出版总署编审局任编辑。1950年12月调入人民教育出版社语文组担任编辑，历任总编室主任、小学语文编辑室主任。先后参编或负责多套小学语文课本，其中1954年主编了新中国第一部真正意义上自编的统编小学语文教科书和教学参考书。改革开放后，调中央教育科学研究所工作。著有《思维·语言·语文教学》等。

烂漫红霞映黄昏

——蒋仲仁同志访问记

尹克恂

1989年7月，接仲仁先生来信，附所作七律《八十自嘲》。诗是这样写的："萧萧白发吾衰矣，犹作杞人天坠忧。少壮蹉跎怨老大，黄花烂漫喜清秋。推心知己情如水，蹩脚文章诗打油。老马空怀千里志，江天寥廓只神游。"他说几个老朋友看了不以为然，问我看法如何。我回信说，我也不以为然。"先生是一位卓有成就的教育家，以自己的一生，谱写了一个旧时代来的进步知识分子、党的教育工作者的风范，在自我完善、实现自身价值的长达半个世纪的孜孜不倦的努力中，做出了自己应有的奉献，从不怨天尤人，从不好大喜功，从不老气横秋，年逾八十，实堪自慰。"当时我就想，应该创造条件，再到北京一趟，具体地、深入地了解一下我所崇敬的这位长者。

五年过去了，重游北京梦是1994年4月实现的。4月25日到仲仁先生家，谈得很愉快，旧人新事，语短情长。饭后午睡，起来又谈。先生问我收到他的信没有，我说收到了。原来这封信是说，热诚欢迎我到他家小住，但一生庸庸碌碌，虽然做了一些具体事，无大作为，不值得写。

我撇开"值得""不值得"的问题，从知识分子在早期革命斗争中的地位谈起。我说："最近正在搜集整理《贵阳人民革命史》，接触到马克思主义在贵阳的传播，应毫不含糊地肯定，进步教师是传播革命思想的主力。"勾起这个话题，总算把他的话匣子打开了。师母朱立淳在旁边也不时提示，并给我翻出一些资料，如蒋先生的诗稿、文稿，当年的学生如张毕来的遗作等，还有若干金光闪闪的荣誉证书。我真高兴，因为我得以进一步了解我所崇敬

作者简介：尹克恂，副研究员，曾在贵州省委党史研究室工作。

的人，如硬要概括一下，可归纳为十六个字：虚怀若谷，务实创新，择善固执，再铸辉煌。

虚怀若谷

仲仁先生仅用几句话就概述了自己的一生："1910年出生在贵阳，靠公费上过师范学校，1929年毕业后即投身教育事业。当过教师，主要是教语文，小学、中学、大学的课程都教过。编过教材，主要是编语文教材，小学、中学、大学的教材都编过。'十年浩劫'之前，大抵：师范毕业之后，教了二十年书，编了二十年书。'文化大革命'十年，劫后余生，重上教育战线，入中央教育科学研究所，从事教学法研究工作。"

多么简洁明了的白描，把一个甘为凡人的心态展示给访问者了。我禁不住问道："年方二十，便当了师范学校教师，总该有些突出表现吧？"

师母朱立淳把原民盟中央宣传部部长张毕来的遗著《回顾我走过来的道路》递给我，书上有这样一段话："蒋仲仁同志当我的老师这件事，很值得说一说，首先应该佩服当时的校长邵明轩先生的卓识和胆略。当时在贵阳当中学教师是很不容易的，既讲学问，又讲资历。邵先生不然，他认为，资历不必过于重视，高中毕业生成绩好的就可以当初中老师。我进初中一年级的时候，正是蒋仲仁老师在高中毕业的时候。邵先生请他来教我们的国文课。"我想，邵明轩校长固然胆识过人，敢于大胆起用人才，但起用者也仅仲仁先生，可见他在读书上是表现不凡的。用先生自己的话来说："我这一生上了十三年学，初小四年、高小三年，前期师范三年，后期师范三年，比古人'十年寒窗'还多，从六岁上到十九岁。上学不易，懂得勤奋刻苦，至少说不敢怠惰。因此，学了许多，读了许多，记诵了许多，为以后学语言、学文学，打下点儿基础。"说到这里，先生把当时贵阳的历史状况和自己追求进步的历程，依然是轻描淡写地加以叙述道：“贵阳是云贵高原上的一座小城，十分闭塞，新思想的风，迟迟才吹到这里。虽然迟迟，终于吹来了。课堂上尽管读的是《古文辞类纂》《国学必读》，课堂之外接触的却比较宽广了，从梁启超《饮冰室文集》到胡适《文学改良刍议》的国语文学，再接触陈独秀的《文学革命论》，才憬然领悟，文章不仅仅是文章的事，要联系思想，联系社会。课堂上，教科书古旧的气氛拉着我们往回走。课堂外，时代的新潮推着我们向前进。历史总是要前进的。”

在前进的道路上，仲仁先生充分感受到革命文学在自己成长过程中所发挥的作用。他举个例子说：“比如叶圣陶先生的《倪焕之》，教给我们认识到那个时代的青年从希望到失望、从幻想到理想的追求，认识到教育和社会的不可分割的联系。在那风雨如晦的时候，一个正直的人，应该像圣陶先生在《古代英雄的石像》里说的，做一块小石头，和别的石头在一起，‘铺成真实的路，让人们在上面高高兴兴地走’。受到这个教诲的岂止我一个人？是那一时代的千万的青年，千万的师范学生。”这就深刻揭示了一代新人成长之路。

谈到教书二十年，仲仁先生高度评价了原达德学校的黄齐生、刘方岳这些前辈的作用，谈自己则无非介绍同学们读几本好书，有助于性格的培养、知识的积累和写作能力的提高罢了。其实，受业者的评价是最实事求是的。

贵州文史馆员金国楠在给先生的信中，追述了当年受教于先生的情景：“雪涯承教那些年，真太快乐。您首创作文可写白话，写诗不必古体律绝。”“五四春风吹入夜郎，正好我们这一班承受。在您的启发下，我们学习了郭沫若的《女神》、鲁迅的《狂人日记》、冰心的《春水》《繁星》。贵州要写近代史，这一光辉篇页岂能不写？”从来信看到，同期还有别的班受业的许多人，因得到“启蒙”而前进，而获得成就。

张毕来的追述更加具体，他说：“蒋先生教国文，起先还是讲古文，从韩退之到袁枚的文章都讲过，还讲《说文解字》，偶尔也讲些白话文，鲁迅和周作人的文章都讲，作为课外教材插进教学里去。后来竟给我们讲起鲁迅译卢那卡尔斯基的《艺术论》，什么经济基础、上层建筑、意识形态等概念，都跑到我们脑子里来了。这是一个很大的转变。”“在停止写那些之乎者也后，有一次发作文，先生把我的一篇文章列为第一，但批语中却有我不懂的几句话：‘文章固然写得好，然千万不可走上上海滩上的文人路子上去。’是什么意思呢？请教后才明白，指的是周瘦鹃和徐卓呆等人的‘鸳鸯蝴蝶派’。这个警告使我震惊，从此我就再不写那些风云月露的文章了，渐渐懂得写文章应针对现实需要。这可以说是我的生活道路和学术道路的一个大转变。”

当然，这只是几个例子，而且只是仲仁先生初期教学活动中一些令人肃然起敬的例子，但也极其生动地说明二十年的教学活动是在什么思想指导下进行的。

至于第三个二十年，是从1949年算起的。北平解放后，党中央宣传部致电香港工委，输送一批集结香港的干部到北平工作。仲仁先生是6月到北平的，当即到教科书编审委员会参加语文课本的编辑工作，还参与筹备并出席全国教育工作者代表会议。10月，中央人民政府成立，教材工作归入出版总署编审局，1950年12月成立人民教育出版社。仲仁先生是人民教育出版社的总编室主任，还参与语文课本的编辑工作。待出版社的体制建立、工作运行秩序初定，先生便辞去行政职务，潜心编辑语文课本。

新中国成立初期，教材的首要工作是用新民主主义的课本取代国民党时期的课本，语文一科是重点，为了实现“解放军打到哪里，新课本送到哪里”这一政治任务，仲仁先生和他的同事们，在战争气氛中，用最少的人力、最短的时间编出了小学和中学语文课本各一套，后来，在北大、清华一些教授的帮助下，编出《大学国文》两册，做到中华人民共和国甫告成立，从小学到中学到大学，便有了自己的新的语文课本。

仅此一桩，便该大书特书了，可是，仲仁先生说：“这是同志们共同努力的结晶，也是各地第一线的语文教师们实践的硕果，个人的作用实在微不足道。”

那么，教科所党组织对他是怎样评价的呢？有一篇业务鉴定这样写道：“蒋仲仁同志治学严谨，他的语文教学思想丰富而又精到，最主要的有：

（一）中小学语文教学的任务是发展学生语言。发展语言是和发展思维联系在一起的，教学中两者必须并重。（二）语言是载体。语言的教学要和所载的内容密切联系。教学中既要教书，又要‘育人’。（三）要把培养运用语言的能力，听说读写能力放在首位，从实践中学，学了付诸实践。（四）语文教学的主体在‘学’，教学是教学生‘学’。要从学生实际出发，引导学生愿意学、喜欢学、自己学。（五）语文教学要适应社会发展和语言发展的需要，提倡一种现代化的文风，一种既能看懂又能听懂的文风，提倡口头语言的教学和书面语言的教学并重。……”这都是些异常精辟的见解，这些思想贯穿在仲仁先生历年的工作当中。

务实创新

“实践的观点是语文教学中基本的观点”，我想，这该是仲仁先生教学活动的主导思想吧！

关于这一论述，我们从其一些重要经历中可以得到充分的印证。1942年，仲仁先生到昆明，在中华职教社云南办事处协助孙起孟先生工作。国民党的教育腐败，万千青年被摒弃在学校门墙之外。因此，职教社开办了中华职业补习学校，设置文化学科和职业学科，举办专题讲座，创办中华业余中学，目的是使一部分职业青年受到完全的中学教育。这两所学校，入学青年踊跃，每期都有上千人报名，被称誉为“职业青年之家”。在这个基础上，职教社还开办了进修教育出版社，陆续出版了一套“进修丛书”，不仅传授知识，而且辅导自学。其中，仲仁先生和孙起孟先生合编的《写作进修读本》，有选文，有文话，有语法修辞，有作业指导，方便读者自学。大后方的一些学校，不愿用国民党“国定本”作教材的，曾选用这套读本作初中语文科的教材。这是仲仁先生编辑的第一部务实创新的教材。

蒋仲仁参与编写的小学语文课本

进修教育出版社被国民党查封后，仲仁先生于1946年转移至香港，仍以教育为基地开展工作。首先协助孙起孟先生办了一所务实中学，这是一所为劳动人民子女服务的学校。接着，联合若干进步教师，组成新教育研究会，探讨新民主主义教育理论，为迎接全国解放，在教育思想上做准备。他又为新加坡上海书局编辑《现代小学课本》，这套课本由宋云彬主编，叶圣陶、夏衍、孙起孟审订。课本在南洋一带为许多华侨学校采用。他还为香港文化供应社改编了《初中精读文选》，这原是王任叔先生选编的，为了适应新形势，在选文上做了许多增减。在香港的三年，是仲仁先生在教学活动上务实创新、成绩斐然的三年。

新中国成立初期，仲仁先生参与编出适应当时急切需要的一套课本之后，就着手研究语文教学的改革。他曾在叶圣陶先生领导下，试拟了一个《小学语文新课程标准》，提出“语”“文”并重，强调听说读写能力的培养，要求入选的课文在思想和语言上都能使儿童受益，要求编入的作业能对学生的基础训练有帮助，并着手新课本的试编。

中央语文教学问题委员会在胡乔木同志《关于改进中小学语文教学的请示报告》发布后，仲仁先生起草了一个《改进小学语文教学的初步意见》，并参与制定了新中国成立后第一个《小学语文教学大纲》，于1956年提交全国语文教学会议通过后在全国试行。不料，这次改革不久就被“长官意志”扼杀了。接下来的是“大跃进”的“紧跟形势”的课本，拙劣的标语口号，说了不少大话、空话、假话。仲仁先生由于自己是“主编”而感到愧疚。

随着经济上、政治上的反冒进，教育上的“乱、糟、偏”也得到纠正，制定了《中学工作条例》(五十条)、《小学工作条例》(四十条)。1963年，重新起草了十年制和十二年制《中小学语文教学大纲》，重编相应的中小学语文课本，力求于恢复之后再图前进。但“文化大革命”运动一来，什么都“革”掉了，整个教育都“革”掉了。仲仁先生带着痛心的、依恋的心情被迫离开了为之奋斗了几十年的教材编写工作。

蒋仲仁（前排右二）和小语室同事欢送辛安亭（前排左二）去兰州合影

择善固执

我认识蒋先生，是在20世纪30年代，是在抗日救亡运动的激流中，所以我的印象中，他不仅是一位德高望重的师长，而且是一位平易近人、热情洋溢的社会活动家。

1937年，卢沟桥事变的炮声揭开了全民族抗战的序幕，全国人民都起来了，工农兵学商，一齐来救亡。一切正直的知识分子，必须在政治道路上做出严肃的选择。仲仁先生的选择是明快而坚毅的：救亡图存的希望只能寄托于中国共产党。于是，他积极投入党所领导的抗日救亡运动中。

1937年8月，仲仁先生就与贵阳文化界的进步人士发起组织贵阳文化界抗日救国会，刊登在《革命日报》上的启事鲜明地提出："不甘灭亡，就得发动全民族全国民的抗敌斗争，要发动全民族全国民的抗敌斗争，就得要组成这整个民族和国家的每一个单位团体或每一界都有着紧密的结合。"在成立大会上，仲仁先生发表了慷慨激昂的演说："今天我们可以喊'打倒日本帝国主义'了。全国军民都要拿出力量来，有迫击炮的，有毛瑟枪的，有石头石块的，一齐往日本侵略者头上打去！……"演说博得经久不息的掌声。

面对敌人的挑衅和威逼，仲仁先生毫不气馁，在党的领导下，又展开另一个大众的文化运动：推广拉丁化新文字。先生回忆道："抗日战争时期，唤起民众，教育民众，把群众组织起来参加神圣抗战，是开展一切救亡活动的目的。贵阳的拉丁化新文字运动就是这样搞起来的，通过传播容易学、容易读、容易写的新文字，向为数众多的文盲进行抗日救亡宣传。”这个活动于1938年春开展，以仲仁先生为主，开办学习班，编印课本，编发油印刊物《开荒》，还在5月出版的《十日》旬刊第7期上发表了一篇文章《提出汉字改革的问题来》。想不到文章一发表便引起风波，国民党的检查官说：“提倡拉丁化的是共产党。”虽然《十日》旬刊被查禁了，但拉丁化新文字运动仍冒着受打击迫害的危险，继续隐蔽地开展了一些活动。

抗战时期，由于濒临战争前沿的平、津、沪、杭、湘、鄂、粤、桂等省市相继沦陷，贵州省有些在省外、国外工作和学习的学者、作家纷纷返回家园。许多高等院校也辗转内迁，先后迁来贵州的有上海大夏大学、浙江大学、长沙湘雅医学院等。学者云集，给贵州文化界带来蓬勃生机。为了进一步团结中上层知识分子，中共贵州省工委安排贵阳生活书店经理邵公文，利用庆祝书店开业的机会，邀请大专院校教授和知名教师数十人到书店座谈，商定成立贵阳战时社会科学座谈会。1938年5月宣告成立，由王启霖、武纡生和仲仁先生组成党小组领导座谈会（以下简称“社座”）的活动，参加者有梁园东、谢六逸、吴澄华、郭一岑、白舞华、何战白、高滔、田君亮、赵毓祥等专家、学者。仲仁先生说：“党小组的工作重点放在相互间的诚恳接触上，座谈题目着重抗战形势分析，也涉及哲学、社会学和政治经济学诸方面，如全民抗战问题，抗战与民主问题，战时教育问题，中国抗战与国际反法西斯战线的关系问题，都曾进行过热烈讨论；武汉撤退后的形势，汪精卫的叛国投降，国民党的假抗日、真反共，从各地摩擦升级为反共高潮等，也曾认真探讨。会内的座谈，会外的宣传，使群众认识到：只有照共产党的办法去做，才能救亡图存。”这样的活动当然是会受到迫害的，持续到1939年冬，当“社座”准备联合文艺界抗敌协会、中苏文化协会、中华职业教育社、基督教青年会等筹备组织宪政促进会时，就有流氓特务大打出手了。

1940年，国民党掀起第二次反共高潮。那时，仲仁先生正在花溪女中当教员，按照党组织的安排，离开贵阳，转移到重庆。

再铸辉煌

仲仁先生是1982年离休的，如今[①]已是85岁高龄了，虽常苦于心脏病的折磨，但仍保持极佳的精神状态，真可谓宝刀不老。

我欣喜地翻阅了中央教育科学研究所1987年的《简报》，上面说："研究员蒋仲仁同志离休已五年，仍任本所学术委员，经常参加本所学术性会议，参加审阅论文、评定业务职称等。""仅1986年就写文章13篇，并应人民教育出版社之约，选出这几年写的文章加以整理，辑为《思维·语言·语文教学》一书，二十多万字。"

关于集印这本书，仲仁先生是这样解释的："几十年来，我在工作中经历了许多甘苦，遇到过困难，发现过问题，有过设想，做过尝试；可是都没有深入，也不成系统。当教员、当编辑，是挺忙挺累的活儿，工作压在肩膀上，忙都忙不过来，哪儿顾得上把这些都一一总结、研究、写下来？现在老了，教书、编书都干不动了。也好，坐下来，把以前经历过的加以回忆、思索、增损，对照着当前的情况陆陆续续写了一些文章。文章是写了，没有什么长进，依然不深入、不系统。""出版这个集子，我有过踌躇，觉得这点儿浅薄的东西怕无益于读者；一转念，又觉得愚者千虑，或有一得，让咱们这一行的同志知道某个问题有人曾经有过如此认识，有过如此主张，或同意，或不同意，或赞许，或指责，都将由此而引起思考和探索。"说得多么好啊！谦虚谨慎，深入浅出，我不由得更加肃然起敬了。特别可贵之处在于"对照着当前的情况"把教育改革中的教学改革问题，做了系统而精辟的剖析，具有较强的针对性和指导性。

离休以后的仲仁先生多了一个爱好，按他的说法是"开始学写诗"，其实是抛却繁杂编务，得以用诗歌来抒情言志。在他的《学诗小记》里说："昔人论诗，谓'不似则失其所以为诗，似则失其为吾'。又似，又不似，写诗难，难就难在这里，初学未能两全，宁取多有一点儿'吾'，以吾之思、之感、之见、之闻，写吾之诗。怕失

① 指1995年。——编者

96岁时的蒋仲仁（摄于家中）

去‘吾’，有时只好不似；仍想使之似，还有待修改。”我不懂诗，不敢评短议长，但读了《刺梨酒》《摘耳根》《毛栗》《地萝卜》后，便由于其泥土味浓郁而倍感亲切；还有更多的诗则充分反映出这位老党员、老教育家对国事、家事、党风、民风的忧患意识。比如《过某大餐厅门》："灯闪霓虹旋转门，皇冠奔驰迎嘉宾。豪华夜宴微醺后，念否未温未饱人？”《观城南大观园栊翠庵》："西装革履连衣裙，信女善男拜观音。妙玉姑娘今若在，衲衣应愧未更新。”这正是仲仁先生在《八十自嘲》中说的“犹作杞人天坠忧”了。

老骥伏枥，志在千里。仲仁先生虽苦于病魔缠身，稍一不慎，就要住院抢救，但对于所担任的贵州历史文献研究会顾问、北京语言学会学术顾问、语文出版社实验教材顾问等职，仍是有问必答，仲仁先生被国家教委党委评为优秀共产党员，获国家语委“从事语言文字工作三十年”荣誉证书及“老有所为”精英奖。1993年10月，国务院为了表彰仲仁先生“为发展我国教育科学事业做出的突出贡献”，发给他政府特殊津贴证书。我深信，“老马”不会“空怀千里志”。仲仁先生有关语文教学的精辟论述，必将在广大语文教学工作者的反复实践中被充分肯定。

面对这位85岁高龄的老人，我不禁感慨万千。这真是：烂漫红霞映黄昏，满目青山夕照明。

（摘自《朝晖晚霞集》，生活·读书·新知三联书店贵阳联谊会1997年印制，有改动）

丁晓先（1899—1976）

丁晓先（1899—1976），曾用名韦息予，江苏苏州人。我国著名文史教材专家。早年曾在中小学任教。1922年入职商务印书馆国文部。后受北洋政府教育部委托，编制小学历史、卫生和常识三科课程标准（暂定），并为商务印书馆主编了相应学科的教科书，是民国时期小学社会科、常识科和综合科课程教材研究编写的先驱者之一。20世纪20年代中期加入中国共产党，并参加了1927年上海第三次工人武装起义。在起义成功后选举成立的上海特别市临时政府中被选为执行常委兼教育局局长，随后又参加了中国共产党发动的南昌起义，被任命为起义领导机构——中国国民党革命委员会秘书厅秘书。大革命失败之后，与组织失去联系从而脱党，继续隐身出版行业。先后在商务印书馆、开明书店担任编辑。1949年，受叶圣陶等人之邀进入华北人民政府教育部教科书编审委员会，参与历史教科书的编写工作。新中国成立之后，随教科书编审委员会转入出版总署编审局。1950年12月，人民教育出版社成立，担任历史组组长、历史编辑室主任。1954年9月调入古籍出版社（后并入中华书局）

丁晓先：曾经参加南昌起义的人教学者

吴海涛

熟悉中国近现代基础教育史和出版史的学者，都会时常在史料中遇到“丁晓先”这个名字。早在20世纪20年代初，胡适、蔡元培等欧美留学归国学者曾在北洋政府默许下，在中国发起了一场影响深远的“壬戌新学制”教育改革运动，给当时中国基础教育开了一剂与西方接轨的“药方”。一大批有志于教育救国的学者参与到这场改革中，青年丁晓先也是其中之一。查阅1922年北洋政府教育部颁行的新学制系列课程标准文件，小学历史、卫生和常识三科课程标准的起草人都是丁晓先，而初中国文科是叶绍钧（叶圣陶），高中国文科是胡适，图画科是刘海粟。能够被政府延请来参与起草国家课程标准，至少说明当时二十几岁的丁晓先在新派学人中是有一定地位和知名度的。

丁晓先是苏州人，成名之前，他只接受过西式小学和初中教育，又做过多年的小学教员。这样的学历和经历都和他的同乡、好友叶圣陶极像，说明他们的才学足以让人忽视其学历高低。据人民教育出版社收藏的民国教科书数据库可知，至少在1920年左右，商务印书馆就出版了由丁晓先和吴研因共同编写的高小《新法修身教科书》共六册。这表明，丁晓先在做小学教员的时期，就已经深度参与商务印书馆的教材编纂，编写能力和学养水平也得到了馆方及学界的认可。1922年，商务印书馆正式聘请他入馆，并且把他作为推广新教材的“招牌”。在1923年商务版的八册初级小学《新学制社会教科书》（丁晓先编著）上都印着这样的“广告语”：“全国教育会联合会学程起草委员会定有《社会课课程纲要》，而本馆就请原起草人依这个纲要编辑本书——这书在我国可说是空前未有，和国语自然研究等书，同为小学校极需要的教科用书。”据叶圣陶长子叶至善先生回忆，丁晓先当时是在商务印书馆编译所的国文部，除他之外，还有茅盾（当时叫沈雁冰）、叶圣陶等人。他们除了各自编写教科书，还共同编辑“学生国学小丛书”。在1926年左右，丁晓先、叶圣陶、王芝九等十几个苏州学者还联合创办了一种倡导故乡改革的杂志《苏州评论》，评论的主要对象是一些把持乡里的保守反动士绅。

作者简介：吴海涛，人民教育出版社媒体宣传部主任，关注与教育出版相关的文史钩沉。

大概也就是从那时候开始，一直到新中国成立后的二十多年，丁晓先似乎成了几大出版机构小学综合类课程教材编写的“专业大户”。至少目前有据可查，他在商务印书馆编写出版过《初等小学修身教科书》《高等小学社会教科书》，为中华书局编写过《初级小学自然课本》《高级小学社会课本》，都是畅销长久的主流教科书。二十世纪三四十年代，他也为开明书店编写过《开明国语课本教学法》《少年国语读本指导书》《开明本国地理讲义》等语文、史地类教材。

综合来看，丁晓先之所以能够跻身当时学者云集的商务印书馆编译部，不是因为他有深厚的家学修养，或者有光鲜的西学背景，而在于他在教学实践中准确把握儿童教育心理，较早掌握白话文娴熟写作的能力，而且是具备较强百科综合素养的“杂家”，所以他能成为中国小学综合课程教材编纂第一人。

1925年前后，一直埋头编教科书的丁晓先在同事的介绍下加入了上海中共地下党组织①，并表现活跃。根据潘汉年的回忆，两人曾一度分在同一个党支部活动。之后的两年时光，可能是丁晓先一生中最不可思议也最跌宕起伏的一段。在后来商务印书馆保留的馆史档案中发现，当时作为资方的董事会和工人代表有过多次谈判，而在多份谈判记录上代表劳方签字的人中都有丁晓先。1927年3月，丁晓先参加了中国共产党领导发动的针对军阀统治的第三次工人武装起义，并在随后成立的上海特别市临时政府中担任执行常委兼教育局局长。4月12日，率领北伐军进驻上海的蒋介石公开宣布之前的工人武装和政权为非法，大肆逮捕和通缉共产党人。在今天保留下来的“四一二”反革命政

① 二十世纪二三十年代，商务印书馆作为远东第一大出版机构，其印刷所、发行所等拥有的产业工人数量在上海滩是居于前列的。据称，位于宝山路的商务印书馆中午和傍晚放工，就有好几千人一起拥出来。于是，这里也就成为早期共产党人开展工人运动、发展成员的重要阵地。后来在中共党史上都有浓墨一笔的陈云（当时叫廖陈云）、胡愈之、郑振铎、茅盾、杨贤江等人，此时都隐身于商务大楼秘密开展活动。1925年前后，丁晓先在商务印书馆同事的介绍下加入了上海中共地下党组织。

变时的197人公开通缉令上，当时著名的共产党人几乎悉数在列，第65号即为丁晓先。丁晓先逃亡至武汉，之后又随党组织秘密到达南昌，参与筹备南昌起义。

1927年8月1日凌晨2时，南昌起义打响第一枪，贺龙、叶挺、朱德、刘伯承等率部经过4个多小时的激烈战斗，歼敌1万多人。9时整，召开了有起义领导人和各省市及海外华侨代表共40余人参加的联席会议，选举宋庆龄、何香凝、邓演达等25人组成中国国民党革命委员会，谭平山任主席。在宣布革命委员会秘书厅组成名单时，辛亥革命元老吴玉章任秘书长，丁晓先和新文化运动的干将高语罕等5人被任命为秘书，都成了起义领导机构的一分子。因为丁晓先长期从事文字工作，革命委员会所有交由秘书厅发布的文告、命令多由他拟稿、起草。

因为档案资料的阙如，丁晓先在南昌起义后如何与党组织脱离关系等细节目前还不得而知。只能推测，他在起义后秘密潜回了上海，隐姓埋名很长一段时间。有一个侧面的佐证材料，商务印书馆曾于1927年3月出版丁晓先编纂的《新时代社会教科书》，随后两三年再版时，主编的名字就换成了“丁尧章”，但编排内容却与之前几乎完全一致。这个化名，不知道是丁晓先自己所为还是出版社为之操刀。总之，因为被当局公开通缉，他不能再使用真名，也不能公开地工作。这种潜藏，不知道过了多久。大约是20世纪30年代前后，在商务印书馆和中华书局等一些大出版社的教材上，开始出现了“编纂者：韦息予”的署名。这些教材大多还是小学社会、小学自然等综合类学

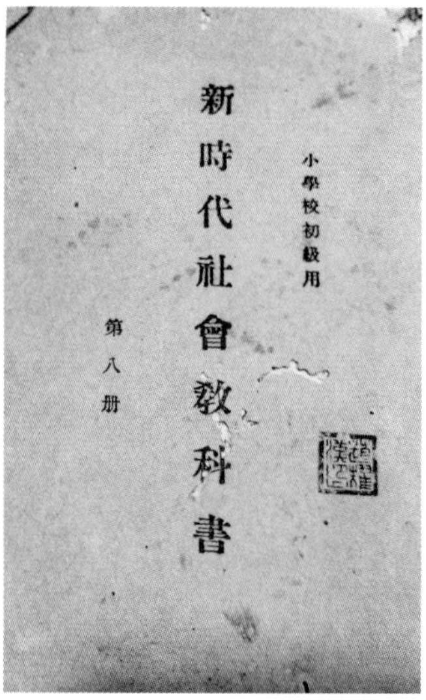
小學校初級用
新時代社會教科書
第八册

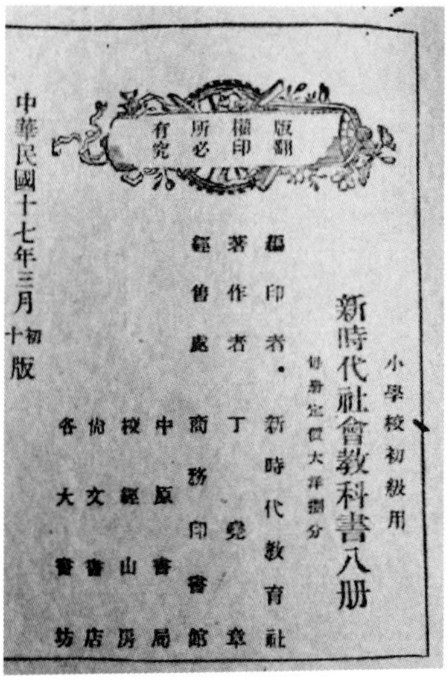
版權所有 翻印必究
小學校初級用
新時代社會教科書八册
每册定價大洋捌分
編印者 新時代教育社
著作者 丁堯章
經售處 商務印書館 中原書局 校經山房 倘文書店 各大書坊
中華民國十七年三月初版

丁晓先以“丁尧章”的化名署名出版的教科书

科，编排方式和文字风格，还是熟悉的“丁氏风格”。没错，这就是丁晓先后来一直沿用的化名。至于这段时间，丁晓先是商务的正式职员还是临聘的专家主编，已不得而知。作为曾经的“造反者”，他之所以还能够被商务印书馆再次接纳，和张元济、王云五等管理高层一向比较开明的风气有关，同时也离不开馆内一帮同乡、老友的大力帮衬。

20世纪30年代初，这批人先后从商务印书馆辞职，集体开创了一个“小而美”的同人出版机构——开明书店，也借此形成了民国时期一个独具风格的“开明文人圈”。与民国其他出版机构一样，开明书店的主要赢利渠道也是编纂、出版教科书，因而特别需要一些行家好手。估计在1932年前后，丁晓先正式加盟开明书店，以“韦息予”的名字编写了一些国文、史地学科的教科书，从此不再过问政治，只勤勤恳恳做一个默默无闻的编辑。同时，他编纂的小学社会、自然教科书还继续在商务印书馆、中华书局等出版、发行。

光阴荏苒二十年，古老的中华大地在1949年迎来了改天换地。1949年4月，华北人民政府教育部教科书编审委员会在北京成立，叶圣陶受邀来北平担任了委员会主任，同是开明书店出身的傅彬然、宋云彬和早已恢复了本名的丁晓先等人调来担任要职，丁晓先还担任了历史组组长。一年多后，教科书编审委员会演变为人民教育出版社，丁晓先就成了编审部历史组负责人，是人民教育出版社的开创者之一。在老友眼中，他编教科书的功底依然扎实，宋云彬在他的日记《红尘冷眼》中曾记述：“(一九五〇年)五月二十四日，下午二时历史教科书座谈会，晓先所编高中近代本国史，颇受好评，惟略嫌头绪繁，尚须加以修改也。”20世纪50年代前半段那些年，开明文人在北京的生活、工作整体上是忙碌而自在的。可能也是思乡之情难以排解，他们不时会以叶圣陶为中心张罗家庭聚会，喝点绍兴酒，同享几道江浙的特色小菜。这在叶圣陶、宋云彬等人的日记中也多有记载。

这时候的丁晓先，在众多人教社新同事眼中，就是一个操着苏州普通话的大胡子老头，装扮举止有些老派，丝毫想不到他年轻时代会有什么出奇作为。倒是20世纪50年代初调来人教社的张中行，觉得丁晓先、刘薰宇这些老开明出版人有让自己欣赏的味道。“（他们身上）不少开明书店的开明气，也就给我留下相当深的印象。丁先生是编历史教材的，性格是开放型的，大庭广众之间，喜欢用洪亮的嗓音谈天说地。只记得一次，是谈他多次受了姓丁的累，比如闹学潮签名……他总是排第一，抓为首的，他就跑不了。丁先生还有个修饰（或应说不修饰）方面的特点，是留胡子，颌下总是垂着一长绺，所以统称丁胡子。”透过张中行生动的文字描摹，我们似乎还能感受到丁晓先的一些鲜活气息。他性格豪爽率直，喜欢高门大嗓说话，兴致来了或许会和年轻人谈点早年间的一些传奇经历，但估计也会有所保留。否则张中行在其成名作《负暄琐话》中不会只记什么“闹学潮签名”，而忽略“四一二通缉令”这样的文章好料。

大约在1954年9月，叶圣陶日记中写道：“晨间安亭（辛安亭，时任人教社副社长）来访，谈社事。晓先在社中与同事之关系搞不好，历史室新来者渐多，史学知识较强，渠（他）已无从领导。安亭与伯韬（戴伯韬，时任人教社第一副社长）商量，拟将晓先调出。”这可能主要是因为1954年前后，人教社的编辑人员得到大量补充，鉴于丁晓先所在的历史编辑室一下子调进来好些知名学者，大多师出名门（如陈乐素、邱汉生、王永兴等），专业功底都十分扎实，鉴于丁晓先的学术实力和早年脱党的政治经历，确实都不再适宜编写意识形态属性较强的中小学历史教科书。20世纪50年代中期，丁晓先调离了人教社。所幸在当时北京的出版单位中江浙老乡非常多，在叶圣陶等人的帮助下，丁晓先调去了更适合他的古籍出版社。后来，古籍出版社并入新中国成立后重组的中华书局，丁晓先又与先后来此的宋云彬、傅彬然、徐调孚、章锡琛等不少开明旧友重新聚首。①1969年，年老多病的丁晓先去了南京，投靠女儿一家。1976年，他在南京病逝。

---

① 1957年“反右”运动前，早年有着政治热情的丁晓先还是不自觉地亮出了他的高门大嗓。叶圣陶在日记中曾记录，有一天丁晓先来找他，得意地谈起如何在古籍出版社“鸣放”，“晓先意兴甚好，似有乘此一泄其不快之感，余心弗然焉”。有资料记载，在当年5月14日、15日文化部召开的出版、印刷、发行方面的座谈会上，丁晓先和其他一些出版界元老发表了各自的言论，都刊登在了5月16日的《人民日报》上。随后，以这些白纸黑字的“反动言论”，丁晓先被打成“右派”，之后在历次政治运动中都受到冲击。

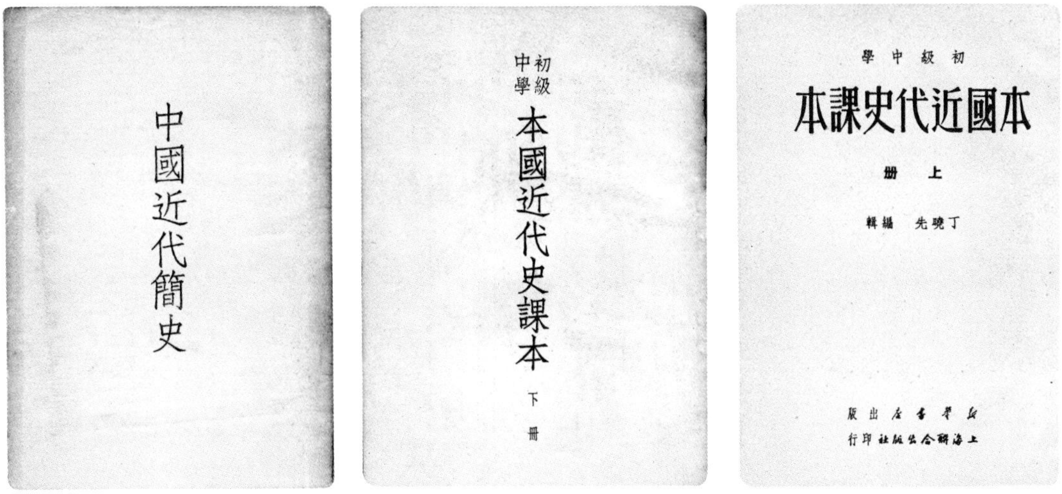

丁晓先编写的部分历史教科书

文化学者赵珩的父亲、著名古籍专家赵守俨供职于中华书局，曾与丁晓先是同事。赵珩在《赵珩访谈录》里回忆自己少年时代，常能在父亲单位大院里看到丁晓先那漂亮的花白大胡子，还能听见他的高门大嗓。偶尔聊起这个人，父亲对他说了一句印象极深刻的话：“他了不起。”或许这句话也是对丁晓先前半生跌宕起伏经历的最好注脚。

（摘自《中华读书报》2017年8月9日，有改动）

陈 侠（1915—1992）

陈侠（1915—1992），江苏扬州人。我国著名课程学家、教育学家。1933年从江苏省立扬州中学高中师范科毕业后任小学和师范学校教师、主任及杂志编辑。1937年后进入西北师范学院教育学系学习，1942年留校任教育研究所助教，并师从著名教育家李建勋读研究生。1947年晋升讲师，翌年研究生毕业，曾任该校附小校长、教育研究所研究员等职。1950年调出版总署编审局任编辑。人民教育出版社成立后，历任教育室编辑、副主任、主任，《教育译报》副主编。1979年参与发起成立全国教育学研究会，任常务理事兼秘书长。1980年参与创立人教社课程教材研究室，任研究员。1981年参与创办《课程·教材·教法》杂志，任副主编。1983年任课程教材研究所学术委员会常务委员。曾兼任《中国大百科全书·教育》教育学分支学科副主编、西北师大等七所高校兼职教授、《教育大辞典》编委兼《课程和各科教学》分卷主编。曾任民盟人教支部负责人、民盟北京市委委员兼教育委员会副主任、民盟中央教育委员会副主任等职。著有《近代中国小学课程演变史》《课程论》等。

陈侠：我国课程论重建的先驱者和奠基人

吕　达　刘立德

陈侠曾任人民教育出版社编审、课程教材研究所研究员，是我国现代著名的课程学家、教育学家和编辑出版家。这位课程论一代宗师，不仅在人教社主持编辑出版了大批有重要影响的师范教材和教育图书，并执编教育期刊，而且孜孜不倦地致力于教育科学研究，撰写了一批有分量的学术论文和著作。陈先生不愧是研究型、专家型编辑的典范。叶圣陶先生称他为“认真研究教育的有心人”。

陈侠先生对我国课程论重建的先驱性、奠基性贡献可概括为五个“第一”：撰著出版了我国第一部《课程论》专著；主编了新中国第一部《教育大辞典》的课程和各科教学分卷；改革开放后在高校讲授课程论的第一人；参与创办并长期执编我国第一本课程专业期刊《课程·教材·教法》；主编了新中国第一套课程研究丛书。

一

陈侠，1915年2月6日生于江苏省扬州市。1933年毕业于江苏省立扬州中学高中师范科，同年起先后任江苏省立南通中学附属实验小学教员、江苏省立界首乡村师范学校教员兼附属小学主任（相当于校长）、江苏省立扬州实验小学低级部主任、江苏省立大港乡村教育实验区《乡村教育》杂志编辑，同时，参加初等教育研究社，参与编撰《初等教育研究集》。陈侠从做小学教师开始，一直坚持写心得，坚持教学与科研互动，这对他最终成为成就卓著的教育学家所起到的作用非同小可。1937年卢沟桥事变爆发后，陈侠迁到西北的国立北平师范大学（后更名为西北师范学院）教育学系学习；1942年毕业，留

作者简介：吕达，人民教育出版社咨询委员、编审，曾任人民教育出版社副总编辑、课程教材研究所常务副所长、中国教育学会教育学分会理事长，兼任上海、澳门课改顾问等职，主要从事课程教材、教学和教育史研究；刘立德，人民教育出版社文化教育编辑室主任、编审，课程教材研究所研究员，中国教育学会教育史分会副理事长，主要从事教育史和教师教育研究。

校任西北师范学院教育研究所助教，并师从著名教育家李建勋。1947年晋升讲师，翌年研究生毕业，获硕士学位，曾兼任该校附小校长，历任该校教育研究所研究员及甘肃《地方教育辅导丛刊》编辑等职。

新中国成立后，陈侠于1950年调出版总署编审局任编辑。同年12月1日人教社成立后转本社工作，历任教育编辑室（原名编审部教育组）编辑、副主任、主任、编审，《教育译报》副主编。“文化大革命”期间，人教社被解散，全体人员“下放”到安徽凤阳。“四人帮”被粉碎后，在党的十一届三中全会精神鼓舞下，陈侠虽已年过花甲，却以高昂的热情投入编辑出版和教育科研工作。1979年，他参与发起全国教育学研究会（中国教育学会教育学分会前身），任常务理事兼秘书长。1980年4月，参与创立人教社课程教材研究室（课程教材研究所的前身），任研究员。同年6月19日，人教社成立《课程·教材·教法》杂志编委会，戴伯韬任主任，叶立群、陈侠等任副主任，由陈侠主持日常工作。1981年，《课程·教材·教法》正式创刊，陈侠任副主编，并主持日常工作（当时没有单独编辑部）。1983年6月10日，教育部党组批准成立课程教材研究所，7月20日邓小平题写所名。这是第一家国家级面向基础教育的课程教材研究机构，陈侠任学术委员会常务委员。课程教材研究所成立后，课程教材研究室改建为课程研究室，以研究课程理论为主，由陈侠负责；教材研究任务则由各学科编辑室承担。鉴于陈侠在教育学术上的造诣，他还被聘为《中国大百科全书·教育》教育学分支学科副主编，西北师大等七所高校兼职教授，《教育大辞典》编纂委员会委员兼《课程和各科教学》分卷主编，并当选民盟人教支部负责人、民盟北京市委委员兼教育委员会副主任、民盟中央教育委员会副主任等职。1986年虽办理退休手续，但他退而不休，仍一如既往地积极主动承担许多编辑出版工作和研究任务直至病逝。

陈侠毕生在教育战线辛勤耕耘，几十年如一日，一方面投身教育教学的实际工作，并从事师范教材和教育书刊的编辑出版工作，另一方面执着地潜心于教育科学研究。他著述颇丰，主要有《建国的儿童训练法》（1941）、《近代中国小学课程演变史》（1944）、《国民学校教学实际问题》（1946）、《国民学校教学之改进》（1948）、《论教育规律及其他》（1983）、《师范教育和教育科学》

（1985）等。他还有大量教育译著行世，并主持选编了《李建勋教育论著选》和《傅葆琛教育论著选》等。而他著称于世、影响最为深远的传世之作无疑是《课程论》（1989）。

二

在20世纪20—40年代的中国，课程论这门学科也曾昙花一现，既有翻译引进的外国课程论著，也有包括陈侠在内的中国学者撰写的课程史和课程论著述。新中国成立后，主要由于政治原因，我国的教育学和苏联的教育学一样，从宏观结构看，没有关于课程的专门篇章，只有“教学内容”的章节。

我国进入改革开放时期后，就课程教材改革而言，单有国家课程和一套教材已远不能适应各地各校要求，地方课程、校本课程研发呼之欲出，教材“一纲多本”也势在必行。关注学校课程的人越来越多，课程教材研发人员，教育领导和管理干部，尤其是广大教师，都需要课程理论知识。不懂得课程，就不可能自觉地、准确地执行课程计划（教学计划）和课程标准（教学大纲），更不可能主动地、创造性地开发课程，也不可能恰如其分、恰到好处地选择和使用适合自身情况的教材以提高教育教学质量。

陈侠较早地认识到社会的转型，从而较早地把视线聚焦到学校的核心问题——课程。当教育结构（即各级各类教育的比例及相互关系）问题基本解决后，教育改革必须也必然深化到学校课程领域。课程展示了学校培养未来人才的蓝图，是学生通往社会的桥梁。在课程（论）与教学（论）的关系上，显然，以往以教学（论）等同或代替或涵盖课程（论）的理论已站不住脚，在实践中也行不通。课程、教材、教学三者既密切相关，又不能完全等同。

20世纪80年代中期，我国教育开始了重要转折：1985年，改革开放后第一次全教会召开，《中共中央关于教育体制改革的决定》颁布；1986年，我国决定实施九年义务教育。在此背景下，1986年全国中小学教材审定委员会成立。这标志着我国中小学教材由编审合一走向编审分开，由国定制走向审定制，由“一纲一本”走向“一纲多本”，即在国家统一的基本要求的前提下实行多样化。这是我国中小学教材“制度”的重大变革。(此前我国中小学教材也曾有过多样化，而且人教版教材也有过多样化，既有面向大部分地区的教材，也有各具特色、异彩纷呈的实验教材，但国家教材基本制度尚未改变。)教材制度的变革，既与课程教学改革密切相关，又直接影响课程教学改革。

值得注意的是，以下几个事件均早于1986年。其一，1983年，我国首家课程教材研究所成立。而在此前的1980年，人教社即已设立了课程教材研究室，由陈侠具体负责。其二，1980年，人教社开始筹办《课程·教材·教法》杂志，陈侠是主要负责人之一。该刊创刊伊始，就发表了叶圣陶、戴伯韬、叶立群和陈侠等老一辈教育家有关课程改革的一系列论文。这些先驱者们以该刊为阵地，吹响了我国新时期课程改革的号角。其三，陈侠从1984年起为多所高校研究生系统讲授课程论。后来，课程论这门学科正式进入我国高校课程教学计划之中，乃至许多高校陆续设置课程学系或课程与教学系，课程与教学论成为越来越多硕士生、博士生攻读的学科和研究方向，应当说，陈侠开讲课程论具有开先河的意义。

毫无疑问，上述三个事件并非孤立，亦绝非偶然。最根本原因是社会发展和时代变革为我国新时期课程论的重建提出了急迫要求，呼唤课程论在教育学体系中占有应有地位。同时，各地中小学课程改革丰富的实践探索，为课程论的重建提供了源源不断的鲜活营养。当时先后任人教社主要领导的戴伯韬、叶立群等高瞻远瞩，洞察时局，知人善任，把编写我国第一本《课程论》专著的重担交给了陈侠。党的高级领导干部有这样的眼光和胸怀，从事业出发，尊重知识和人才，与党外高级知识分子肝胆相照、推心置腹，是非常值得称道和发扬光大的。陈侠不负重托，除了不折不扣做好一系列师范教材和教育书刊编审工作，全心全意履行全国教育学研究会秘书长职责外，经过九年的不懈努力和辛勤耕耘，出色地完成了《课程论》撰著任务。

陈侠的《课程论》1989年3月由人教社出版，而该书的主要学术成果在此前几年中已陆续发表于专业期刊。这部《课程论》既是新中国第一部系统完整的课程论学术专著，又是新中国第一部课程论学科的大学通用教材。它主要有以下四个特点。其一，作者明确把“中国特色”作为目标，紧密结合中国实际情况进行论述，形成了独具一格的结构体系和话语体系，深入浅出，通俗易懂，这是该书最鲜明的特点。这也是作者致力于构建中国特色的教育学学科体系的重要尝试。其二，该书不是空谈理论，也不是从理论到理论，而是有的放矢，把学校课程编订与教育目标挂钩，分别阐述学校课程在培养全面发展的人和实施全面发展的教育中的地位和作用，以及教育目标和课程的性质、任务、类型、编订、实施和评价的关系。其三，该书内容丰富全面，深入论述了课程论各方面的问题，包括课程研究的对象、目的和方法，中国和外国学校课程的演变，国外课程理论流派，制约学校课程的各种因素，学校课程的编订和实施，学校课程的评价，学校课程编订的发展趋势等。其四，特别具有重要价值的是，该书全面总结了我国几十年来学校课程编订和实施方面的经验教训，并使这些可贵经验理论化、系统化，这对我国今后课程改革无疑具有重大理论引领和实践指导意义。该书把我国几十年来在课程编订和实施中遇到并争论过的一些难以解决的问题，总结概括为应如何正确处理的十大关系：理论与实践的关系；个人全面发展与社会现实需要的关系；传授知识与发展智能的关系；文与道的关系；巩固“双基”与吸收新知的关系；统一要求与适应差异的关系；文科与理科的关系；逻辑系统与心理系统的关系；直线前进与螺旋上升的关系；课内与课外的关系。

综上所述，该书运用辩证唯物主义和历史唯物主义观点对学校课程进行了研究，突出了社会政治经济背景对课程理论和实践的影响，初步确立和奠定了中国课程论学科体系、框架和范式，成为当时和后来课程论的学术研究、教材编写和教学改革的领跑者。该书反映了当时历史条件下我国课程论教学和研究水平，它对新中国课程论的重建和发展立下的筚路蓝缕的开拓奠基之功是彪炳史册的。同期和此后我国又有一些课程论专著应运而生，课程论研究在我国教育学界渐成热点，甚至一度发展为“显学”。在我国，课程论作为教育科学分支学科的地位终于得以重建，形成了独立的研究领域，随后又催生了全国性的课程研究学术组织——课程专业委员会（后改名课程学术委员会，隶属于中国教育学会教育学分会）。饮水思源，我们应当铭记陈侠先生对课程论研究的开拓引领之功。

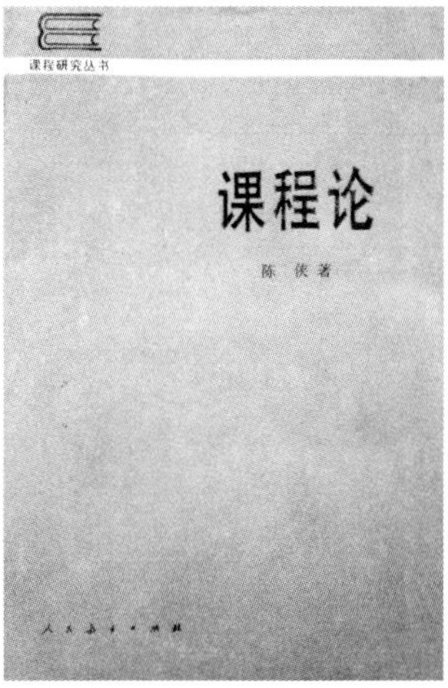

陈侠著的《课程论》

《课程论》是陈侠学术研究的最高成就和主要代表作之一，也是他留给我们的一份最宝贵的学术遗产。该书具有突出的学术价值，甫一出版，两年内即连续两次获得殊荣：出版当年即荣获全国首届优秀教育理论著作奖，1991年荣获《光明日报》光明杯全国哲学社会科学优秀著作二等奖。该书至今仍被一些高校列为教育学科博士、硕士研究生入学考试的参考书和教学必读书。

在撰著《课程论》的同时，陈侠还主编了“课程研究丛书”及《教育大辞典·课程和各科教学》。这些工作在当时对我国课程论重建也起到了添砖加瓦的作用。陈侠主编的“课程研究丛书”从1985年开始由人教社陆续出版，选题中既有翻译引进的发达国家的课程专著，又有我国学者的课程专著。其译著主要包括英国丹尼斯·劳顿等人的《课程研究的理论与实践》，美国比彻姆的《课程理论》，日本伊藤信隆的《学校理科课程论》，苏联克拉耶夫斯基等人的《普通中等教育内容的理论基础》。《教育大辞典·课程和各科教学》的编纂工作，正好同人教社各科教材编辑和研究工作密切相关，陈侠组织各编辑室人员参与其事，实际上成为人教社一项重要的科研活动，既出了成果，又锻炼了队伍。

还应当指出，我国课程论重建的奠基工作与《课程·教材·教法》杂志的编辑出版工作也是相辅相成、相得益彰的。陈侠一方面在这本杂志上发表了一系列课程论文章，以自己的研究成果与广大读者、作者交流，以文会友；另一方面广泛联系、吸引、凝聚作者和读者的力量，营造课程改革势在必行的社会舆论，为课程改革提供了思想理论基础。该杂志定位明确、特色鲜明，越办越大，越做越强，被誉为“教师的挚友，教研的助手，教改的参谋”，多次荣获国家级大奖。

概而言之，陈侠对我国课程论重建的先驱性、奠基性贡献，可以归纳为五个“第一”。一是撰著了我国第一部课程论专著，发表了一批有分量的课程论学术论文，既提出了课程论的总体架构、学科体系，又探索了课程论的重点问题、发展方向。二是在新中国第一部《教育大辞典》中主编了《课程和各科教学》分卷，第一次界定或规范了课程和各科教学的有关内容。三是担任河北大学、辽宁师大、哈尔滨师大、西北师大、华南师大、广西师大、杭州大学等高校兼职教授，是在全国高校系统讲授“课程论”这门课程的第一人，课程论在教育科学中的学科地位由此开始确立。四是主持执编国内第一本课程专业学术期刊《课程·教材·教法》，为课程论的重建提供了理论基础和舆论准备。五是主编新中国第一套课程学术丛书“课程研究丛书”，为中国特色课程理论体系的创建和完善提供了学术支撑。

三

课程论的重建不是孤立的，没有相关领域的丰富知识、学养、经验和成就，课程论的重建就只能是空中楼阁。陈侠之所以能在课程论重建上突破并且卓有建树，不可或缺的重要条件是，他在相关领域都进行了持之以恒的研究，具有广博深厚的学识根基，开阔的学术视野，取得了丰硕的成果，从而为课程论重建打下了坚固的基础。

（一）课程史——昨天、今天与明天：让历史照亮现实、告诉未来

以史为鉴，可以知兴替。历史往往有惊人的“相似”之处。前事不忘，后事之师。没有前天和昨天，就不会有今天。昨日之史，是今日之论必不可少的借鉴。不了解历史，既可能把老祖宗早已知悉的道理、行之有效的举措，当作自己的新发现、新发明来炫耀，也可能重蹈覆辙，穿新鞋走老路，或者走弯路，甚至走错路，而茫然不知。

陈侠早在1944年就撰著出版了我国第一部小学课程史专著《近代中国小学课程演变史》。这部专著共六章，对近代中国各个历史时期的教育宗旨及目标、课程演变及特色、课程实施及成效进行了认真总结、概括和分析，并进行了点评。该书出版60多年后，由李臣之重校，入选由瞿葆奎领衔主编的“二十世纪中国教育名著丛编”（2007）。这套丛书的《出版说明》指出：“辑入这套‘丛编’的，皆历经了50年以上时间检验的、水平较高、影响较大、领学科风骚的著作。”应该说，陈侠这本课程史著作，为他40多年后的课程论研究铺垫了道路。无独有偶，也是40多年后，作为陈先生团队的后学者，笔

陈侠著的《近代中国小学课程演变史》

者（吕达）的博士学位论文选择了中学课程为切入口。一个小学，一个中学，看似巧合，实属必然。

史论结合，据史立论，论从史出。昨天是今天和明天的必由之路。让历史照亮现实、告诉未来，这就是课程史对课程论必不可少的作用。

（二）教学论——与课程论相辅相成：谁也离不开谁

课程（论）与教学（论）的相互关系有四种说法：一是二元论；二是同心圆论；三是交叉论；四是互动论。无论哪种说法，都有一个共同点，即课程（论）与教学（论），谁也离不开谁，二者相互依存，相互影响，相辅相成。显然，研究课程论，必须也必然关注教学论，这是题中应有之义。陈侠虽以课程论专家著称，但他的目光须臾未离开过教学论。这里仅举他对几个重要概念的辨证。

20世纪50年代初，无论是凯洛夫《教育学》最初的中译本，还是我国的教育学著作和教材，都把俄语中三个相关的词译为“教育”“教养”“教学”。由于含义不清，难以正确界定和区分，给教育理论研究和教育实际工作，特别是给师范院校师生带来许多麻烦。经研究，陈侠认为三个词含义相近，都可统译为广义的“教育”；我们的教育学不必把“教养”这个概念同“教育”和“教学”混在一起，通常只要提“教育”和“教学”两个概念就行了。陈侠在《人民教育》1953年第3期发表论文，对这个问题专门做了辨析。在一次讨论师范学校教育学教学大纲的会议上，陈侠提出了上述建议，得到在场的教育部党组书记、副部长钱俊瑞的肯定，并在会上确定下来。此后，我国教育界不必再为弄清“教育”“教养”“教学”这三个含义不清的概念而困扰和浪费时间了。

“全面发展”是马克思主义教育学说的一个根本观点，也是我国教育方针的基本内容。但在20世纪50年代初，人们对“全面发展”含义的理解却是混乱的。凯洛夫《教育学》1948年版中译本（1951—1952）把“全面发展”译成“个性的全面发展”。陈侠认为这样翻译不准确，违反了马克思主义关于人的全面发展学说的原意，给我国教育界造成了混乱。他查阅了马克思主义经典著作、教育学著作和辞典等，经过分析研究，写成《全面发展是指“人”的全面发展》一文（《人民教育》1956年第12期），指出：全面发展是指“人”的全面发展，而不是“个性”的全面发展。“人”的全面发展，就是人的智力和体力的全面发展；“个性”的全面发展，则是个人兴趣、爱好、性格、气质、特长的发展，而这样就很难说是全面发展了，尽管人的全面发展包括了发展个性中的积极因素，但不能仅限于这些方面。在当时，由于译文不确切，许多人写文章讨论“‘个性’的全面发展”时争论不休，得不出正确的结论，师范院校师生在教育学、心理学教学中也遇到同样难题。陈侠经过考辨，厘清了“全面发展”这个术语的正确译法，随后，1957年，陈侠牵头翻译了1956年版凯洛夫《教育学》。

（三）心系师范教育——紧紧围绕整个教育的工作“母机”

陈侠早年毕业于高中师范科，后在师范大学接受本科和研究生教育，又当过小学教师和校长，还长期从事师范教材编辑出版工作。他毕生与师范教育结下了不解之缘，对师范教育一往情深。

基础教育课程与师范教育密不可分。陈侠认为，研究课程论（这里主要是指基础教育阶段），毫无疑问，必须也必然同师范教育同呼吸共命运。正是基于这种认识，他一生为师范教育大声疾呼并鸣锣开道。其执编《课程·教材·教法》一直坚持设置“师范教育”专栏就是一个例证。这同早期人教社“一体两翼”方针（以中小学教材为主体，以师范教材和教育图书为两翼）也是完全吻合的。

陈侠曾担任人教社教育编辑室主任多年，其间主要任务就是负责师范教材研究开发工作。1952年秋，教育部向人教社提出了编写中师《教育学》和《心理学》教材的要求。陈侠作为教育编辑室负责人，既是这两部教材编写的组织者之一，又是《教育学》的主要编写者之一。这两部教材在我国曾长期使用。

1985年7月，陈侠根据刚刚颁布的《中共中央关于教育体制改革的决定》，不失时机地策划了“师范教育丛书”。该丛书定位：为在职中小学教师、师范院校教师及教育行政干部提供比较系统的教育学科进修用书，并为各级师范学校学生提供教育学科课外读物。这套丛书共十卷十一册，计有《教育概论》、《中国教育史纲》（两册）、《外国教育史略》、《教育心理学》、《教学理论和方法》、《学校德育》、《学校体育》、《学校管理》、《中小学的劳动技术教育》、《人民教师的道德修养》。该丛书是改革开放后第一套师范教育丛书，对“十年动乱”后师范院校广大师生来说，无异于雪中送炭。

（四）洋为中用——他山之石，可以攻玉

一门学科的建立（或重建）和发展，既要继承发扬本国优秀的传统文化和历史遗产，又要借鉴汲取国外先进的学术成果和智慧营养。没有继承就难以发展，没有借鉴就难以创新。

新中国成立初期，陈侠担任人教社教育编辑室主任，当时恰逢学习苏联的高潮时期，他主持或参与主持翻译出版了一系列苏联师范教材和教育理论图书。

凯洛夫总主编的《教育学》有1939年、1948年和1956年三个俄文版本。因为该书由苏联著名教育家凯洛夫任总主编，所以我国学者俗称“凯洛夫《教育学》”。1950年12月，人教社翻译出版了该书1948年版上册，翌年10月翻译出版了1948年版下册。1951年3月和1951年12月人教社出版了该书上、下册的第一次修订版，1951年12月和1952年12月人教社又出版了该书上、下册的第二次修订版。第一次修订版改正了译文的个别词句，第二次修订版对译文做了若干原则性的修订。全国各地的师范院校、各类教师进修学校、教育部门、干部培训部门统一把凯洛夫的《教育学》作为指定教材。《人民教育》杂志1953年第3期发表了陈侠的专文《凯洛夫〈教育学〉中译本第二次修订述要》。

1956年年底至1957年年初，凯洛夫访华，人教社社长叶圣陶专门会见了凯洛夫。在华期间，凯洛夫向中方透露了《教育学》新版（1956）刚刚修订完毕的信息。1956年俄文版样书寄到北京后，陈侠等紧锣密鼓地组织翻译，1957年即出版了该书1956年版中译本（凯洛夫总主编，冈察洛夫、叶希波夫、赞科夫主编，陈侠、朱智贤、邵鹤亭、于卓、李沂、熊承涤、郭如琴、张渭城、李子卓、陈友松译）。该书分总论、教学论、教育理论、学校行政和领导，共四大块。我国后来相当长时期内编写的大部分《教育学》教材都没有超出这四大块的体系。

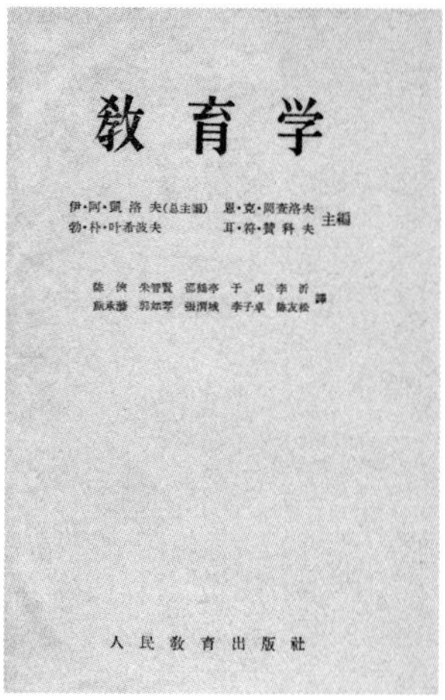

陈侠等译的《教育学》

凯洛夫《教育学》在中国流行达数十年之久，对中国教育理论的影响有正负两面。正如瞿葆奎在《中国教育学百年》中所说："从教育学建设的角度看，苏联的教育学帮助国人完成了教育学理论模式的格式塔转化，填补了当年社会主义教育理论的空白。当然苏联的教育学本身有许多不足，如操作性较强，理论性较差；教条性较强，辩论性较差；等等。"应当说，这一评价是切中肯綮的。

据统计，至1957年11月，我国翻译出版苏联教育书籍共360多种，仅人教社翻译出版的苏联教育书籍就达303种之多。所有这些工作，陈侠都不同程度地担当了重要角色，为马列主义教育思想在中国的传播做出了重要的贡献。

进入改革开放时期，陈侠虽然重点工作已经转到课程论研究，但对外国教育仍一如既往地关注和投入。这与课程论研究工作非但不矛盾、不冲突，相反更开阔了视野，提供了借鉴，活跃了思想。改革开放后，人们急需了解世界上其他国家教育的现状、改革的经验教训、发展的动态趋势，从而为我国社会主义教育事业提供参考，所以急需找到"文化大革命"后我国与先进国家的差距。正是基于这种认识，陈侠领衔组织翻译外国教育和比较教育论文和资料，选编出版了改革开放后第一套"外国教育丛书"。这套丛书共出了34本，陈侠投入了大量时间、精力和心血。

这套丛书涉及的内容是全方位、多角度的，按专题分门别类，切合了我国实际需要，极具针对性，因此广受欢迎，并荣获表彰。新华社报道说，这是最早反映我国对外开放的重要窗口之一。应该说，这种高度评价是恰如其分的。这套丛书在当时外国教育研究领域是独树一帜的。与此同时，如前所述，陈侠主编的"课程研究丛书"重视收录外国课程著作，他执编的《课程·教材·教法》还开辟了《研究资料专栏》(后改名《研究与借鉴》)。由此滥觞，人教社陆续推出了"外国教育名著丛书"等，均享有盛誉。

总之，陈侠在课程史、教学论、师范教育、外国教育（比较教育）等领域的辛勤耕耘及其成就，相互关联、相互交融，成为他致力于重建我国课程论奠基工程中的重要基石。

四

如果说课程论重建是陈侠毕生最重要的贡献，那么，参与发起全国教育学研究会和热心传播教育科学理论，犹如两个轮子，助推着陈侠重建课程论的先驱性、奠基性工作。1978年10月，人教社在开封主办全国教育学教材研讨会，陈侠主持会议，并做了学术报告。其间，陈侠起草《筹备组织教育学研究会倡议书》，和与会代表共同倡议成立全国教育学研究会。教育学研究会筹备组设在人教社，陈侠是核心成员，负责参与起草章程等工作。1979年3月23日至4月13日，陈侠在北京参加了第一届全国教育科学规划会议。在会议结束时的4月13日，全国教育学研究会召开成立大会，戴伯韬当选为理事长，陈元晖等当选为副理事长，陈侠为秘书长。陈侠担任秘书长的一个重要贡献是同人教社密切互动，编辑出版了《论教育的本质和职能》等“教育学论文集”12卷，为教育理论拨乱反正、正本清源立下汗马功劳。

众所周知，学会的生命在于活动。如上所述，作为全国教育学研究会首任秘书长以及民盟中央教育委员会副主任，陈侠的足迹几乎遍及全国各地，他接触了各级各类的学校和师生。他对教育状况做了深入实际的考察，取得大量的第一手资料。生活之树常青，充满活力的教育实践活动，正是教育科学理论研究获得累累硕果的不竭源泉。同时，这些亲临教育教学第一线的活动，也为陈侠将教育科学理论通俗化、大众化、普及化提供了广阔天地。

陈侠先生留给我们的除了学术思想和贡献，更重要的是他的道德、作风和精神。这些好像看不到摸不着，却实实在在地存在着并发挥着作用，这种无形的力量无时不有、无处不在地影响我们、指引我们如何做人、如何治学。陈侠先生把毕生精力献给了祖国的教育事业和出版事业。“善歌者使人继其声，善教者使人继其志。”今天，我们纪念陈侠先生，就是要铭记、缅怀他的杰出贡献，不断学习研究、继承发扬他的学术思想和优良作风，继往开来，改革创新，为进一步促进我国教育事业的繁荣发展而不懈奋斗！

（摘自《课程·教材·教法》2015年第3期，有改动）

王泗原（1910—2000）

王泗原（1910—2000），江西安福县人。我国著名楚辞研究专家。青年时期从武汉大学肄业，先后在家乡从事基础教育和新闻工作。1950年调入教育部，负责工农业余中学教材的编写工作。同年12月调入人民教育出版社中学语文编辑室任编辑。1968年下放安徽凤阳“五七干校”劳动。参与过20世纪50年代至“文化大革命”前历套语文教材的编写工作。晚年作为特约专家为人教社多套中学语文教材做古汉语审校工作，把关文字。王泗原自学成才，擅长音韵学、训诂学和古汉语研究，著有《离骚语文疏解》《离骚例释》《古语文例释》《楚辞校释》等。

王泗原先生

叶兆言

与王泗原先生见过很多面，衣着朴素，看上去很干瘦，愁容满面，虽是长者，却不多见言笑。享誉学界，后来也有人以国学大师头衔相赠，与许多著名的文化人相比，这位王泗原还算不上大名鼎鼎。他是祖父的老部下，也是祖父最信任的人，有人甚至把他戏称为叶圣陶的左膀右臂①，年龄要比我伯父还大，应该是比吕叔湘先生略小，如果活着，差不多也有100岁了。

王泗原送父亲的书，居然称“至诚兄”，这让人觉得很搞笑，父亲也觉得太过客气，毕竟他要比父亲年长许多岁，而且学问太高太深，而且他是那样的严肃，因为严肃和不苟言笑，要比实际年龄看上去老很多。说老实话，直到现在我都弄不明白王泗原出生于哪一年，上网搜索，没想到宣传条目不少，赞美文章也有好多篇，出生年月一时还真找不到。

20世纪80年代，祖父病重住院，院方规定每周只有三个下午可以探视。王泗原关心祖父的病情，又不愿违背医

作者简介：叶兆言，作家，叶圣陶之孙，曾历任金陵职业大学教师、江苏文艺出版社编辑、江苏作家协会专业创作员和副主席，现为中国作家协会会员。

① 叶圣陶对于王泗原的器重和信赖，在当时人教社是人所共知的。在《父亲长长的一生》中，叶至善记述了这样一件事。20世纪70年代后期，叶老对自己的一次公开讲课记录稿表示不满，准备修改之后再正式发表，可因为一场大病初愈又无法集中神思，就委托王泗原修改。“泗原先生愉快地接受了委托，才过了一天，就把改得的稿子誊得清清楚楚送来了。我父亲看了，满意自不待言，通篇依旧是老人家讲话的口气。”随后叶老自己写了一个小按语，说这篇讲课记录稿，请他极亲密极钦佩的一位朋友修改了一遍，改得比他自己修改还要满意。——编者

1978年秋，叶圣陶在寓所与王泗原（右）亲切交谈

院规定，便改成每天去家里咨询，向轮流陪同祖父的家属打听情况。照例是问昨晚睡得如何，体温可好，胃口是否开了，然后说一声“这很好”，也不喝一口茶，就心满意足地走了。大家都觉得这老头十分古怪，天天如此，其实打一个电话就行，可是谁也不敢这么提醒，有些话一说就俗了。说给祖父听，祖父也很感慨，只能用“真是个古人”来评价。

我考上大学，祖父很认真地说，我们老开明的人，是看不上什么大学生的。这话伯父说过，父亲也说过，让我觉得很奇怪，相当长一段时间不明白什么意思。祖父不是大学生，伯父和父亲也不是，狭隘地想，因为他们不是，所以难免有吃不着葡萄的心理。后来明白不是这样，对于老一代人来说，不上大学有各种各样的原因，譬如祖父就是因为要养家糊口，没钱上大学，伯父因为高考时患猩红热耽误，父亲上了大专没几天就去革命。按照我的傻想法，大学之门进总比不进好，有无学问，与上大学并没有太大关系，只是世上有文凭的人多，大学生、研究生如过江之鲫，真有学问的人太少，以学历和文凭取人，看走眼是经常。

其实执着于文科的人，完全可以在家自学。王泗原倒是考上过大学，因为家贫，很快退学。他的学问功力，一方面得自家传，另一方面全靠自习。说到学问好，祖父经常称赞与自己相熟悉的两位，一位是吕叔湘，另一位就是王泗原。坦白地说，我最后没有走上做学问的道路，既与喜欢写小说有关，也与那些有学问的人太有学问有关，活生生地是被吓住了。“高山仰止，景行行止”，我知道自己不可能像他们那样去做学问，这两位实在是太认真、太厉害，认真得让人没办法效仿，厉害得可望而不可即。学问是人做的，然而也不是什么人都能做。

王泗原出身名门，世代书香，祖父王邦玺是进士，写得一手很好的字，与湘人名流王先谦同科，曾任国子监司业及光绪皇帝的南书房行走。也闹不明白这“司业”和“行走”究竟是多大的一个官，反正是在皇帝身边，侍候着天下第一号人物，有很多可以说的掌故。王泗原偶尔也会透露一些，譬如关于老佛爷慈禧，与外面传的就不太一样，听上去更像一位邻居老太太。我父亲生前常说，王泗原要是把自己知道的这些事都写出来，会非常有意思，可惜他并不太

王泗原（右二）与学生周靖邦（右一）夫妇一家合影

喜欢与人家卖弄这些破烂。家道中落是乱世的必然，王泗原的祖父得罪了李鸿章，然后就是被贬，告老还乡。老人家讲经学，他在王泗原出生时已过世，因此对王的影响并不大，影响大的是父亲王仁照。王仁照当过师范学堂的监督，这职务在晚清相当于校长，讲究文字声韵、训诂，教子甚严，教导儿子的首要认识，就是“做学问是一种责任”。

王泗原做过小学和中学老师，做过很长时间编辑，这两项工作都很普通，却说明一个人无论何时何地，只要脚踏实地，都可以做出非同寻常的成绩。当然凤毛麟角，通常只对老派的人才有效，真正脚踏实地，不受人事影响和诱惑又谈何容易。现如今中小学的师资队伍，多如牛毛的各路编辑，真正能做出王泗原这样学问的人，怕是再也找不到。时乎时，不再来，时代变了，人也全变了。我也说不好王泗原有多大学问，只好借别人的眼光——我祖父的观点不能完全作数，说一说张中行先生对他的评价。张中行是老北大出身，积累很厚，学问过人，又是王泗原几十年相处的老同事，评价可算是知根知底。他觉得王泗原“有所作就重如泰山，甚至压倒古人”，觉得他的文章“不读书破万卷就写不出来”，因此，那些想走上古典征途的人，请先细心读读王泗原的书，“当作厉兵秣马，以免仓促登程，碰到小小坎坷就摔倒在地”。

最早见到的是《离骚语文疏解》，这是王泗原的第一本书，显然是一本很难读进去的书。虽然至今我还能马马虎虎地将《离骚》背出来，可是对于这本“疏解”，还真是一读就遇到坎坷，一读就明白自己的学问太差。在书的空白处，王泗原写下了一大段文字，对祖父表示谢意。

圣陶先生：

这本书出版了，我带着感激，拿第一本样书送到您的面前。

一九五一年的冬天，您从我交给组织上的自传里知道我写了这样一本书。您亲自到我办公的地方，亲切地问我，说想看看。我写信到上海取来，请您教正，您看过了，说可出版，并介绍到开明书店。您多次谈到它，有时候有一两句称许的话，我听了只低着头，不能说什么，我不敢用虚文来对答您的那样质朴的话。稿子整理过后，适逢开明书店出版方针变更，您又介绍到俞平伯先生

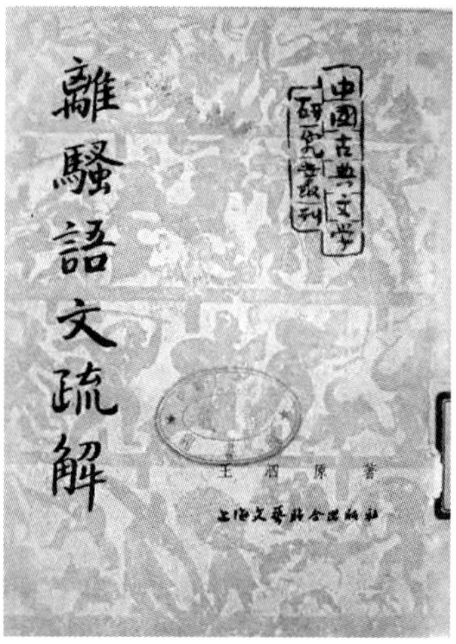

王泗原著的《离骚语文疏解》

和文怀沙先生。付排以后，每一次见面，您总是很关心地询问排校的情形。您想到这本书的时候比我自己还多。这使我深深感念，永远不忘。

泗原

一九五四年八月十七日

祖父对王泗原的欣赏非同寻常，常以平生获此得力助手而自豪。这段文字还可以续写下去。1971年，跟钱钟书先生一样，王泗原也从“干校”回到北京，在与祖父的闲谈中，说起昔日研究典籍的种种独特感悟，祖父觉得很有意思，力促他将这些感悟写出来。当时环境下，写下这些感悟，基本上自娱自乐，至多也就是惠及友人同好，因此王泗原也根本无意写作。因为祖父的建议，他“勉思所以报命”，把它们当作随笔写，或长或短，每写了一二十则，便送来给祖父看，让祖父提意见。起初是十六开白纸钢笔写，每则另页，后来写多了，有些零乱。祖父很喜欢这类文字，提出要分类装订，自告奋勇乐意为他效劳。奇文共赏，疑义相析，一来一往就是很多年，祖父对这些文字始终“深致奖誉”。渐渐老眼昏花，王泗原又改毛笔纸墨，用大字抄录送来让祖父过目。再到后来，祖父目力更加不济，只好改为口述，每次三五则，一句一句议论。

终于完稿，终于成书，这就是后来让学界感到震惊的《古语文例释》，所谓集40年之深厚功力，洋洋洒洒的40万言。王泗原就先秦两汉典籍的疑难问题，一一做了辨析，提出正确的解释，对真正有志于研读古籍的人会很有帮助。王泗原著作并不多，除了上面提到的两本，还有

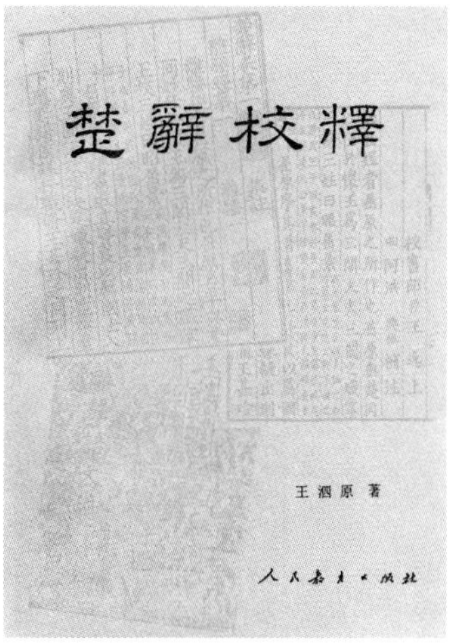

王泗原著的《楚辞校释》

一本《楚辞校释》。凡是熟悉王泗原的，无人不敬佩他学问精详。然而他的过人之处，还不仅仅是古汉语研究的深入，现代汉语的功力也是十分了得。

王泗原的白话文非常漂亮，打个不恰当比喻，就像毛笔字的一手正楷，炉火纯青，出神入化。多年来，他一直在从事教材的编撰工作。当年的人民教育出版社高手云集，谈笑皆鸿儒，除了王泗原之外，还有张中行，还有张志公，还有隋树森，都是一时俊杰。他们这些人为语言文字所做的努力，默默无闻的贡献，远不是三言两语就能说明道白的。还是用一句最简单的评价，人教社的教材关系到全国的中小学生，只要是“王泗原看过的稿子，大家就放心了”，他是把守文字大关的最后一个守门人。

王泗原曾当过胡耀邦的家庭教师，每周上门为其授课，自然是有专车接送，但是他坚持只在远处的胡同口上下车，不让接送的小车开进胡同，以免过分张扬。这就是他最典型的迂腐之处。胡耀邦敬佩王泗原的学问，执弟子礼甚恭，他却从不以此为炫耀，终生不改布衣本色。

（摘自《人民日报》2010年4月14日第16版，有改动）

辛安亭（1904—1988）

辛安亭（1904—1988），山西离石人。我国著名教育家、出版家、通俗读物作家。1931年至1935年在北京大学历史系学习。1935年9月至1937年12月任山西太原师范、运城师范教师。1938年赴延安，曾任陕甘宁边区政府教育厅教材编审科科长。其间，最主要的工作就是编写教材，先后编写了一大批教科书和通俗读物，如《边区民众读本》《干部文化课本》《新三字经》《农村应用文》《日用杂字》等，深受根据地读者欢迎。1949年，随军到西安、兰州，作为军代表，接管了陕西师大、兰州大学、西北师院等高校，后任西北军政委员会文教委员会委员、甘肃省文教厅厅长等职。1951年调任人民教育出版社副社长、副总编辑（主持工作）和党支部书记。1962年任甘肃教育学院院长、党委书记。1973年2月担任兰州大学革委会副主任、党委副书记、副校长（1976年起主持工作）等职。1984年离休。1988年12月因病逝世。新中国成立之后，出版的著作有《辛安亭论教育》《儿童三字经》《历史歌》《中国古代史讲话》《中国历史人物》《文言文读本》等。

辛安亭：红色中国新型教科书的“开山人”

吴海涛

2004年10月，在北京人民大会堂隆重举行了纪念叶圣陶先生110周年诞辰座谈会。同年12月，在西北的著名学府——兰州大学也举行了一场隆重的纪念活动，纪念兰大老校长、著名教育家辛安亭先生100周年诞辰。无独有偶，两位老先生生前是朋友，是曾经的同事，也同是新中国基础教育教科书的奠基者，1988年两位老人相继去世。

20世纪50年代初期，叶圣陶先生担任人民教育出版社社长兼总编辑，同时还担任着出版总署副署长（1954年改任教育部副部长）以及其他重要的行政及社会职务，公务繁忙，难以兼顾。而且，在当时的人民教育出版社领导班子中，一直还没有配备党员干部，这是一件必须解决的大事。选调一名合适的干部颇让人费神，此人最好有较高学历、有教科书编写经验、政治素质过硬。在党员干部文化素质普遍不高的新中国成立初期，这样的人才异常稀缺。翻遍全国的干部档案（据说是刘少奇同志亲自点将），居然还真找到了一个！此人论文化出身，是20世纪30年代北京大学毕业生；论政治出身，是延安陕甘宁边区锻炼出来的老党员；论业务就更对路了，他曾在延安解放区主持编写了11年教科书，陕甘宁大地妇孺皆知。这个人就是辛安亭。

1951年，辛安亭从甘肃省文教厅厅长兼兰州大学校务委员会主任（行使校长职权）的岗位上，奉命进京，担任人民教育出版社副社长、副总编辑，主持日常工作。在这里，辛安亭协助叶圣陶先生领导了新中国第一套教科书的编写工作，开创了中国教科书编纂的一个新时代。

如果从红色中国更远的教科书编写这个源头来看，他则当之无愧是共产党领导下新型教科书建设事业的开路者之一。

叶圣陶与辛安亭（右）

由于家境贫寒，辛安亭27岁方从山西偏僻农村考上北京大学。他能够艰难地完成基础教育学业，很大程度上受惠于阎锡山在山西推行的平民义务教育。他深深体会到贫寒子弟接受教育的艰辛和必要，也很早就着意于教育这个职业。在求学期间，他曾经数度辍学，担任过几年小学、中学教师。在高中学习期间，他自忖没有财力读大学，准备毕业后以教师为业，开始自学一些教育学、心理学和教学法方面的书籍。大学毕业后，他更是义无反顾地投身于教育。

在北京大学就读期间，辛安亭开始广泛接触到各种新鲜的“主义”或理论，其中包括“教育救国”思潮。近代以来，广大农村和农民的教育问题成为事关中国社会变革的重大问题之一。农民占据着中国人口的绝大多数，只有提高他们的文化素质，使他们自我觉醒，整个民众的精神启蒙才能实现。在“五四”运动前夕，李大钊就号召中国知识青年向俄国青年知识分子学习，“到农村去，教育农民，开放农村，为民主政治寻求更广泛的社会基础”。二十世纪二三十年代，由晏阳初、陶行知等人呼吁、提倡和实践的乡村教育、平民教育运动一度引起了广泛的社会关注。这些鲜活丰富的理论与实践，深深地打动和吸引着辛安亭。他心中早已种下的那颗种子，萌发得更加迅猛。教育，面对劳苦大众的教育，成为他一生的追求。

北大毕业后，辛安亭在太原的师范学校和中学教了几年书，就毅然奔向了黄河对岸的革命圣地——延安，并在这里工作生活了11年，度过了人生宝贵的黄金岁月（34—45岁）。根据他的学历和专长，他被分配到陕甘宁边区政府教育厅，操起他熟悉的老本行。这里设有一个教材编审科，人员多时十几个，少则两三个，辛安亭长期担任科长。这时候的边区政府，和中共领导下的中央各级机关单位一样，都是机构简练、人员精干。与之相应，人与人的相处很直接和简单，是真正的同志关系。这种同志关系，有别于传统官场上陈腐虚伪的“同僚”世故。据辛安亭回忆，因为机构简练高效，因此耗费在协调、磨合上的时间少，大家都可以集中精力干事情。

当时编写的同志共四人，同住在一孔窑洞里。除了集体讨论外，白天各写各的，很少说话；晚上直写到十一点钟，才熄灯上床；次日一早起来，就又开

1940年，辛安亭（后排左一）在陕甘宁边区教育厅与同事合影

始工作了。一天工作十一二小时，并且天天如此，只感到愉快，不知道疲倦，全副精神多关注在工作中。那种情景，今天想起来，还历历如在眼前。

辛安亭进入延安，适逢抗日战争最危急的一个阶段（大片国土沦陷，正面战场节节溃败），“救亡图存”成为压倒一切的政治主题。为了加强对少年儿童的抗战教育，所编教材要求实现“教材抗战化”。辛安亭一来就接受了编写高小历史和地理两科教科书的任务。他双管齐下，写几课历史，再写几课地理，写出一部分，经过审查修改，立即油印发出，供学校使用。可以想见，这一套教材的政治意识和时事性是非常浓厚的。例如，地理课本只讲日寇对东北、华北的资源掠夺，各省的军事要地等，其他学科也大致如此。迫于形势这是可以理解的，但作为严格的学校教科书来说，是有所欠缺的。不过，辛安亭由此进入了教材编写这个领域，凭借较高的文化素养和多年的教学实践，很快就成了行家里手。

应该说，早在江西瑞金的苏维埃时期，贯穿马克思主义思想的教科书编写就开始起步了。在瞿秋白、徐特立领导下的苏区教育部门，先后编写出了供应根据地列宁小学使用的《共产儿童课本》，还有适合红军干部、战士学习的《苏维埃课本》，适用工农群众学习的《工农读本》等。这些课本中，基本都强调了“阶级性”“革命性”和“鼓动性”，具备了一种新型教科书的雏形。但是，由于苏区政府总是处于“反围剿”的战争状态，这些课本大多编制仓促、粗率，尽管内容无所不包，却缺乏系统性和严密性。真正属于红色中国成系统的学校教材，应该说产生于延安及同时期的革命根据地。

随着抗日战争进入相持阶段，陕甘宁边区的社会政治局势逐渐稳定，“抗战化”的教科书就面临着很多批评，如“一般的宣传材料太多，基础知识的教育成分太少，过分注重当时当地，教材的编排太没有系统了”。针对这些批评，辛安亭和同志们认真总结，积极进行广泛的调研，着手编写新教科书。在这一过程中，辛安亭有了一个最大的感悟：教科书编写有其自身的规律，应该着重讲最基本的较固定的知识，不能过分强调紧跟形势而过多讲临时性的东西。于是新教科书就在贯彻抗日教育政策的前提下，加强文化科学基础知识的内容，注意科学化与儿童化、长期性与全国性等关系。1942年，这套全新教科书（主要是初小和高小阶段）全部出版，包括国语、算术、历史、自然、地理、卫生等多种门类，每门有一至三册，体现了课程的渐进性和难易程度的阶梯性。从这些特点来看，这已经是一套学科配套齐全、编制较为规范的现代小学教材了。由于体例严谨，科学性、系统性、适用性都比较强，这套教科书很快在陕甘宁边区以及晋西北根据地、晋察冀根据地、山东解放区大量印制和普及，是红色政权成立以来影响最为广泛的一套新式教科书。后来，经过不同程度的修订、改编，这套小学教科书及其修订版本基本上使用到新中国成立前夕。

民主、高效的工作氛围，单纯、和谐的同志关系，使得辛安亭的才华得以淋漓尽致地发挥，他玩命似的喜欢上编教材这一行当，总是随时关注不同种类的学校教材，分析比较它们的优缺点。最特殊的一次是1947年春天，胡宗南率领国民党数十万大军进攻陕甘宁边区，延安各机关随中央撤出。辛安亭背着行李卷随同志们一起疏散转移。一路上他并没闲着，一直留意民办小学的教学和教材使用情况。他发现，很多地处偏僻的小学校、私塾并没有正规教材，都在沿用古老的《三字经》教学生。辛安亭觉得，这“老酒”固然该换，“旧瓶”似乎还可留。于是他时不时在某个村里停留三四天，借用《三字经》的韵文形式，编上几课新的内容，让教师试教。他一路走一路编，身

辛安亭在延安时期编写的部分教科书

后的各个村庄相互传抄他编的新课文。等1948年收复延安后，辛安亭把这些零星篇章汇集起来，加以补充、修改成册，命名为《新三字经》。在延安正式出版后，这册书很快成为半日制小学、平民识字班、冬学以及家庭教育中的启蒙教材，在西北、华北、东北等农村地区得到广泛流传。新中国成立之后甚至20世纪80年代以来，这册《新三字经》还被更名为《儿童三字经》或《儿童三字歌》，分别被七八家出版社重新印制发行，先后印发一百多万册。作为一种普及型启蒙读物，其生命力和流传范围，都十分罕见。

1959年新中国成立十周年之际，在新落成的中国历史博物馆中赫然陈列了辛安亭编写的《新三字经》，这充分彰显出它在解放区的平民教育史上所具有的独特地位。

20世纪80年代，辛安亭延安时代的老战友、人民教育出版社的同事、著名作家吴伯箫先生曾写信给他："我至今还记得中国历史博物馆里展出你的《新三字经》，那是国家给你的荣誉。"不仅是国家给了辛安亭较高的荣誉，辛安亭在延安时期的教材建设功绩还深深地植入了广大老区百姓的心中。由于他编书的名气大，教材的使用范围广，在陕甘宁民间一度流传顺口溜"边区有个林主席（林伯渠），编书有个辛安亭"。有的偏僻地区甚至只知道政府的三个人，毛主席、朱总司令，再就是给他们编书的辛安亭。几乎整整一代陕北的儿童、少年包括一部分农村青壮年、基层干部，都是读着辛安亭主编的学校教材、识字课本、冬学教材和《新三字经》成长起来的。至今在陕北、甘肃、宁夏一带，许多六七十岁的老人都可以操着浓重的西北乡音背诵当年朗朗上口的《新三字经》：

好娃娃，爱家庭，帮大人，做（助）事情。腿又快，手又勤，眼又尖，心又灵。也抬水，也扫地，也烧水，也喂鸡。妹妹哭，抱妹妹，弟弟闹，照弟弟。

这些明白、晓畅的"三字格言"，很多已经成为这些老人用来教育下一代的"口头禅""顺口溜"，成为他们文化血脉中的一部分。

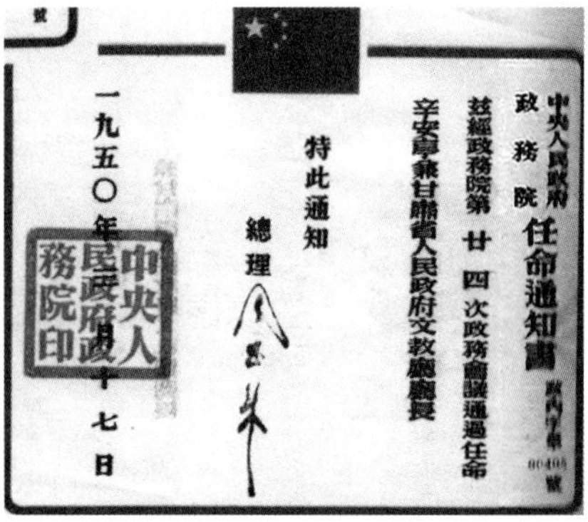

中央人民政府
政務院 任命通知書 政內字第00405號
茲經政務院第廿四次政務會議通過任命
辛安亭兼甘肅省人民政府文教廳廳長
特此通知
總理
一九五〇年[illegible]月十七日
中央人民政府政務院印

中央人民政府政务院任命辛安亭兼
甘肃省人民政府文教厅厅长通知书

从1949年离开延安到1951年奉调进北京，中间有两年时间，辛安亭作为解放军军代表对甘肃的文教机构进行接收和整顿，并被任命为新中国成立后甘肃省第一任文教厅厅长。对于体质瘦弱、性格内向的一介“编书匠”来说，这种行政差事让他有些不适应，他一直还惦念着自己早已熟稔的教材编写工作。因此，中央调他前往北京参与领导全国中小学生的教材建设，他心花怒放，踌躇满志。

但是，来北京工作生活的十一年，辛安亭再也很难找回延安时代那种单纯、幸福的情感体验。不过，至少在人民教育出版社工作期间有一项成就是足以让他欣慰的，那就是直接参与领导了新中国第一套自主编写的小学语文教材的建设工作。辛安亭作为延安时期的老党员、教材专家，调任人教社之后先是担任第一副社长，主持出版社的日常工作。1953年，中央为了壮大人教社的教材编写队伍，又从全国各地选调200多人进社，之后戴伯韬接替他主持全社日常工作。但在人教社工作期间，辛安亭一直作为副社长、副总编辑分管小学语文教材的编写。在延安时期，他所编写的大多是初级小学启蒙教材以及成人扫盲教材，对小学语文教育有着比较成熟的见解和主张，主持编写小学语文教科书是驾轻就熟的。

参与1954年新中国第一套小学语文教材编写的班子十分壮观，有语言学家蒋仲仁作为编辑室主任，编辑人员有上海调来的儿童文学家陈伯吹、曾在陶行知创办的晓庄师范任教的教育家陆静山、“文化大革命”后任小学语文教学研究会理事长的袁微子、延安解放区来的青年教师文以战，参加教材编审的除了辛安亭之外，还有叶圣陶、朱文叔、吕叔湘、张志公等学者名流。为了保证教科书的装帧设计质量一流，前后聘请数位画家绘制插图和设计封面。为了让小学生可以根据课文文字来学写规范、美观的汉字，一、二年级的语文课本不使用印刷体，出版社专从上海请来了著名书法篆刻家邓散木，以他手写的楷体制版。这是一支足以打造精品教材的创作队伍。

1954年，辛安亭代教育部主持起草了新中国第一部《小学语文教学大纲》，并在之后依据大纲编写出版了新课本，1956年秋季开始供全国使用。教材编写是一个群体协作的结果，但其中很多地方闪动着辛安亭的思想火花。例如，集中识字。

早在延安时期，辛安亭就意识到相对欧美国家的母语教育，中国小学生的识字数量和阅读量都远远落后，究其原因，在于汉字的“音形分离”比西方拼音文字更难学（三、四年级才可认识2 000多字），阅读量自然就难以及时跟进。于是他提出在小学低阶段以汉语拼音为工具，让小学生集中识字，争取两年内突破2 000字大关，以便中、高阶段加长课文，增加内容和难度。与此相适应，辛安亭又提出“难点分散、逐步推进”的教学原则，按照传统的识字教学习惯，强调学生每节课对每个生字达到“读、写、讲、用”的“四会”要求。这样，教师和学生的负担都无形中加重了，课文的生字数量和课文长度自然受限。新的语文教材要求，对于一部分结构复杂、笔画繁多的生字可以先要求读认，不要求当堂默写，通过之后的反复阅读和练习，逐步达到“四会”。这些科学、灵活的变革，使得小学识字教学的效率大大提高了。辛安亭在20世纪50年代中期提出的这些见解，慢慢地为人们所接受，逐渐成为人教版小学语文教材编写长期遵循的准则。

在新中国第一套自主编写的小学语文教材中，辛安亭和他的同事们开创了很多先例。比如，第一次在正式教材中把语言训练作为和课文并重的有机组成部分，让小学生也接触一些浅显的语言知识，诸如语音、汉字、词汇、句子、标点符号和篇章结构等内容，这对学生逐步掌握汉语的语言规律是有很大帮助的。再如，在课文中选择了不少后来长期沿用的名篇范文，有叶圣陶先生亲自编写的儿歌《小小的船》，有童话《狼来了》《小猫钓鱼》，还有《小英雄雨来》《小音乐家杨科》《草船借箭》《卖火柴的小女孩》《吃水不忘挖井人》《飞夺泸定桥》《地道战》等课文。看着这些熟悉的篇目，老少几代中国人都能唤起相同的童年记忆。

辛安亭领导着这个编写团队，言传身教，带来了很多延安解放区的良好风气。几乎每位参与编写的专家、学者都将教科书编写作为人民教育事业的重要部分，以严肃的态度、高度的责任心和光荣的自豪感参与其中，八小时工作之外自觉挑灯夜战是家常便饭，这也是辛安亭熟悉和欣赏的“延安精神”。同事之间包括叶圣陶先生和普通编辑，都能够坦诚以待，毫无保留地对工作提出自己的见解。老编辑文以战回忆，当时课本初稿编写出来，在辛安亭的主持下，全体编写人员围坐在叶老的办公室，一字一句地诵读、思考、讨论和修改。这是真正把一册薄薄的小学教科书当作一件艺术精品来构思和经营。这个过程中，辛安亭是快乐的。

辛安亭始终都十分怀念延安时代，怀念那时候的民主作风和人际关系。他自身也烙有深深的延安痕迹。作家、文化老人张中行曾在《流年碎影》一书中为辛安亭立传，他描写20世纪50年代辛安亭在人教社的经历，内容可信而传神。他说第一次看到辛安亭，“外貌瘦弱，风度文静”，推想必是新分配到某室的小职员，管抄抄写写的，及至听说他是副社长，真是大吃一惊。每次买粮，辛安亭总是自己去粮店买，扛着一袋米或者一袋面从街上往人教社大院里走。年过半百的瘦弱老汉，费力地扛着一袋重物很引人注目，有年轻力壮的上来要帮把手，他坚决不肯，还是自己摇摇晃晃地背回家。这在都市中可能被认为有些“不近人情”“洁身太过”，辛安亭却认为最自然不过了，因为延安的人际关系就是这样简单。

但是到了20世纪50年代末至60年代初，辛安亭遇到了一生中最为黯淡和失意的一段时光。据张中行回忆，当时辛安亭对于各地大办人民公社和公共食堂持怀疑态度，借回山西老家探亲的机会，他做了一些调研，发现山西农村的实际情况与报纸、广播上的一片欢呼声有很大出入。回北京之后，他就在一些场合说“这个办法恐怕办不成”。到“反右”时期按照百分比来划定“右派”时，他又说：“这种事情咋能定额？”《毛选》上白纸黑字写着：学校的根本任务是转变学生的思想。他却坚持说：“还是说传授知识经验，提高全民族素质好些……”此类言论导致他后来遭受排挤和落魄——“个人愚直忤领导，三度检查并斗批”。1962年初，他调离北京，离开自己挚爱的教材编写事业，回到兰州。

辛安亭要离开人教社的消息，无意中被传开了。临走的那天，有人在楼道喊了一声：“哎哟，辛社长今天要走啦！”哗——全社的编辑、干部、员工都闻声而出，沿着走廊排队争相和他握手告别。很多编辑、干部一直把他送到火车站，站满了整个月台，年近六旬、身体瘦弱的辛安亭被大家一次次紧握着双手，彼此都眼含热泪。

失意的辛安亭回到当年短暂栖身的兰州，这片朴实的西北热土敞开胸怀接纳了他。或许是远离政治重心，极“左”思潮影响尚浅，当地党政领导对于这位延安时代的老干部依然十分敬重，征询他愿意做些什么工作。58岁的辛安亭主动提出去创办一所负责培训全省中小学校长和师资的“甘肃教育学院”。这是一项白手起家的苦活儿，校舍、设备、教材、师资一切都要从头筹备。他率领一帮人没日没夜地艰苦创业，在短短几年内就把甘肃教育学院兴办得有声有色、人欢马叫。回顾“文化大革命”前这几年（1962—1966）的办学经历，辛安亭体会到了久违的工作快乐。其自述诗写道：

教育学院五经春，工作顺利精神振。
领导放手交任务，干部积极来担承。
老弱青壮齐努力，团结一致共完成。

从诗中我们似乎又看到了延安时代的辛安亭。他虽然年近花甲，但压抑多年的工作热情不禁又喷薄而出。在兴办教育学院的过程中，他凭借一个延安老干部、老教育家的威望凝聚了一批干部群众，也以一颗坦诚的心去悉心培

全社中层以上干部欢送辛安亭赴甘肃任职（前排左三为叶圣陶、前排左四为辛安亭）

甘肃教育学院学生会第一届执委
与辛安亭（前排右四）合影

育一个良好的工作环境。很多老部下回忆第一次开学典礼上的情景：看到这个瘦瘦小小、着装朴实的院长兼党委书记上台致辞，第一句话就温暖人心，“我今年58岁了，愿意再和大家一起工作十年”。对于识人和用人，他有自己独到的看法和胆识。当时正值“文化大革命”前夕，知识分子的处境普遍艰难，很多人都因被强行扣上了各种“帽子”而备受冷落。辛安亭觉得教育学院的师资应该是业务素质最高的，故而广泛地招揽各种人才，包括一批在当时被认为有政治问题的人，如“右派分子”段子美（数学家）、“反动学术权威”方孝博（物理学家）等，这些人被他引进教育学院并且还安排他们给进修的教师们上课。在“以阶级斗争为纲”的年代，很多人佩服辛安亭超凡的胆识，也为他捏了一把汗。

“文化大革命”期间，甘肃教育学院被迫停办。辛安亭这样引人注目的人物自然要被扣上“反动学术权威”“走资派”等帽子，挨批斗、蹲牛棚，遭受各种人身凌辱。在批斗时，有人提到他在教育学院重用那些“反动学术权威”，他说：“这些人是我引进的，但没有重用，不

过今后是要重用的。”甘肃教育学院在“文化大革命”后被撤销，人员分散到省内各个高校，而辛安亭所引进和保护的这些“反动学术权威”，后来都成为兰州大学、西北师大等高等院校的学术带头人。

年近八旬退居二线后，辛安亭终于从行政工作中解脱出来了。晚年，他又捡起了自己荒废多年的写作之笔，以年老、体弱、多病之躯笔耕不辍，为普通的大众读者创作了大量通俗作品。在生命的最后十年，他完成了青少年通俗读物、学术性著作近十部，共二百多万字。直到生命的最后一刻，他依然认为：“我的理想是写深入浅出、雅俗共赏的作品。我深感我国自来重视文化程度高的成人读物，而不重视儿童和文化程度低的工农通俗读物。其实从群众观点而言，写得一般化的成人读物，其作用和影响远不如写得好的通俗读物。”把人类文明中最精华的内容，用简练的方式传播给最广大的教育群体，这是从青少年时代就深受“平民教育”思想熏陶的辛安亭一生遵循的理念。

他的腹中藏有万卷经典，他的笔端也饱蘸数千年文化的浓墨重彩，但落笔之处永远是那么简约、直白、深情。

张中行（1909—2006）

张中行（1909—2006），河北香河人。我国著名学者、散文家。1925—1931年就读于北京通县师范学校。1935年毕业于北京大学中国语言文学系。曾任中学、大学教师，副刊编辑，期刊主编。1951年起任人民教育出版社编辑、特约编审。张中行是20世纪末“未名湖畔三雅士”之一，与季羡林、金克木合称“燕园三老”。参与编写中学汉语课本和语文课本等。合编有《文言文选读》《文言读本续编》，著有《文言津逮》《文言和白话》《诗词读写丛话》《作文杂谈》《佛教与中国文学》《负暄琐话》等。

平生一片心　还待故人来

——张中行和他的同时友人

孙　郁

许多老人身上的遗存，比流行色更美

1951年年初，张中行还在贝满中学教书，不久就有了一个调动工作的机会。人民教育出版社需要编辑，校长陈哲文向叶圣陶推荐了他，于是他从贝满中学校园里走出来。他的心情也因之发生了一点变化。走入出版社，对他而言是个偶然，连自己也没有料到，一去就留在那里，一直到退休之年。

叶圣陶不久就发现了张中行的价值。他意识到出版社来了个人才。张中行对文字的敏感、学识的驳杂，在工作中很快就显示出来。一般的语文教材编写者不会像张中行兴趣那么广泛。他在史学、哲学、文学上的知识和见识，令一些同事感佩。一些重要的典籍、生僻的词语，在他那里都不是困难的事。张中行对词语的运用、标点的排列，都有一套逻辑，不喜欢多余的词语和无趣的话，把握文体也有一套本领。所以叶圣陶往往也把重要的工作交给他。比如自己的童话作品集，就放手让张中行编。叶圣陶告诉张中行可以按自己的看法改动作品，信任他，也佩服他。这让张中行受宠若惊。叶圣陶对这个小自己十余岁的人的关注，其实还隐含着另一个期待，就是对自己的普通话不太自信，张中行可以校正苏州的吴侬软语。而且渐渐地，张中行在诗词上的修养也让众人刮目，大家对他的好感不久就形成了。

他后来的同事张厚感先生告诉我，20世纪50年代，叶圣陶请朋友吃饭的时候，常常也把张中行叫到身边，信

作者简介：孙郁，中国人民大学文学院教授、博士生导师，长江学者特聘教授。

张中行（中）与人教社同事合影

任的感情是重的。可是张中行在领导面前似乎很腼腆，不那么爽快，平时也很少与上司打交道。这是那时候的一种氛围。待到“反右”运动后，类似的聚会就渐渐少了。

对叶圣陶印象好的人很多，一般接触他的都有种信任的感情。叶圣陶后来在种种运动里能躲过劫运，在张中行看来是个谜。说其有世故的地方也不能说没有道理。叶圣陶太忠厚，不愿意和人发生冲突，即使“反右”斗争，他出来讲话，只指责别人的写作不注意标点符号，从学问的技术层面发言，鲜涉及政治。这就很善，是生存的策略。说起他的善，应从其写的童话来印证。他的作品有时清澈得像山涧流水，对人与自然是天然的爱，没有杂色。你看他写的《稻草人》等作品，何等的爱意！是看不到黑暗的东西的。作品如此，择友的方式也如此。他和夏丏尊、李叔同、丰子恺的友情，是现代史有趣的一页。这些朋友的身上都没有戾气，周身是温暖的光泽。他们在一起，远离争斗的话语，心是平和的。这个圈子里的人，乃中国读书界少有的群落，也是保留了旧文人儒风最多的一族。和那些杀气腾腾的人比，哪有一点恶气呢？

但张中行不是那个圈子里的人。他比那些儒者要晚一辈，而兴趣又有不同的一面。叶圣陶的特点是中正平和，不逾矩。张中行的思想是盘旋多致的，用一句俗话说就是不老实，总在思考越界的事物，暗自蹚雷区的时候多，所以对叶圣陶的柔和就不能不有想法。深说是才华问题，浅说有世故的一面也未可知。但叶圣陶的这一特点使其免遭大难，从险滩里绕了过去。“文化大革命”后期，张中行被遣送乡下，其境极惨，几乎无路可走了。有一次张中行从乡下回城见叶圣陶，却交臂失之。叶圣陶知道后特写信给他，依然那么热情，没有因为对方落魄而显出架子。这让张中行颇为感动。他在绝望的时候，在这位长者身上感受到了天底下的温情，晚年常常感念着叶圣陶，也不是没有道理的。

我有时对比这两个人，常想，在什么地方很像，又不太一致。比如爱好上都喜欢民俗的东西；心细，喜欢寂寞的生活；都不贪恋宏大的叙事；文字都是平淡的美，不去用力地写文章。不同的是，叶圣陶对世俗社会有自己的成见，接触人多，做的事也多，所以一直是闻人。张中行却从来都是小人物，从没有做巨匠的奢望。但因为在底层的时间久，没有热闹的场景，所以那岑寂的心就比叶氏深广，偏向哲学的一面。叶圣陶的书是和风细雨，即便是绝望的笔触也有暖意的存在，儒者的风范尽入笔端。他不像张中行那样对己身的痛感挖得深，利他的地方多，所以精神是外流的，散出春日的温暖。

我读张中行的书时，心是沉潜的，被拽到很远的时光里。那里有古人的精魂在，久久地缠绕着，刺痛着内心。叶圣陶的书是把个体的冷暖与社会关怀分离的，只是在日记和诗词里有内心的凄苦，而文章则多面向青年，是爱心的播撒。两人的书路向是不同的。在教育理念上，他们基本一致，可是张中行似乎更有点儿个人主义的意味，反叛的东西是多的，也许是社会环境进化了。叶圣陶早走十几年；张中行赶上了改革开放时期，总可以一吐心中的委屈了，所以说了前辈不能说出的话。这是命运，还是什么呢？细心的读者是会深解一二的。

儒雅、亲和、有见识，那是颇为吸引人的

人民教育出版社其实牵连着学术的神经，在那里工作的人是要有知识储备的。张中行一到那里就感到一种乐趣。快乐的事情是可以做一些语言学方面的工作，搞点研究等。重要的事情还在于，周围有许多有学识的人，年龄有高有

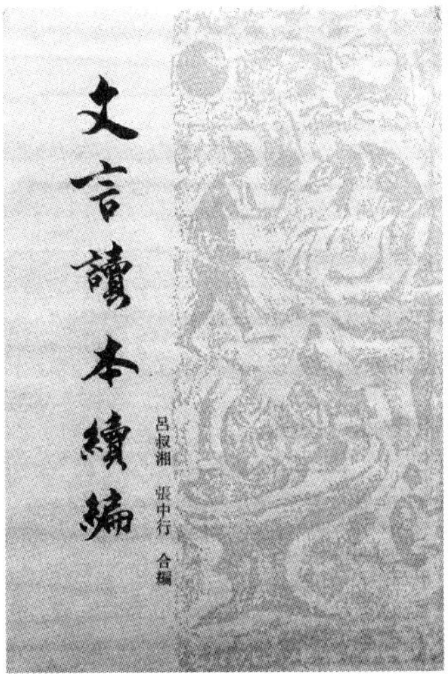

吕叔湘和张中行合编的《文言读本续编》

低。除叶圣陶、张志公、吕冀平外，吕叔湘是他很敬重的人。他们之间的交往，倒是很值得一谈的。

最初的见面是什么时候，没有相关的资料记载。吕叔湘说两人有三十年的交往史，那么推算起来是在20世纪50年代末期吧。吕叔湘的水平是语言学界公认的，张中行对他也是佩服得很。为什么呢？就是在他身上多是学究的东西，没有世俗的那一面。吕叔湘对古文与英文都有研究，思想是科学家式的，旧文人的东西他熟悉，现代性的基本理念也是深刻的。所以一看见他，就有亲切的感觉流来，似乎和“五四”那代人有相同的一面——儒雅、亲和、有见识，那是颇为吸引人的。

如果不是因为潜心于语言的科学分析研究，吕叔湘或许是个作家或文坛的随笔家。他的情趣广泛，只是因为太热爱语言学理论与实践，把自己的许多爱好舍弃了。他的身上有“苦雨斋”的某些影子，对民俗学、心理学、文学都有很深的见解，文字也平易而清秀。周作人当年注意到的文化现象，他也是多加留意的，而且也有所研究。不过分歧的地方是，前者从审美的趣味入手的时候多，有点士大夫和现代闲散文人的影子；后者却处处以冷静的、科学的眼光打量事物，就有点科学家的逻辑的严密了。

像吕叔湘这样的人，是有一种情结在的。就是从文字入手，去找我们这个民族思想和文化的深层规律。比如周作人研究笑话，从民俗的角度入手，旨在讲世俗的智慧。吕叔湘同样欣赏笑话，却从语言学的角度阐明词语的奇妙组合给人带来的启发。他从周作人校订的《明清笑话四种》入手，仔细分析民间话语的幽默和才气的因由，就把文人的趣味变为科学研究的对象，思想上升到了很高的地方。再比如周作人翻译蔼理斯的性心理学文章是一种精神的渴求，吕叔湘却在蔼理斯那里找和弗洛伊德不同的逻辑线索。两人兴趣相投，可是走的路不一样，而智慧的表达都各有千秋。张中行从吕叔湘身上大概看到了“苦雨斋”的气韵，在一定程度上说，精神的流向是一致的吧。

在张中行的眼里，吕叔湘的可贵在于现代意识中有突进的亮点。比如对文字改革的看法，吕叔湘和鲁迅、钱玄同的观点就有重合的地方，希望汉字能让人人懂得，但又非民族的虚无主义者，对古典文献能进行现代性的解释。吕叔湘有一篇《南北朝人名与佛教》就出笔不凡，其间可看出王国维式的功夫。他对古文献的熟悉，也使人佩服，常常从商务印书馆和中华书局的书中发现错误，尤其能注意到古今词语的变化，在方言、成语、古语里发现民族心理的因子。他的考据功夫很深，真是了得，自己不陷到诗文的趣味里，而是返身自问，从高远的角度思考问题，总能感到哲学的力量在里，是让人过目难忘的。

吕叔湘晚年有本随笔集《未晚斋杂览》，其谈天说地的状态和旧式京派文人很像，甚至带有周作人的趣味。比如谈爱德华·李尔，谈蔼理斯、赫胥黎、葛德文等，材料都出自英文原版，讲了许多别人不说的话。他的特点是善于求疵，看到流行观念的错处。他博学之，严明之，感怀之。较之一般的学人，他不是个盲从的人，而是个存疑的追问者，而且绝不重复别人的学术思路，总是在没有路的地方走路。不盲从，是语言学研究要坚持的立场，其间不能不被科学的理性所规范，所以比一般的文人就多出一点严明气，他的这一趣味对张中行的吸引力是自然的。不同的是吕叔湘的文章是节制的，不太放出自己的感情世界，将哲思点染出来，紧缩着笔锋，似乎没有周作人的温润，也没有张中行那样的情思滚滚。这种严谨的态度倒是使别人望而生畏，一个谦谦君子的形象凸显出来，很感人的。

许多年后，张中行写了本关于文言文的著作送给吕叔湘，请他写序。读了原稿后，他感叹张氏的深切和认真，内心是佩服的。不久张中行来取稿子，问文字写得如何，于是有了如下的对话。

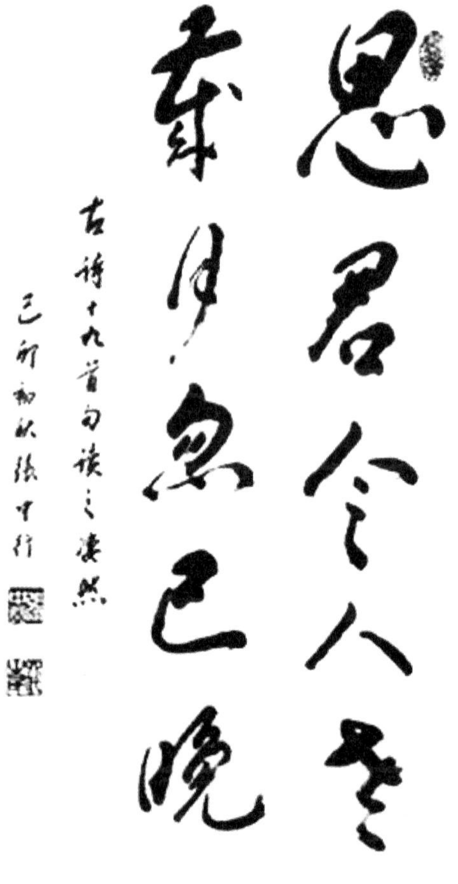

张中行书法作品

张中行在书房

“这是一本异常有用的书，你就拿去出版吧。”吕氏叹道。

张氏说：“你还没有给取名呢。”

吕氏说：“这本书的目的是要把读者引进文言世界，何不就叫《文言世界漫游记》？如果你嫌这个名字太时髦，喜欢古雅点，那就不妨叫《文言津逮》。”

“好，就叫《文言津逮》。”张氏兴奋地说道。

这一本书，在思路和精神上，都有张中行自己特别的东西，很是可贵，也留下了他和吕叔湘间的友谊。在气质上和人生的态度上，他们有很多的差异。而从学问的兴趣和治学的品格上说，他们实在可说是同路者。

（摘自《北京青年报》2008年9月6日，有改动）

方宗熙（1912—1985）

方宗熙（1912—1985），又名方少青，福建云霄人。我国著名海洋生物学家、遗传学家、科普作家，海藻遗传育种工作的奠基者，新中国生物教科书的开拓者。1936年厦门大学生物系毕业后留校任教。1938年出国，先后在印度尼西亚巨港中学和新加坡华侨中学教书。1947年到英国伦敦大学学院（UCL）留学，1950年获遗传学博士学位，赴加拿大多伦多大学做访问学者。1950年年底回国，在出版总署担任编审。1951—1953年任人民教育出版社生物组组长、生物编辑室主任。1953年调山东大学生物学系任教授，后历任山东海洋学院（现中国海洋大学）海洋生物遗传教研室主任、海洋生物系主任、副院长，兼任中科院海洋研究所研究员、中国遗传学会副理事长、中国海洋学会副理事长兼秘书长、全国科普作家协会副理事长、《遗传》杂志主编、《海洋学报》副主编、《山东海洋学院学报》编委会副主任等。还被选为第三、第五、第六届全国人大代表，山东省政协第四、第五届副主席，山东省侨联副主席兼青岛市侨联主席。一生呕心沥血，勤奋艰辛，笔耕不辍，为后人留下了几十册专著、几百篇文章和上百万字的科普作品。

方宗熙：从人教社走出来的著名生物学家

郭　戈

人民教育出版社成立不久，社长兼总编辑叶圣陶便引进了刚回国的多伦多大学访问学者、伦敦大学遗传学博士方宗熙。方宗熙在人教社工作时间不长，却很投入，做了许多工作，先后组建了生物组、生物编辑室，主编了《植物学》、《动物学》、《生理卫生学》(后改称《人体解剖生理学》)和《达尔文主义基础》四本中学生物教科书，以及小学《自然》教科书。这是人教社最早自编的一套中学生物和小学自然教科书，也是第一套全国通用教材。此外，方宗熙发表了9篇（部）有关论著，是一位很优秀的教材研究者和学问家。之后，方宗熙应山东大学（青岛）副校长童第周之邀，担任该校生物学系教授，投身我国海洋生物科学事业，成为著名的海洋生物遗传学家、科普作家、海藻遗传育种工作的奠基人。本文主要从人教社和编教材的角度，谈谈方宗熙的一生尤其是他对新中国生物教科书编写的贡献。

来人教社之前的方宗熙

方宗熙，又名方少青，福建云霄人。1912年4月6日出生在一个小手工业者家庭，祖辈三代以烧砖瓦营生。青少年时代的方宗熙十分好学上进，异常勤奋努力，很有学习“原力”。他自己说过：

> 从小，我就被同学们叫作“书呆子”。我的书呆子气来源于我对知识的热爱和对书本的浓厚兴趣。上初中时，每天天还没亮，我就起床在油灯下念书。放寒暑假，我从不去闲逛，除了参加家务劳动，就是埋头看书。在厦门大学上学时，我每天的活动都是有规律的。早晨很早就起床，早餐前先念一两小时的书，课余大半时间是“泡”在实验室里，按要求做未做完的实验或做自己设计的实验；晚上，大部分时间是在图书馆，那里有我的“固定”座位。[①]

① 方宗熙:《做追求真理和知识的“书呆子”》,《福建日报》1984年7月4日。

1929年，方宗熙由云霄中学考取厦门大学预科，后入本科，主修生物，辅修化学，他最感兴趣的是遗传学和进化论。在学校期间，他成绩优秀，获得“清寒学生奖金”“陈嘉庚奖学金”，还常常写诗歌和散文，投稿报纸杂志。最值得一提的是他的科学研究入门。据笔者查考，方宗熙发表的第一篇论文是《怎样使所习学科与实际生活发生关系》[①]。他认为，学习的精神（决心、实行）、学习的方法（口眼心身“四到”、综合的读法）、学习的扩大（阅报读刊、假期作业）是应具备的“最低限度”。1933年，方宗熙参与创建“厦大生物学会”（学生组织），先后担任副主席、主席（常务干事），并于1935年创办了《厦大生物学会期刊》，发表了10多篇文章，还用英文完成了他的学士学位论文《一种板鳃鱼类之解剖》。[②]由此可见，方宗熙在读本科期间，就显露出对海洋生物研究和创作的不凡才能。

1936年，方宗熙大学毕业后留校任教，1937年回母校云霄中学教生物学。1938年年初，他漂洋过海，赴印度尼西亚苏门答腊岛的巨港中学任生物学教师兼教务主任。日寇侵占南洋时，他匿居深山数年。日本投降后，他赴新加坡华侨中学任生物学教师兼图书馆馆长。讲课之余，他热衷研究热带动植物，并编写一些教材、教参，还建立了一个生物标本室。据当时学生后来回忆说，他的课深入浅出，十分生动，还注意讲解救国救民的道理和引导学生钻研科学问题，深受学生喜爱。在南洋期间，方宗熙曾参加胡愈之组织的民盟马来西亚支部的创建工作，并在其创办的《风下》刊物上发表了一些科普文章，如《公鸡变母鸡》《子女为什么像父母》《换血救命》《细菌是怎样生活的》《为什么要研究生物学》《谈姑表结婚》《从白痴低能讲起》等，还曾写过一部连载小说《心花》。

① 载《中学生》1931年第15期。该杂志1930年创刊，主编夏丏尊、叶圣陶。

② 方宗熙著:《方宗熙文集》，海洋出版社2012年版，第17—34页。

1947年，方宗熙得到友人资助和英国奖学金，远赴英国伦敦大学学院（UCL）攻读人类遗传学博士学位，方向为人类指纹的遗传研究。1948年他在英国的科学杂志上发表论文，也不断地给胡愈之的《风下》和《现代周刊》写“伦敦通讯”，讲述当地的风土人情、社会习俗等。1950年5月，方宗熙获得博士学位，因回国受阻，便到加拿大多伦多大学做访问学者。12月，在异国他乡漂泊近13年、已38岁的方宗熙回到了祖国，并将自己所学献给新中国建设事业。1951年2月，方宗熙经出版总署署长胡愈之介绍，到总署工作。几个月后，又受副署长兼人教社社长、总编辑叶圣陶之邀，调到人教社工作，负责编写生物教科书。

1947年方宗熙在英国伦敦大学学院生物实验室

就在方宗熙回国的同时，教育部和出版总署共同成立了人教社，旨在落实中央关于统一全国中小学教材的方针和实行出版专业化分工的政策，专门编辑出版教科书和一般教育用书。在人教社成立前后，国家选调了一批优秀的教材编写者，如小语的朱文叔、蒋仲仁、刘御、黎季纯（黎明），中语的宋云彬、王泗原、隋树森、张中行，汉语的魏建功、吕叔湘，历史的丁晓先、王芝九、李赓序，地理的曾世英、田世英、褚亚平，数理化的刘薰宇、陈同新、奚今吾、周芬，教育学科的朱智贤、陈侠、熊承涤等。他们都是专业出身、教学经验多、文字能力强、学术研究深，其中不少人多年从事教材编辑工作，也不乏有留学经历者。用这些条件对照方宗熙，显然他是符合生物学科教科书编写者要求的合适人选，也不失为理想人选。方宗熙是国内外名牌大学生物系毕业，长期钻研遗传学、进化论、动植物学等领域，并取得了诸多科研成果；曾在大学尤其是多所中学做过多年的生物课教员，有较为丰富的教学经历和教材使用、编写的经验；常年坚持创作，发表过许多专业论文，尤其是适合青少年阅读的科普文章和文艺作品，具有作为国家教材编写者应当具备的核心素养和关键能力。

在人教社工作的方宗熙

关于方宗熙来人教社，叶圣陶1951年5月3日的日记里有一段记载：

> 方宗熙君校订世英之自然地理，指出错误数处，为之重写，皆甚切要。……以往通过书稿太随便，今后宜取严格。然如何得人审阅，实为最难解决。方君毕业于英国，得博士，系愈之避地南洋时之友人；近来总署，以后将请其转入教育社，主持生物一组。我社向无生物组，今从自然组分出，所余者改名数理化组。[①]

可见方宗熙的“出场亮相”很不一般，让叶圣陶另眼看待、印象深刻，并决定请胡愈之调其到人教社工作。1951年5月15日，人教社生物组成立，组长为方宗熙，组员有李沧、濮源澄。1952年7月，生物组扩充为生物编辑室，人员有所增加，即方宗熙（主任）、李沧（编辑）、任树德（助编）、江乃萼（助编）、刘直奉（助编）。1953年5月，方宗熙和夫人江乃萼（曾留学英国）调离后，生物编辑室合并到了理化编辑室。

与方宗熙同时在人教社做编辑组长或室主任的，都是年龄比他大、资历比他深、从业时间比他长的名家学者，并且生物组（室）的工作人员也是最少的。但是，作为教材编写新秀的方宗熙，所做的工作一点儿也不少，其“出场亮相”不一般，“出手招数”也很不凡。仅仅两年时间，他全身心投入，异常勤奋努力，成果相当可观：一共主编

① 叶圣陶著：《叶圣陶日记》（中），商务印书馆2018年版，第1238页。

中小学生物和自然教科书6种19册，发表有关生物教材的论文6篇，还出版3部著作（含合译2部）等。

方宗熙到任后的第一项工作是校订林英、文彬如编的《初级中学生理卫生课本》，1951年8月由人教社出版。这本书是1949年以前编的，“全书改动最多的地方是第一、第九和第十章，有的是整段删去，有的是整段改写”[①]。接着，他便投入生物教科书的自编工作，即初中课本《植物学》《动物学》《生理卫生学》和高中课本《达尔文主义基础》。这些课本均为上、下册，1952年春季由人教社出版，助编为李沧、濮源澄。这些课本大都以东北人民政府教育部编译苏联的各种生物教材为蓝本改编而成，依据的是教育部1951年《中学生物科课程标准草案》（人教社1951年12月版）。这套教材既是人教版第一套生物教材，也是“第一套全国通用生物教材”[②]。

方宗熙又根据教育部1952年编订的《中学生物教学大纲（草案）》（人教社1952年12月版），结合我国实际和相关资料，对上述初高中生物教科书进行了全面修订，并都合并为全一册，均于1953年春季由人教社出版。其中，初中课本《生理卫生学》改称《人体解剖生理学》，又与任树德合编了高中课本《人体解剖生理学》。这套教科书（包括1954年、1955年修订版本）被认为是“第二套全国通用生物教材”，“比1953年以前使用的教科书好”，“比较突出的问题是要求高，分量重，内容深”。[③]

此外，方宗熙还主持编写了高级小学课本《自然》（上、下册，编者方宗熙、陈同新、江乃萼、周芬、许南明、任树德，人教社1953年版）。该书参照苏联小学自然课本编写而成，适用于小学五、六年级，为较早的小学自然课统编教材。1954年，该书改为四册，并加上彩色插图。该课本被认为是“新中国第二套全国通用自然教材”，它是在全面学习苏联的形势下，以其《无生物自然》课本为蓝本改编而成的，“与我国传统自然教材有很大不同”，

---

① 林英、文彬如编，方宗熙校订：《初级中学生理卫生课本》（全一册），人民教育出版社1951年8月版，第三次修订版序。

②③ 课程教材研究所编著：《新中国中小学教材建设史（1949—2000）研究丛书·生物卷》，人民教育出版社2010年版，第83、87页。

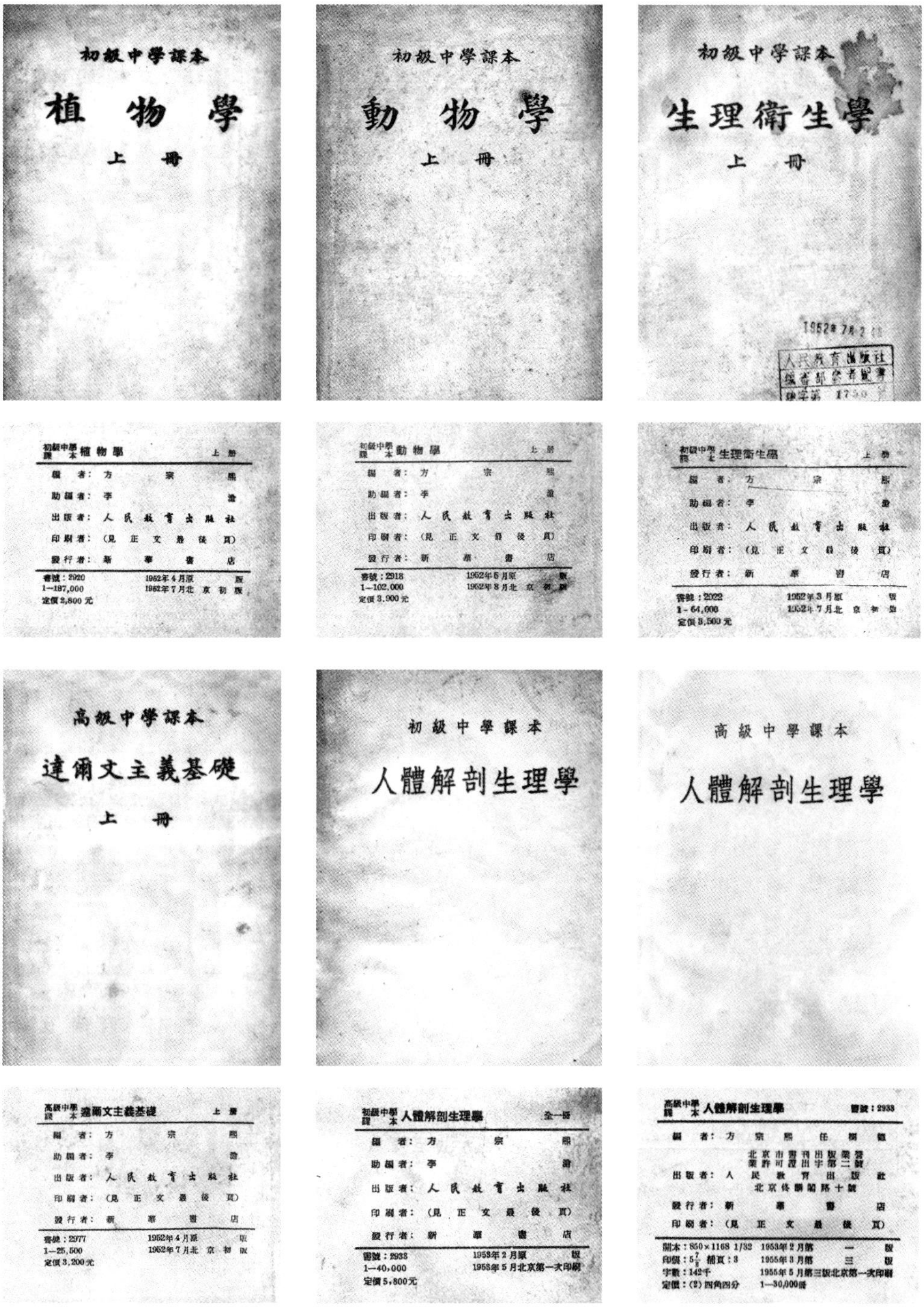

方宗熙编写的中学生物课本

并且“这套教材在我国自然教材史上有重要地位，对我国后来自然教材有很大影响”。[①]

方宗熙编写的上述教科书，均被列入教育部和出版总署共同发布的春秋两季中小学教科用书表中。叶圣陶对这些书稿都做了一一阅改和审订。“书稿写出以后，叶老总是亲自审阅，并且一字一句地修改，有时还要把方宗熙找去，仔细地告诉他为什么要这样修改。叶老说，你的文章还有‘洋气’，许多句子太长了，我国文章的特点之一是短句子。后来方宗熙常对别人说，叶老是我的文字老师，我受他的教益非浅。”[②]对于方宗熙编修这些教科书的情况，叶圣陶在日记中都有记载，《叶圣陶日记》1952年下半年中有几处话比较突出，摘录下来，可供参考：“9月9日，方宗熙来，言余所提意见大多得其要，颇感兴奋。又言外间观其各种初稿者，皆言能为生物教本开一新境界。生理卫生稿中介绍巴甫洛夫学说，为国内著译中最明白畅达之本。余言是固然矣，而欲以示中等学生，尚须更求精确易晓。”“9月18日，方君之稿甚好，言动物进化井井有条，余深感满意。”“10月29日，两个月内共改稿六种，方君之稿四种，余者化学与外国经济、地理也。”“11月6日，方宗熙来谈，言中学四种生物学方面之课本已编齐，拟着手小学之自然课本，仍以苏联课本为蓝本，而求其适合国情。余请其先行计划，俾众人商定之。”“12月6日，看方君等所撰自然稿十余页。系根据苏联之小学课本，一部分以水为中心，一部分以矿藏为中心，叙述方法甚佳，循序渐进，浅显易晓。余告方君等此稿给小学生读，尤宜注重语言，不可留有文字上之障碍。”[③]

配合中学生物教材的使用和教学工作，方宗熙先后发表了6篇论文，发表在《生物学通报》和《人民教育》杂志上，又出版了一部科普著作《古猿怎样变成人》（开明书店1952年版，后改由中国青年出版社出版）。后来，他

---

① 课程教材研究所编著：《新中国中小学教材建设史（1949—2000）研究丛书·自然·社会卷》，人民教育出版社2011年版，第63、66页。

② 宫苏艺：《开拓与播种——记山东海洋学院方宗熙教授》，《人民教育》1980年第5期。

③ 叶圣陶著：《叶圣陶日记》（中），商务印书馆2018年版，第1379、1381、1391、1393、1402页。

于1958年、1965年、1977年、1984年分别做过修订或部分改写。该书与生物教材关系密切，因为当时生物课程标准或教学大纲关于《达尔文主义基础》这门课程，都明确提出要研究“人类的起源”。此外，方宗熙又与周建人、叶笃庄合译了达尔文的两部名著《物种起源》和《动物和植物在家养下的变异》，分别于1954年、1955年由三联书店、科学出版社出版（后多次修订，并有多种版本，包括海外版），成为生物学界必读的“教科书”。

方宗熙在人教社工作仅仅两年，却编了这么多教材，写了这么多论著，可以想见他当时该有多勤奋、多投入啊！他的夫人江乃萼在他去世后所撰写的回忆文章中也说：“二年的时间，如果不夜以继日，是写不出那么多书来的。在我的记忆中，在这两年里，他没有去过颐和园、故宫、北海、天坛，（也没有时间）观赏北京雄伟壮丽的名胜古迹！”①方宗熙超强的敬业精神和职业能力在人教社令人肃然起敬，在人教社成立70周年之际，笔者作为人教社现任总编辑，在此不禁要表达所有人教人对前辈方宗熙先生的崇高敬意和深切怀念！并且，还有许多像方宗熙这样在人教社工作过、后来又离开的声名远播者，如教

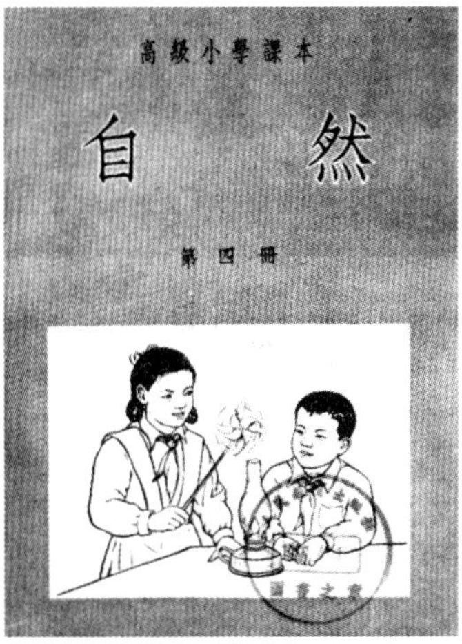

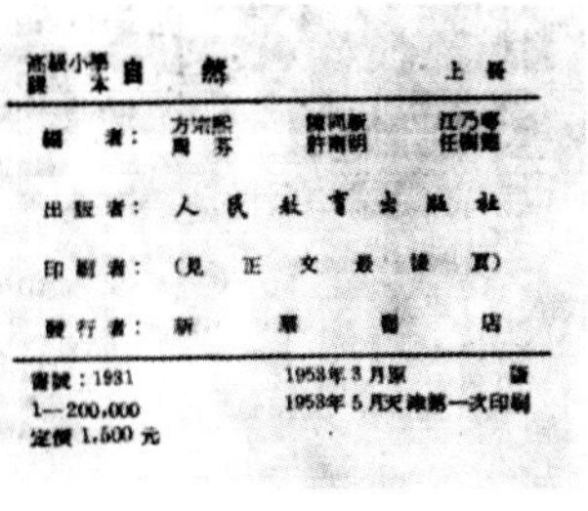
高級小學課本 自 然 上冊

編 者：方宗熙 陳同新 江乃萼 周 芬 許南明 任樹德

出版者：人民教育出版社

印刷者：（見正文最後頁）

發行者：新華書店

書號：1931
1—200,000
定價 1,500 元

1953年3月原 版
1953年5月天津第一次印刷

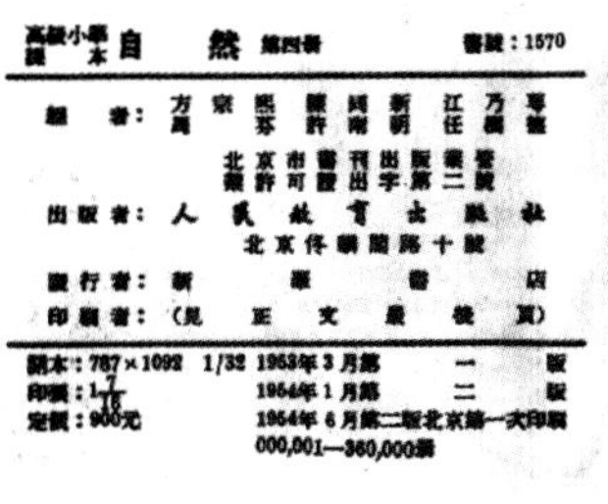
高級小學課本 自 然 第四冊 書號：1570

編 者：方宗熙 陳同新 江乃萼 周 芬 許南明 任樹德

北京市書刊出版業營業許可證出字第二號

出版者：人民教育出版社
北京佟麟閣路十號

發行者：新華書店

印刷者：（見正文最後頁）

開本：787×1092 1/32
印張：1 7/16
定價：900元

1953年3月第一版
1954年1月第二版
1954年6月第二版北京第一次印刷
000,001—360,000冊

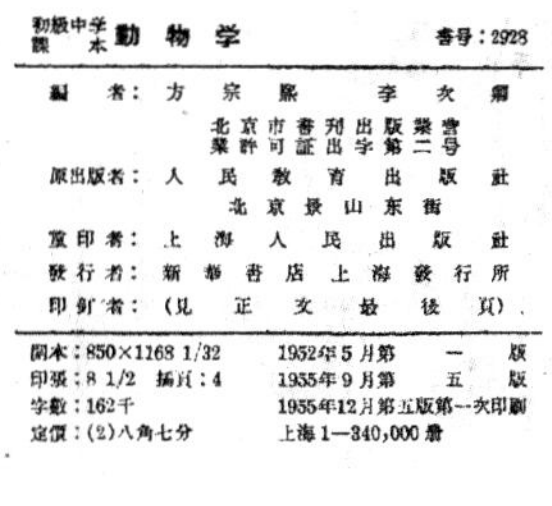
初級中学課本 動 物 学 書号：2928

編 者：方宗熙 李亦屏

北京市書刊出版業營業許可証出字第二号

原出版者：人民教育出版社
北京景山东街

重印者：上海人民出版社

發行者：新華書店上海發行所

印刷者：（見正文最後頁）

開本：850×1168 1/32
印張：8 1/2 插頁：4
字數：162千
定價：(2)八角七分

1952年5月第一版
1955年9月第五版
1955年12月第五版第一次印刷
上海1—340,000冊

方宗熙编写的小学《自然》两个版本和《动物学》修订版本

① 江乃萼：《抓住时间的人》，《科普创作》1986年第1期。

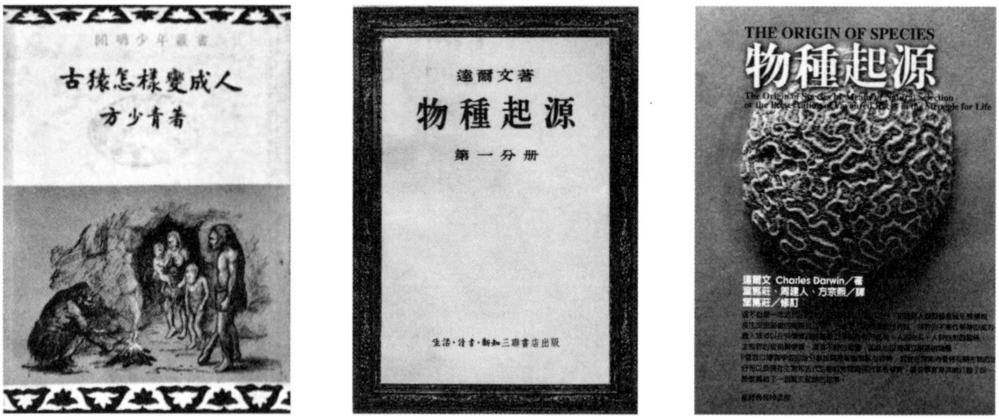

方宗熙著的《古猿怎样变成人》和参与翻译的《物种起源》

育家辛安亭、柳湜，心理学家朱智贤、陈元晖，语言学家吕叔湘、魏建功，文学家吴伯箫、陈伯吹，文史学家宋云彬、张毕来，语文教育家蒋仲仁、刘御，历史学家巩绍英、汪篯，地理教育家田世英、褚亚平，地图学家曾世英，出版家金灿然、吉少甫等。我们都会记住他们对人教社、对我国教材编写和教育图书编辑出版做出的贡献！

离开人教社后的方宗熙

对于方宗熙调离人教社的情况，《叶圣陶日记》也有记载。此事还经历了一番周折。背景是1952年全国高校院系调整，厦门大学海洋学系理化组21名师生北迁青岛，与山东大学海洋研究所合并成立海洋学系；接着山东大学又将动物学系与植物学系合并为生物学系。起因是山东大学副校长、著名生物学家童第周向方宗熙发出邀请，请他担起该校海洋生物遗传学的教学和研究工作。方宗熙为之心动，毕竟这是他多年追求的专业方向和科研夙愿，他钟爱的当时全国最好的海洋科学和海洋生物专业此时已聚集于青岛，他大学时代的一些老师和同学也在此工作。当方宗熙把他想到山东大学工作的心愿告诉叶圣陶时，叶圣陶便极力劝留，正如他劝说吕叔湘从清华大学到人教社工作一样：“任教于清华，受其益者不过学生数十辈，来我社编书，受其益者为无量数之中小学教师及学生。故谓任教于清华为很大之浪费，亦非过甚其辞也。”[①]对于方宗熙

① 吕叔湘经叶圣陶多次劝说于1952年10月到人教社兼职工作，任副总编辑，主要负责中学《汉语》课本的编写工作。（叶圣陶著:《叶圣陶日记》（中），商务印书馆2018年版，第1326页。）

来说，编写全套生物教材的挑战已经圆满完成，攻克海洋生物遗传难关的挑战又深深地触动了他。过了一段时间，“安亭[①]来谈，谓方宗熙君以编撰四种生物学课本已毕，仍欲离去我社而之山东大学，我社可同意其离去，但为设法留于北京，或入科学院，或入某一大学，乃可就近相烦”[②]。但是，方宗熙的初衷并不在于北京的名牌大学或科学院，他倾心的海洋科学事业还是在青岛、在海边，为此他向叶圣陶吐露过心声。叶至善曾撰文回忆说，方宗熙、王泗原、蒋仲仁、朱文叔、张志公都是“我父亲信赖的好手”，尤其是对于方宗熙的离去，“我父亲不免有点儿怅惘”[③]，“很不情愿地接受了他的辞呈”[④]。方宗熙的离开，无疑是人教社的一大损失，也使我国少了一位生物教材编辑出版的领头人，但因此多了一位著名的海洋生物学家和科普作家。

1953年4月15日，方宗熙一家坐火车离开生活了两年多的北京，来到青岛，回到了他熟悉的实验研究工作和习惯的海边生活，从此奉献于海洋科学事业研究和科普工作。一开始，他担任山东大学生物学系教授。1958年10月，山东大学由青岛迁往济南后，他留在青岛筹建山东海洋学院生物系。1959年3月山东海洋学院建立后，他先后任该院海洋生物遗传教研室主任、海洋生物系主任及副院长、学术委员会副主任，兼任中科院海洋研究所研究员、中国遗传学会副理事长、中国海洋学会副理事长兼秘书长、全国科普作家协会副理事长，并兼任《遗传》杂志主编、《海洋学报》副主编、《山东海洋学院学报》编委会副主任等。此外，他还被选为第三、第五、第六届全国人大代表，兼任山东省政协第四、第五届副主席、民盟中央委员、山东省侨联副主席、青岛市侨联主席。

---

① 即辛安亭（1904—1988），1951年由甘肃省文教厅厅长调任人教社副社长、副总编辑，协助叶圣陶主持人教社日常工作。

② 叶圣陶著:《叶圣陶日记》(中)，商务印书馆2018年版，第1396页。

③ 叶至善著:《我的编辑》，中国少年儿童出版社2015年版，第183页。

④ 叶至善:《叶圣陶与人民教育出版社》，《出版史料》2007年第2期。

离开人教社之后的方宗熙，其后半生的成就归纳起来主要有三个方面。一是在海洋生物学上的贡献，集中表现在对细胞遗传学、海带遗传学、海洋藻类以及学科建设的研究上，取得了许多具有开创性的科研成果，既有宏观理论建树，也有实际应用成效，对我国海洋生物学科以及海水养殖业贡献巨大。二是在教书育人上的贡献，培养了一大批海洋生物学者和建设人才，编著出版了一系列大学教材和参考资料，如《生物学引论》《普通遗传学》《达尔文主义》《生命的进化》《生物的进化》《拉马克学说》《细胞遗传学》等。三是在科普事业上的贡献，他把科普创作视为一名科学家的分内工作，投入了极高的热情和大量的精力，采用了多种途径和方式，留下了十几册的科普著作和几百篇科普文章，如《古猿怎样变成人》《生命发展的辩证法》《遗传与育种》《生命进行曲》《米丘林学说》《达尔文学说》《遗传工程浅说》《生物学基础知识》《科学的发现——揭开遗传变异的秘密》等。他还根据自己创作的实践经验，撰写了有关科普作品写作的理论和方法的文章，是一位“心系科普的科学家”[①]。为此，1984年，方宗熙与华罗庚、茅以升、钱学森等7位老科学家在中国科协第二次全国代表大会上受到了大会表彰。

方宗熙之所以取得这么大的成就，编著了这么多书，发表了这么多文章，简单地说，就是一个所谓“书呆子”充分利用了人生最宝贵的时间。正如他的夫人也是他的助手江乃萼说的，方宗熙是一个“抓住时间的人”，即便是在极“左”思想影响下的“文化大革命”时期，戴着“反动学术权威”“学术骗子”“国际特务”的帽子，患有冠心病，他仍然撰写了《生命发展的辩证法》这部好书。[②]方宗熙也说过：“平时，我不串门，不抽烟，不喝酒，有钱就买书。人家叫我‘书呆子’一点儿也不冤枉。如今，我已年过古稀，‘书呆子’本色依然不改。我认为，毫不懈怠地沿着科学的道路走下去，坚定不移地追求真理，这种‘呆’并不是傻。社会和四化建设需要这样的‘书呆子’。”[③]

---

① 李明春：《心系科普的科学家——记著名海洋生物学、科普作家方宗熙》，《海洋世界》2009年第2期。

② 江乃萼：《抓住时间的人》，《科普创作》1986年第1期。

③ 方宗熙：《做追求真理和知识的“书呆子”》，《福建日报》1984年7月4日。

方宗熙编著的大学教材和科普读物

方宗熙虽然离开了人教社，但是他的人教情缘却没有断。一是他离开人教社后，仍然按照要求，积极参与其主编的人教版生物教科书的修订再版工作。如“这一年[①]暑期，他还回人教社根据教师们提的意见，把四部课本修改了一遍”[②]。二是他一直保持着与叶圣陶及其长子叶至善（方宗熙部分科普作品的编辑和策划者）的联系，只要到北京出差、开会，有机会他都去拜访；叶圣陶对方宗熙的科研工作也很关心，得知他在海带育种方面做出出色的成绩后“高兴非凡，每回见到他，总要问他又有了什么新进展”[③]。还有就是方宗熙因为编写中小学教科书，心中装了更多的学生，30多年来他坚持为广大青少年学生撰写生物科普作品。虽然他没能够再给他们编写更多的生物教科书，却编写了与教科书效果一样的、科学性和通俗性都很强的一大批科普读物，因此受益的学生不计其数。方宗熙说过：“如果通过科普读物的启发，一百万人中出一个爱迪生，那将是多么了不起啊！”[④]

1985年7月6日，方宗熙在青岛逝世，终年73岁。“人生七十古来稀”，这个寿龄不算短，可对于刚刚经历“十年浩劫”、正在加速起跑的方宗熙来说，却是“壮志未酬”。因为他还有太多的事要做，有太多的书要写，而且好多学者在八九十岁的时候仍老骥伏枥，壮心不已。方宗熙“活得太拼”，常年辛勤耕耘，不知疲倦地工作，改革开放后为了弥补“十年浩劫”的损失，他更是加倍努力，呕心沥血，殚精竭虑。方宗熙晚年得的病是胰腺癌，他最后对相依为命的老伴儿无奈地吐露了痛苦和心愿：“惨啊！真惨啊！我还有三本书没有写出来。”[⑤]叶圣陶在医院里从他的儿子叶至善那里得知方宗熙去世的消息后，“沉默了一阵子，叹了口气说‘可惜，一个好人！’”[⑥]

海洋出版社出版的《方宗熙文集》

① 指1953年。

② 叶至善：《叶圣陶与人民教育出版社》，《出版史料》2007年第2期。

③⑥ 叶至善著：《叶至善集》第四集（散文卷），开明出版社2014年版。

④⑤ 江乃萼：《抓住时间的人》，《科普创作》1986年第1期。

中国海洋大学校园里的方宗熙塑像

人各有志，各尽所能，各得其所。现在，中国海洋大学校园里矗立着方宗熙的塑像，塑像下面镌刻着：中国海洋生物遗传学和育种学奠基人方宗熙（1912—1985）。2012年5月，在方宗熙100周年诞辰之际，中国海洋大学举办了隆重的纪念活动，并举行了《方宗熙文集》首发式，高度评价了方宗熙对我国海洋生物学和海藻遗传学的重要贡献。那么，如何评价方宗熙对于新中国生物教材的贡献呢？我觉得用“新中国生物教科书的主要奠基者和开拓者之一”比较恰当。因为在方宗熙之前，还有一位对新中国生物教材做出过开创性和杰出贡献的重要人物，他就是著名生物学家、社会活动家周建人（1888—1984）[①]。准确地说，是方宗熙接过了周建人传过来的接力棒，完成了将苏联生物教材中国化的任务，并将这个接力棒传递了下去。

① 周建人在新中国成立前后担任挂靠在华北人民政府教育部教科书编审委员会副主任和出版总署副署长兼编审局副局长，并具体领导自然组（含生物学科）的工作，还亲自编写了《植物学》和《动物学》课本（助编是李沧、濮源澄）。

吕叔湘（1904—1998）

吕叔湘（1904—1998），江苏丹阳人。我国著名语言学家、语文教育家。1926年毕业于国立东南大学外国语文系。曾在丹阳县立中学、苏州中学等校任教。1936年考取江苏省公费赴英国留学资格，先后在牛津大学人类学系、伦敦大学图书馆专业学习。1938年回国，先后任云南大学文史系副教授、华西协合大学中国文化研究所研究员、金陵大学中国文化研究所研究员兼中央大学中文系教授、开明书店编译所主任。1950—1952年任清华大学中文系教授。1952年全国高等学校院系调整后，任中国科学院语言研究所研究员，同年10月受叶圣陶之邀兼职于人民教育出版社（与中国科学院语言研究所合聘，在两处同时任职）。1954—1955年兼任人教社副总编辑。1956年起历任中国科学院语言研究所（1977年起改属中国社会科学院）副所长、所长、名誉所长。曾任中国语言学会会长，全国中语会（今中国教育学会中学语文教学专业委员会）会长。一生从事语言学及语言教学研究，出版专著（含编译作品）二十余种，辑为《吕叔湘全集》全十九卷，内容涉及一般语言学、汉语研究、文字改革、语文教学、词典编纂、古籍整理等诸多领域。

吕叔湘的人教情缘

曹周天

吕叔湘是我国著名语言学家和语文教育家，其代表作《中国文法要略》《汉语语法论文集》《汉语语法分析问题》等在语言学领域享有极高的声誉。他和丁声树共同主编的《现代汉语词典》是文字工作者案头必备的工具书，不仅为我国的文化教育事业做出了卓越的贡献，在世界上也具有广泛的影响力。作为语言学家的吕叔湘为世人所熟知，然而他在人民教育出版社的经历却鲜为人知。在人教社工作期间，他主持制定《暂拟汉语教学语法系统》并领导了新中国统编教材初级中学课本《汉语》及其教学参考书的编写工作。张志公曾撰文指出："叔湘先生对基础教育（本来还应当加上社会教育和成人教育）中的语文教育和外语教育的贡献，不小于他对语言科学，尤其是语法科学的贡献。"①鉴于吕叔湘对我国语文教育特别是汉语语法教学的卓越贡献，他与叶圣陶和张志公被誉为我国语文教育界的"三老"。2020年12月，人教社将迎来建社70周年。借此契机，向关心人教社发展特别是中小学语文教材建设事业的学界同人介绍吕叔湘与人教社这段情缘中的历史点滴，是笔者作为人教人中的晚辈后学的一次难得的学习和求教机会。

结缘人教社

吕叔湘与人教社结缘的故事还得从他与叶圣陶的初次交往说起。1940年，吕叔湘赴成都担任华西协合大学中国文化研究所研究员。翌年3月，他接受叶圣陶的邀请，编写一本讲文法的书。关于二人的初次相见，多年后吕叔湘仍记忆犹新："我认识圣陶先生是在成都，1941年春天的一个细雨蒙蒙的上午。……我第一次见到圣陶先生，跟我想象中的'文学家'的形象完全不一

作者简介：曹周天，人民教育出版社课程教材研究所博士后、报刊社编辑，主要从事统编教材历史与编辑出版理论研究。

① 张志公：《礼赞一曲——吕叔湘先生和中小学语文教育》，《语文教学通讯》1993年第12期。

1953年吕叔湘（前排右一）与家人合影

样：一件旧棉袍，一把油纸雨伞，说话慢言细语，像一位老塾师。”[1]对这次见面，叶圣陶在1941年3月29日（星期六）的日记中这样写道：“午后，至华西坝访吕叔湘君，虽初见，谈话亦随便不拘。君于国文、英文教学均极关切，现在华大研究所研究我国语文法。托其为馆中编《文法指导举隅》一稿，当承应允，云二三月内即可完成。谈一时许而别。”[2]他们虽是初见，但“谈话亦随便不拘”，足以见得二人有不少共同语言。叶圣陶年长吕叔湘十岁，是江苏苏州人，吕叔湘出生在江苏丹阳，两人是江苏老乡，这种在地域上的相似性更增添了彼此之间的亲密感。在随后的若干年间，吕叔湘曾多次参与开明书店的书刊编辑工作。1947年，吕叔湘在南京金陵大学任教期间，受叶圣陶之邀参加开明书店的高中国文读本的编辑工作，他曾建议把语体文和文言文分开，编成两套，建议得到采纳。其间，吕叔湘的专著《中国人学英语》《开明中等英文法》等由开明书店相继出版。

（一）开明任职

1948年年底，吕叔湘离开金陵大学到上海开明书店任编译所主任一职，参加《中学生》《国文月刊》等刊物的编辑工作。是年，他与叶圣陶、朱自清合编的《开明新编高级中等国文读本》（这套课本拟编六册，1948—1949年编出两册）和《开明文言读本》（共三册）相继出版。尽管吕叔湘在开明书店工作的时间不长，但开明任职这段经历在他的著述生涯中却影响深远。吕叔湘在回忆这段岁月时曾深情地写道：“我在开明书店工作了一年有余，认识了章锡琛、王伯祥、顾均正、徐调孚、贾祖璋、周振甫、唐锡光等‘开明人’，也多多少少感染了那难于具体描写却确确实实存在的‘开明作风’。”[3]这段书刊编辑工作经历，既为他与叶圣陶的友情奠定了坚实的基础，也为他到人教社参与新中国教材建设工作埋下了伏笔。

---

①③ 吕叔湘：《怀念圣陶先生》，《新文学史料》1988年第3期。

② 叶圣陶著：《叶圣陶日记》（上），商务印书馆2018年版，第291页。

（二）顾虑重重

早在吕叔湘就职于开明书店时，他曾致信叶圣陶表示自己要前往清华大学就职。对此，叶圣陶在1949年12月20日（星期二）的日记中这样记载："叔湘来信，盖谓今岁入开明，原期共事，不期不数日而余即远扬。一年之间，为开明同人推为重心，劳瘁至多，而著述之业颇荒。又复胃病时发，亟思改易生活方式。今秋本已受清华之邀，为开明同人挽留，请假半年。现假期将满，拟即往践约，嘱余勿复代开明相留。余答书谓于其所称，无不同情。唯今日大学教授，亦非甚闲，休养之愿，恐难实现耳。"[①]对于吕叔湘的难处和顾虑，叶圣陶表示同情，只是担心即便去了清华也很难实现其"休养之愿"。

1950年，吕叔湘应清华大学之聘担任中文系教授，同年应出版总署编审局之约审读《初级中学语文课本》。吕叔湘在《怀念圣陶先生》一文中记述道，1951年2月，他在上海料理完母亲丧事后回到北京，"家里人告诉我，圣陶先生找过我，说有要紧事儿。我去了才知道是要写一个讲语法的连载，在《人民日报》上发表，主要是供报刊编辑以及一般干部参考。发起这件事的是胡乔木同志，他曾经问过语言研究所，语言研究所不愿意承担，才找到圣陶先生，圣陶先生说可以找吕某人试试。这就是《语法修辞讲话》的由来"[②]。对此，叶圣陶在1951年1月14日（星期日）的日记中也有相应记载："午后两点半，偕建功访莘田。三人同应乔木之招，会于中南海，同座者尚有胡绳与陈伯达。所谈为编撰文法书籍，供一般人学习，并于中学校加文法功课，以期语言之渐入规范，减少混乱。共议以叔湘主持其事。今日本亦邀叔湘，而渠以母病回沪，俟其来后再当劝驾。"[③]1951年6月6日，《人民日报》在发表《正确地使用祖国的语言，为语言的纯洁和健康而斗争》的同时，开始连载吕叔湘与朱德熙合著的《语法修辞讲话》。对于撰写《语法修辞讲话》，吕叔湘曾感慨道："这件事在我的生活中形成又一个转折点，……如果没有

---

①③ 叶圣陶著：《叶圣陶日记》（上），商务印书馆2018年版，第1372、1212页。

② 吕叔湘：《怀念圣陶先生》，《新文学史料》1988年第3期。

叶圣陶与吕叔湘（右）

《语法修辞讲话》这件事，很有可能我会跟着清华大学中文系并入北京大学，或者调到别的大学去。”[①]

对于是否接受教育部之意来人教社任职，吕叔湘开始的态度是犹豫不决，甚至有些矛盾。这可以从《叶圣陶日记》1952年3月10日（星期一）的记述中有所察觉：“叔湘以教（育）部又有调彼来我社工作之意，不得已则兼任亦好，故述种种困难，嘱余相谅。”[②]在当日给吕叔湘的回信中，叶圣陶表示：“教（育）部近知注重课本，鉴于语文本之不甚像样，语法教材之无从编成，颇主调叔湘来任其事，实非我社之转托。”[③]并劝吕叔湘“最好脱离清华”，理由是“任教于清华，受其益者不过学生数十辈，来我社编书，受其益者为无量数之中小学教师及学生。故谓任教于清华为很大之浪费，亦非过甚其辞也”。[④]尽管如此，对于是否来人教社工作，吕叔湘仍心存顾虑。这从《叶圣陶日记》1952年3月15日（星期六）的记载中可见一斑：“叔湘来，自言不甚宜于我社之工作，谓较近者为语法研究。科学院语言研究所方拉渠从事于此。”吕叔湘表示，“若能得一共同认可之体系，则无论编写教材，一般应用，皆有所依据”，并认为这属于“基本之事”。此外，他对教育部之“强迫命令”有所不满。对此，叶圣陶“无以折其言”，认为其“所言固皆有理，只得再与教育部商量耳”。[⑤]1952年6月，全国高等学校院系调整，吕叔湘从清华大学调往中国科学院语言研究所任研究员。

（三）出现转机

事情到了1952年8月才出现转机。对此叶圣陶在1952年8月9日（星期二）的日记中记述道：“到社，看稿两种。既而叔湘来。渠已作来我社之打算，唯须与罗莘田一商，我社与语言研究所合聘乎，抑我社为主而兼研究所之事乎。叔湘主张先由研究所写定我国语法之大概，经广泛讨论，而后再加修订，然后据以编初中教科书，以后

① 吕叔湘：《怀念圣陶先生》，《新文学史料》1988年第3期。

②③④⑤ 叶圣陶著：《叶圣陶日记》（中），商务印书馆2018年版，第1325、1325、1326、1327页。

年供用。”[①]8月24日，叶圣陶又专程找时任中国科学院语言研究所所长的罗常培，谈人教社与语言研究所合聘吕叔湘事宜，并希望双方留意寻找吕叔湘入城居住的宿舍。[②]叶圣陶在9月27日、9月28日、10月20日、11月5日的日记中又多次谈及宿舍问题，[③]实属不易。

为更好地开展人教社语法教本的编写工作，吕叔湘向叶圣陶建议调张志公来担任助手。对此，《叶圣陶日记》1952年9月11日（星期四）载：“下午到社，叔湘来访。渠言既已为我社主持语法教本之编辑，必须有得力之助手，渠属意于张志公，已向张征询，张甚愿合作。唯开明与青年出版社是否放张离去，《语文学习》月刊由张主持，张离去后何以为继，皆成问题。最后决定由余与开明协商，志在必得云。”[④]在1952年9月15日（星期一）的日记中又谈及：“晨间彬然来谈调动张志公事。谓青年出版社之李庚于此事并不坚持，只须《语文学习》可以出下去，张调出亦可。余因告彬然，且再与叔湘计议，我人欲另谋人力代替张志公，实亦难乎其难也。”[⑤]经过一番努力，张志公调入人教社担任汉语编辑室主任。

任职人教社

1952年10月，吕叔湘受叶圣陶之邀由中国科学院语言研究所和人民教育出版社合聘（工资各付一半），在两处同时任职，1954年又兼任人教社副总编辑，分管汉语编辑室。同年，戴伯韬调任人教社第一副社长兼副总编辑，主持日常工作；吴伯箫调任人教社副社长兼副总编辑；巩绍英调任人教社副总编辑、党支部书记。吕叔湘自1952年10月受聘任职人教社到1955年12月调离，在人教社工作三年多时间。

（一）主持制定《暂拟汉语教学语法系统》

1952年，教育部拟将中学语文课分为文学和汉语两

---

①②③④⑤ 叶圣陶著：《叶圣陶日记》（中），商务印书馆2018年版，第1372、1149—1150、1383—1393、1380、1380页。

部分。在中学汉语教学中，语法教学是核心，而当时学界关于语法体系分歧很大。因此，吕叔湘领导人教社汉语编辑室经过多次讨论，初步拟订了提纲。随后，在发起各地教师展开讨论的同时，教育部还邀请在京的语言学家开会讨论。直至1956年1月，大家统一了意见，完成了《暂拟汉语教学语法系统》的编写工作，它也成为全国中学共同采用的语法教学系统和《汉语》课本中语法部分的重要编写依据。为了进一步说明这个语法系统，1956年5月，由张志公任主编，吕叔湘、朱德熙、王力、黎锦熙等多位专家集体参与编写的参考书《语法和语法教学——介绍“暂拟汉语教学语法系统”》由人民教育出版社出版。

（二）领导初级中学课本《汉语》及其教学参考书编写

1953年12月24日，胡乔木以中央语文教学问题委员会主任的名义向中共中央提交了《关于改进中小学语文教学的请示报告》（以下简称《请示报告》）。[①]《请示报告》提出中小学语文教学改革应当把一向实行的中小学语文一门课程“分为语言和文学两种独立的学科进行教学”，并对怎样进行语言文学分科教学做了具体的说明。[②]为了适应这一重大改革，人民教育出版社于1954年将原来的中学语文编辑室改组为文学、汉语两个编辑室。吕叔湘兼任副总编辑时分管汉语编辑室，具体指导初级中学课本《汉语》及其教学参考书的编写工作。据20世纪50年代曾在人教社工作、后担任《中国语文》副主编的徐枢回忆：

> 吕先生每周至少到汉语编辑室一次，和同志们讨论问题，研究《汉语》课本的语法体系。……吕先生对工作十分严肃认真。《汉语》课本的每一页初稿他都要仔细审阅。大至涉及体系的问题，小到例句、标点，凡属不妥的，他都要一一改过或提出具体意见。[③]

---

① 这份请示报告以《语言文学的分科问题》为题收入《胡乔木谈语言文字》（人民出版社1999年版）。

②《胡乔木传》编写组著：《胡乔木传》（上），当代中国出版社2015年版，第208页。

③《继承·开拓·前进——人民教育出版社建社三十五周年（1950—1985）》，人民教育出版社1985年印制，第35页。

初级中学课本《汉语》的主编是时任汉语编辑室主任的张志公，编者有张中行、洪心衡、吕冀平、孙功炎、陈治文、郭翼舟、周振甫和徐萧斧，校订者有叶圣陶、吕叔湘、吴伯箫、朱文叔和蔡超尘。根据《初级中学汉语教学大纲（草案）》和《暂拟汉语教学语法系统》而编订的初级中学课本《汉语》共六册，先后于1955年1月、1956年1月、1956年4月、1957年12月由人民教育出版社出版。与此同时，与初级中学课本《汉语》配套的《教学参考书》也于1955—1958年相继编写并出版，以方便汉语科教师在教学过程中参考使用。

吕叔湘渊博精深的学识、严谨踏实的学风以及平易近人的态度给当年曾在他领导下工作的徐枢留下了十分深刻的印象，并从中受到很多教益：

吕先生是非常平易近人的。在出版社工作期间，他和汉语室的同志平等相待，丝毫没有“专家”“学者”的架子。我还记得，吕冀平同志有时就因为一个语法问题和吕先生讨论，最后甚至辩论、争论起来。这一热烈的、自由讨论的风气在汉语室中长期保持着。现在，吕冀平同志担任黑龙江大学教授，在他给我的信中，还常常回忆起和吕先生相处的日子，并为当时有幸和吕先生共同商讨问题、蒙受教益而感到十分怀念。[①]

在时任汉语室编辑张中行看来，吕叔湘“在对己和对人方面的表现，是少有的可亲近”。在《吕叔湘先生》一文中，张中行回忆道：

那是五十年代前期，语文课想（换）个新花样，分为汉语、文学两门，请吕先生主持编《汉语》课本。地点在当时的语言研究所，明朝东厂的东厂胡同。不知由何人指派，我用工作时间的一半去参加。工作地点在向西大门内北行的西房，参加的还有张志公、陈治文二位和吕先生的夫人。吕先生有时候来一会儿，像是也没有他的座位，总是或立或走，说正事也有如闲谈，给人的印象是闲串门，

①《继承·开拓·前进——人民教育出版社建社三十五周年（1950—1985）》，人民教育出版社1985年印制，第35页。

不是这个摊儿的领导。大概是起初几次，我在办公桌上看书，他进来，往我这里扫一眼，说："你这灯太高，费眼。"我还没答话，他已经脱了鞋，上了桌子，把缠绕的电线松开，放长一段。这就是吕先生！当时心里有评论，偏于浮面，是同样身价的，只有吕先生会这样。其后来往四十年，理解更深，如果愿意评论，就可以来个偏于内心的，我认识的许多学界前辈，其中有不少待人谦和有礼，可是与吕先生相比，像是有点分别：那些人心里想着是美德，吕先生是素来如此，未曾想谦是不是美德。这是本色的"朴"（璞），比归真反（返）朴（璞）的朴（璞）更高一着。①

时任社长兼总编辑的叶圣陶对初级中学课本《汉语》的编写工作十分关心，他多次召集吕叔湘、张志公和汉语室同人讨论编写计划。翻阅《叶圣陶年谱长编》第三卷可知，在1955年5月至8月间，叶老多次亲自指导《汉语》课本编写相关事宜。例如，其5月13日记载："召集座谈会，讨论汉语教学大纲。"5月28日记载："始与吕叔湘、吴伯箫等讨论初中汉语课本稿。"6月12日记载："将初中汉语课本第一册稿修改完毕。"7月28日记载："与人教社同人谈初中汉语课本第二册之编撰。"8月11日记载："与汉语编辑室同人谈汉语课本第二册之编撰提纲。"②

对在人教社的这段经历，吕叔湘在《怀念圣陶先生》一文中曾这样总结道：

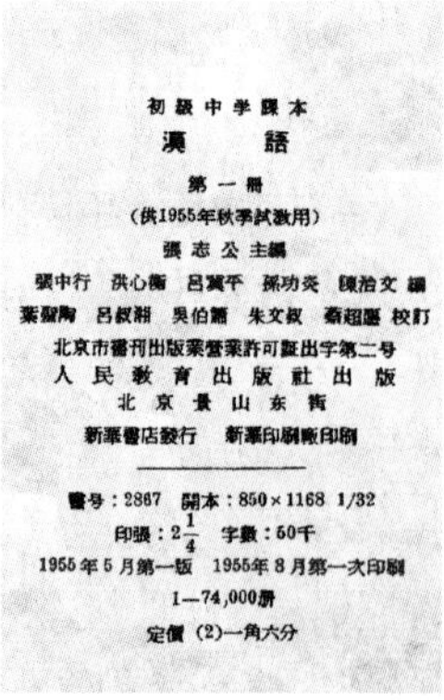
初级中学課本
漢語
第一册
（供1955年秋季試教用）
張志公 主編
張中行 洪心衡 呂冀平 孫功炎 陳治文 編
葉聖陶 呂叔湘 吳伯簫 朱文叔 蔡超塵 校訂
北京市書刊出版業營業許可證出字第二号
人民教育出版社出版
北京景山东街
新華書店發行 新華印刷廠印刷
書号：2867 開本：850×1168 1/32
印張：2 1/4 字數：50千
1955年5月第一版 1955年8月第一次印刷
1—74,000册
定價（2）一角六分

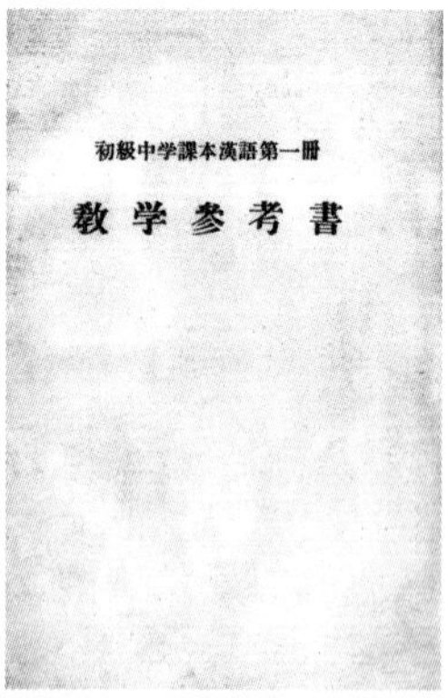

初級中学課本漢語第一冊教学参考書 書号：参0248
主編者：張志公
編輯者：洪心衡 呂冀平 張中行
校訂者：葉聖陶 呂叔湘 吳伯簫 朱文叔
北京市書刊出版業營業許可證出字第二号
出版者：人民教育出版社
北京景山东街
發行者：新華書店
印刷者：（見正文最後頁）
開本：787×1092 1/32 1955年8月第一版
印張：4 1955年10月第一版北京第一次印刷
字數：75千 1—10,000冊
定價：（3）二角七分
（供1955年秋季試教用）

吕叔湘参与编写的《汉语》课本和《教学参考书》

① 吕叔湘著：《吕叔湘全集》第十九卷，辽宁教育出版社2002年版，第477—478页。

② 商金林撰著：《叶圣陶年谱长编》第三卷，人民教育出版社2005年版，第471—475页。

我在人民教育出版社照料初中《汉语》课本的编辑工作，当时的计划是要把汉语和文学分成两套课本的。实际工作是张志公同志负责，但是我得认真审读，提修改意见。这套课本仅仅使用两年就不用了，汉语和文学又合流，恢复原先的语文课本的编法。这时候我已经不兼人民教育出版社的职务，但是圣陶先生叮嘱我好好审读新编的语文课本。①

（三）关心并指导《语文学习》杂志编辑工作

创刊于1951年的《语文学习》杂志，最初由开明书店编辑出版。该杂志以语文教师为主要读者，兼顾社会青年。1954年10月，人教社设立《语文学习》编辑室，承担《语文学习》杂志编辑出版工作，由张志公担任主编。吕叔湘虽未承担这一刊物的具体领导工作，但十分关心《语文学习》的办刊工作，对它的编辑方针提出过不少非常有益的建议。在吕叔湘的影响下，刊物长期以来一直采取务实的做法，不搞花架子，不搞空对空，力求为中小学语文教师和语文爱好者提供切实有用的知识。与此同时，《语文学习》还较好地贯彻了百花齐放、百家争鸣的方针。为了活跃学术氛围，杂志刊登的文章不拘一格，不拘学派，常常邀请一些学术观点不同的学者撰写文章。这一做法，得到了吕叔湘的积极赞赏和支持，他本人也经常为刊物写稿。②根据笔者所查，20世纪50年代，吕叔湘曾先后在《语文学习》杂志上发表《语法三问》（1953年第8期）、《词义》（1953年第10期）、《抽象词语》（1953年第11期）、《社会主义建设和语文工作》（1955年，总第48期）、《语言和语言学（语言学常识）》（1958年第2期）、《语言和语言学（续完）》（1958年第3期）这六篇文章，对语言学相关理论与实践问题发表诸多真知灼见。在日常工作中，吕叔湘十分关心编辑人员在业务方面的提升。据原外语编辑室主任高宇征编审回忆，当年在人教社常常举办的学习班上，吕叔湘、叶圣陶、朱文叔和刘薰宇等老专

① 吕叔湘：《怀念圣陶先生》，《新文学史料》1988年第3期。

②《继承·开拓·前进——人民教育出版社建社三十五周年（1950—1985）》，人民教育出版社1985年印制，第35页。

家都亲自为编辑人员上过课，编辑们从中受益匪浅。[①]

情系人教社

离开人教社后，吕叔湘始终保持着对我国语文教育事业的高度关注，情系人教社的教材建设工作。基于语言学和语文教育的双重视角，吕叔湘对语文教育中存在的诸多问题有着自己独到而深刻的见解。他不仅深谙语言学的理论研究，而且关注祖国语言的使用情况，在助力我国语文教材事业发展方面表现出高度的社会责任感。1979年12月，吕叔湘当选为全国中学语文教学研究会会长，并在成立大会上发表题为《关于中学语文教学的种种问题》的重要讲话。20世纪80年代以来，他先后撰写了多篇探讨中小学语文教育的学术论文，出版了《吕叔湘论语文教学》（山东教育出版社1987年版）、《吕叔湘论语文教育》（河南教育出版社1995年版）等多部语文教育论著。他的这些学术思考为我国语文教育事业的发展做出了重要贡献。在此，笔者择要介绍吕叔湘关心并助力人教社语文教材事业发展所做的一些具体工作。

（一）关心人教社教材编写工作，多次亲笔致信具体指导

尽管吕叔湘于1955年年底离开人教社，但他仍心系我国语文教育事业，多次亲笔致信人教社同人，探讨语文教材编写和教学的相关问题。1979年7月21日，他在庐山疗养期间，曾致信人教社的叶立群和刘国正[②]，为筹备九个省市的语文教学讨论会出谋划策。针对语文教学调查提纲的草拟，他谦虚地说："对于调查提纲本身，我提不出多少意见，我相信同志们会把它搞好，只有几个问题想提醒一下。一是关于口头表达的训练；二是关于课外阅读；三是方言地区的特殊问题（这主要是小学阶段的问

---

①《我们：人民教育出版社建社六十周年纪念文集》，人民教育出版社2005年印制，第89页。

② 叶立群当时负责中小学教材领导小组工作，后任人民教育出版社社长兼总编辑；刘国正时任中学语文编辑室主任，后任人民教育出版社副总编辑。

题，但中学阶段也不是完全没有问题，这可以跟小学语文组合作调查）。这几个问题都是平常谈语文教学问题的时候比较不受注意的问题，要适当地强调一下。此外还有一件事想提一提，那就是在调查的项目中，不论大项小项，最后都要有一个'其他'。因为设计提纲的时候，无论多么详细，在实际调查的时候总会遇到一些预先没想到的情况。”细致的指导、谦逊的态度洋溢在字里行间。他还亲自撰写了详细的《关于调查报告中学生作文部分的一些设想》附于信后。1980年5月18日，他又给刘国正和中语室同志写信，探讨编写教师辅导用书和学生辅导用书的问题。1986年2月20日，他分别给叶立群和刘国正写信，交流重点中学《现代文选读》和《文言读本》前言中的文字表述问题，并在1986年2月28日给叶立群和刘国正的回信中提出“课内教文言，现代文归课外”的表述欠妥，并以商量、谦和的口吻陈述了理由。[①]

（二）指导《中学教学语法系统提要（试用）》的编写工作

20世纪80年代，吕叔湘与张志公共同领导了第二次教学语法体系的制定工作，最终的成果是1984年1月由人民教育出版社中学语文编辑室编写出版的教学指导用书《中学教学语法系统提要（试用）》。这本书是在《暂拟汉语教学语法系统》基础上修订而成的中学教学语法体系。人教社中语室根据1981年7月在哈尔滨举行的全国语法和语法教学讨论会上确定的原则起草初稿，多次修改后，经有关领导和顾问审订定稿。[②]这本书的后记中写道：“《中学教学语法系统提要（试用）》从1981年秋季起草到现在，历时两年，经过六次广泛征求意见，六次修改，最近定稿。这项工作，得到吕叔湘、张志公同志的指导，得到很多位专家和中学教师同志们的大力支持，提供了不少宝贵意见。”[③]该书吸取了语法学界新的研究成果，确立了语素、词、短语、句子、句群五级语言单位层次；特别重视

① 吕叔湘著：《吕叔湘全集》第十九卷，辽宁教育出版社2002年版，第40—45页。

②③ 叶长荫、詹人凤主编：《〈中学教学语法系统提要〉解答与论析》，湖北教育出版社1986年版，第2、26页。

短语，较详细地描述了各类短语的用途；词类划分主要依据词的语法功能，也兼顾意义；句子分析吸取了层次分析法之长，[1]相较前一版的《暂拟汉语教学语法系统》有了不少积极有益的改善。

（三）担任人教版中小学教材的顾问和审阅者

自20世纪60年代以来，吕叔湘积极参与审定中小学语文教材工作，多次受聘担任人教社编写中小学教材的顾问和审阅者。据《1960年以来编写中小学教材聘请的顾问及审阅者名单》可知，吕叔湘曾先后受聘担任1960年编写十年制学校教材顾问、1963年新编十二年制中小学各科教材审阅者和1977年新编十年制中小学教材顾问，[2]对人教版中小学语文教材的编写工作积极建言献策。人教社原副总编辑刘国正在《璠玙含大璞，沧海纳秋河——为吕叔湘先生九秩华诞而作》一文中回忆道："从1978年起，根据小平同志的指示编写中小学各科教材，吕老欣然应允作中小学语文教材的顾问。语文教材的编写，从整个框架的组成到课文的选取以及注解、练习的撰写，经常得到他的指教。谈话之不足，有时还写信。字迹工整，一笔不苟。"[3]

（四）撰写的多篇文章入选人教社中学语文教材

20世纪80年代以来，吕叔湘有多篇文章入选人教社中学语文教材。据笔者统计，主要包括以下篇目。

1.《人类的语言》，载初级中学课本《语文》第六册，1983年版。

2.《论"基本属实"》，载初级中学课本《语文》第三册，1987年版。

3.《短论两则》载义务教育三年制初级中学教科书（实验本）《语文》第四册，1991年版。

---

① 王国安主编：《世界汉语教学百科辞典》，汉语大词典出版社1990年版，第1021页。

②《继承·开拓·前进——人民教育出版社建社三十五周年（1950—1985）》，人民教育出版社1985年印制，第104页。

③ 刘征著：《刘征文集》第一卷，人民教育出版社2000年版，第662页。

4.《介绍〈应用文写作知识〉》，载九年义务教育三年制初级中学教科书《语文》第五册，1994年版。

5.《语言的演变》，载六年制中学高中课本《语文》第五册，1982年版。

6.《谈谈虚和实的关系》，载高级中学课本《语文》第三册，1987年版。

7.《错字小议》，载高级中学课本《语文》第四册，1988年版。

另有几篇文章分别入选课外阅读、文化读本、语文读本和教学指导用书。比如，《咬文嚼字》，载高级中学《语文》第五册课外阅读，1989年版；《谈语言和文字》，载高中语文实验课本《文化读本》上册，1995年版；《文风问题之一》，载全日制普通高级中学《语文读本》第一册，1996年版；《笑话里的语言学》，载全日制普通高级中学《语文读本》第六册（试验本·文科限选），1998年版；《〈叶圣陶语文教育论集〉序》，载高中语文实验课本《教学指导书》第二册，1997年版。这些文章谈及的大都是语言问题，其选题新颖，文字表达既生动活泼又深入浅出，比较契合中学生的阅读层次。这些文章的入选，为进一步普及基础语法知识，提高中学生的语言文字修养具有重要的指导和教育意义。

（五）为人民教育出版社建社40周年题词

1990年12月，在人民教育出版社建社40周年之际，吕叔湘为人教社亲笔题词：

立国之本，咸曰教育；以教以学，教材是据；
辛勤卌载，斐然有成；日新日进，更上一层。①

这32个字的题词中，饱含着吕叔湘对我国教育事业，特别是教材建设的拳拳之心，他对人教社所取得的骄人成绩的充分肯定以及对未来发展的殷切希望洋溢于字里行间。

---

①《万卷深情在育人——人民教育出版社成立四十周年（1950—1990）》，人民教育出版社1990年印制，第20页。

品读吕叔湘人教情缘的余思

吕叔湘去世时，曾在吕叔湘领导下工作的张中行撰写如下挽联：

叔湘吾师千古

德风赫奕语类指迷举世永怀朱仲晦

音学辉煌日知纠谬令人长忆顾亭林

弟子张中行拜挽

张中行挽联中将吕叔湘比作朱熹、顾炎武，我们能读出他对吕先生学术造诣与道德文章的高度赞扬，这些正是吕叔湘学术人生的生动写照。吕叔湘有着良好的家庭文化氛围，读过私塾，曾就读于东南大学外国语文系，当过近十年的中学老师，又远赴英国留学，后在开明书店当过编辑，新中国成立后担任过清华大学中文系教授，高校院系调整后到中国科学院语言研究所任研究员。家庭氛围的熏陶、系统的科班教育、留学背景，加之中学、出版社、大学及科研院所的工作经历，这些丰富的人生经历综合在一起，为他从事教材编写和领导工作提供了坚实的理论基础和扎实的实践经验。在某种程度上说，吕叔湘的人生经历正显示出一位称职的教材编写者和领导者的典范。

作为一代语言学宗师，吕叔湘与其在语言学领域做出的卓越贡献相比，在人教社兼任副总编辑的短暂工作时光在他丰富且漫长的人生长河中犹如一朵泛起的浪花，似乎并没有在他的学术生涯中占据多么重要的位置。从笔者目之所及的诸多与吕叔湘有关的文献资料来看，谈及他曾在人教社工作经历的文字并不多见，提及者也往往是一笔带过。但他的这段不太为外人所知的人教情缘给我国中小学语文教育，特别是汉语语法教学所带来的积极影响是巨大的。我国中小学语文教材建设史上能有这样一位学贯中西的语言学家的加入，是一段令人倍感温暖与荣幸且永远值得珍藏的宝贵记忆。

（摘自《中国教育科学》2020年第3期，有改动）

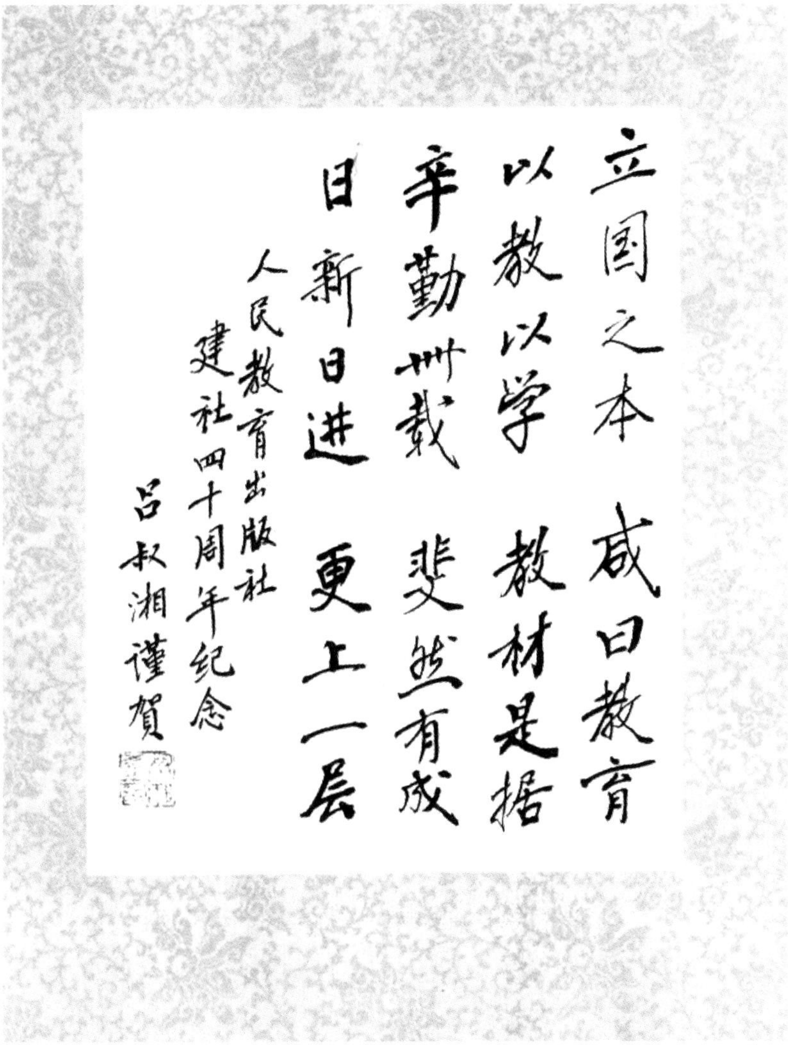
立国之本 咸曰教育
以教以学 教材是据
辛勤卅载 斐然有成
日新日进 更上一层
人民教育出版社
建社四十周年纪念
吕叔湘谨賀

吕叔湘题词

张玺恩（1925—2010）

张玺恩（1925—2010），辽宁沈阳人。我国著名数学教材专家。1949年东北大学理学院化学系肄业。1951年毕业于东北师范大学数学系，任东北人民政府教育部编审处数学组组长。1952年调入华东教育部编写工农速成算术课本。1953年调入人民教育出版社，参与新中国第一个中学数学教学大纲的制定和相应教材的编写工作，1958年任总编室主任，1964年任副总编辑。1972年国务院决定重建人民教育出版社时，作为筹备组主要成员，协助筹备组组长戴伯韬负责筹建工作，先后任人民教育出版社副总编辑、副社长、党委书记，并被教育部聘为全国中小学教材审定委员会数学学科审查委员。曾参与制定中小学数学教学大纲和中学日语教学纲要，编审中学数学课本，翻译有全套日本小学数学课本和部分苏联小学数学课本。编著有《小学数学教学研究》《张玺恩数学教育文选》《小学数学教学漫谈》等。

他是人们心目中的“大管家”

——记张玺恩先生

陈宏伯　王丽娜

张玺恩同志1953年调来人民教育出版社从事数学教材编写工作，1964年任副总编辑，长期主持并指导中小学数学教材的编写工作。50年来，尽管行政工作千头万绪，他始终关注中小学数学教材建设这个主题，精心研究我国中小学数学课程、教材和教学的改革，出版了一系列有价值、有指导性的论著，为我国的中小学数学教育事业做出了可贵的贡献。

张玺恩同志1964年担任人民教育出版社副总编辑以来，先后任或兼任社筹建组主要成员、副社长、党委书记等职。为了保证人教社能够集中精力编好全国通用中小学教材，他在完成分管教材编审工作的同时，几乎担负起人民教育出版社党委、行政领导全部重任。从职工思想到生活，从办公、职工用房到干部队伍建设、发挥离退休干部作用，从教材编写到出版发行、计划财务、后勤工作，从民族教育教材建设到对外合作、印刷厂的设备更新，他无不为之操劳，成为大家心目中的“大管家”。

“文化大革命”期间，人民教育出版社被迫解散。1972年，在周恩来总理的关怀下，人民教育出版社得以重建，成立了三人筹建小组，张玺恩是筹建小组成员之一。在筹建组长戴伯韬的领导下，在当时情况极其复杂的条件下，他怀着对我国教材事业的感情，尽其所能地调回部分“文化大革命”中被遣散的人民教育出版社（包括高等教育出版社）工作人员，领导拆除抗震棚，筹划建设新

作者简介：陈宏伯，曾任人民教育出版社副总编辑、党委副书记，中国教育学会中学数学教学专业委员会理事长；王丽娜，曾任人民教育出版社副社长。

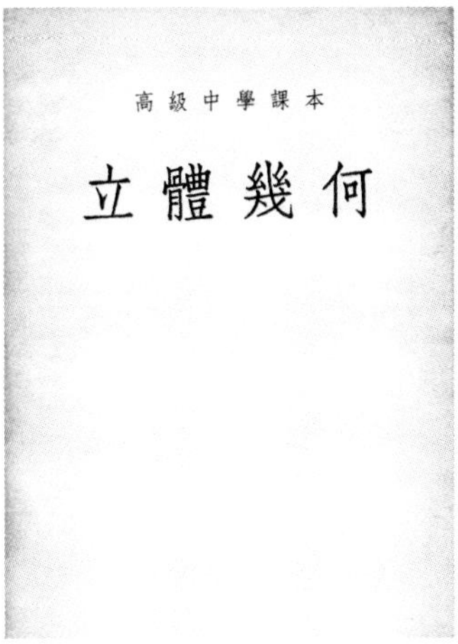

张玺恩参与编写的《立体几何》

办公楼和职工宿舍，同时积极参与、调研各地区中小学教材编写工作。

1977年小平同志主持教育工作，提出要编写全国通用的中小学教材，并要求1978年秋季开学时小学和初中一年级能用上新教材。处在恢复重建中的人民教育出版社，接到党和国家新编全国通用的中小学教材的重托，筹建小组的同志以只争朝夕的精神抓紧工作。在小平同志的亲自关怀和支持下，在教育部的直接领导下，筹建小组用很短的时间在全国选调了一批大、中、小学教师和教材编写人员（其中多数是“文化大革命”期间星散在各地的原有出版社的编辑人员）共200多人，以“全国中小学教材编写工作会议”的形式，开始进行编写工作。当时没有办公地点，经中央批准，就在北京西苑饭店集中人员、集中时间编写全国通用的中小学教材。

张玺恩作为教材编写领导小组成员，一方面参加中小学教材编审工作，另一方面分派主持召开高等工科院校教材编写会议，兼管高等学校理工科基础课教材，重点抓出版社的基本建设。他领导的基建班子，苦干实干，仅用一年多的时间，于1979年9月在北京东城区沙滩后街55号院建成新办公楼和图书大楼，使恢复后的人民教育出版社结束了在外租用办公用房的历史，有了属于自己的新办公楼。接着，于1980年、1981年建成四栋共13 000平方米的职工住宅楼，让从祖国各地调进出版社还没有安家的同志安了家。随着人民教育出版社事业的迅速发展，职工队伍不断壮大，刚刚缓解的职工办公和住房紧张的问题又摆在了张玺恩的工作议事日程上。他注重出版社的发展，亲自跑东城区建委、北京市规划办公室反映出版社发展的需求和困难，得到了有关方面的理解与支持，获准利用院内有限的空间和条件，相继改造了院内一部分旧楼和平房，建成共计2 300平方米的5号楼和改造完成共计1 020平方米的7号楼。同时，他积极争取教育部的支持，从部机关分配的职工住房中为出版社职工争取到安贞、安华地区的新建住宅楼共计3 300平方米，又一次缓解了职工办公用房和住房紧张的困难局面。

张玺恩在担任副社长期间主管外事工作，他常以“外事工作无小事”的思想，严格要求外事工作人员。

1982年，联合国儿童基金会通过教育部，在我国建立了“学前及小学儿童彩色教材和读物印刷援助项目”，其宗旨是为我国贫困地区和少数民族地区提供先进的印刷设备，帮助我国提高中小学教材的印刷质量。经教育部批准，这一援助项目由人民教育出版社执行。张玺恩认真落实教育部对援助项目工作的指示精神，亲自率团，赴中国香港地区和日本、德国、瑞士等国家考察印刷技术和设备。当他在考察中亲眼看到了发达地区、国家先进的印刷技术和设备时，他感慨地说：“我们不能拿着联合国儿童基金会的援助，去购买发达地区、国家已经淘汰或即将淘汰的设备来装备我们的印刷厂！”他果断地调整了原拟订的印刷设备采购计划，将设备采购的标准定位在代表世界先进水平的印刷机械上。他的意见得到教育部外事司领导和联合国儿童基金会驻华设备官员的同意，为后来建成的学前及小学儿童彩色教材和读物印刷分中心配备了先进的印刷设备。回国后，他又开始在我国少数民族地区和贫困地区进行建立印刷分中心的选址考察。通过陪同教育部领导和联合国儿童基金会项目官员，对我国贫困地区和少数民族地区的考察和评估，1984—1987年，相继在我国的内蒙古、湖北、新疆、江西、吉林、贵州和社属印刷厂建立了学前及小学儿童彩色教材和读物印刷分中心，为每个分中心配备了一台先进的德国米勒JP94型四色彩色胶印机，为扶持少数民族地区和贫困地区发展教材印刷事业及提高人民教育出版社教材整体印刷质量做出了积极的贡献。

1980年，日本光村图书出版株式会社通过我国教育部的介绍，到人民教育出版社探讨合作编写日语教科书意向。张玺恩负责这项工作。由于当时国内未有中外合作编写教科书的先例，编写日语教科书涉及中日两国关系的重大问题，人民教育出版社曾婉言谢绝此项合作意向。本着促进中日友好关系发展的大局，张玺恩多方协调，做了大量深入细致的工作，最终达成合作编写供成人学习用的教材——《中日交流标准日本语》的意向。经过双方深入的探讨和谈判，1985年

武汉儿童彩色教材和读物印刷中心开业典礼现场

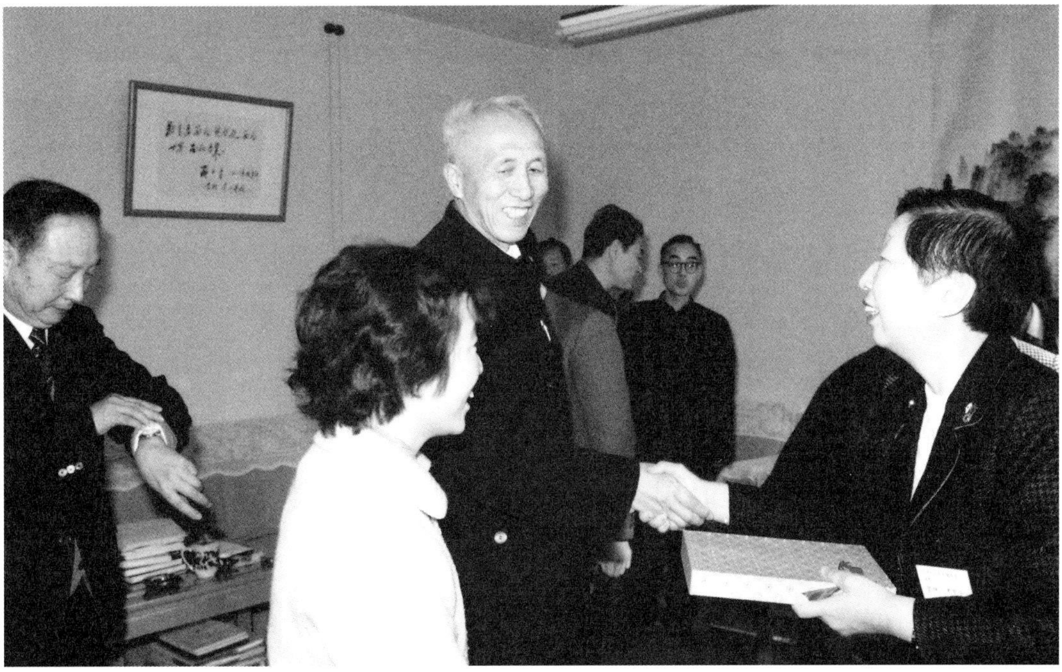

张玺恩会见日本代表团

1983年，人民教育出版社领导班子合影（左起：高航、刘国正、肖秉权、武永兴、叶立群、张志公、张玺恩、雷树人、苏寿桐、张健如）

12月日本光村图书出版株式会社与人民教育出版社正式签署合作编写《中日交流标准日本语》的协议书。经过中日双方5年的艰苦努力，1990年人民教育出版社与日本光村图书出版株式会社合作编写的《中日交流标准日本语》初级（上、下）和中级（上、下）全部完成，各册达到的程度和目标，均与日本国际教育协会以及国际交流基金主办的日本语能力考试等级相对应，图书出版后受到社会上广大学习日语群众的欢迎。应广大学习日语读者的要求，人民教育出版社又与中央电视台、日本国际教育资料中心签订协议书，合作拍摄《中日交流标准日本语》配套电视讲座，并于1989年10月在中央电视台第二频道播出，为社会各界学习日本语的人们提供了一套系统、优质的教科书。张玺恩为此项目的合作和完成付出了艰苦的努力。作为执行这一项目的领导者，他把领导工作的本质理解为参与和服务。在宏观把握的同时，挤出时间和编写人员一起讨论。他兢兢业业地关注对外合作过程中遇到的每一个问题、每一个困难，想尽办法竭尽全力地去解决、去克服。

人民教育出版社出版的《中日交流标准日本语》

1984年年底，日本国际教育资料中心与中国少儿出版社联合在华举办“日本教育展”，以此促进中日教育的交流与合作。在“日本教育展”开展前，日本国际教育资料中心负责人贺阳美智子率团来人民教育出版社访问。在接待过程中，张玺恩主动向该中心负责人贺阳美智子介绍了人民教育出版社的工作性质和业务情况，使对方对人教社加深了认识，为双方后来进一步了解、交往以及发展合作友谊奠定了基础，促成了此后十年间人民教育出版社与日本国际教育资料中心的友好往来及广泛的交流合作。这十年期间，人民教育出版社与日本国际教育资料中心热线往来，建立了中小学教材历史、地理等学科每年一次的学术交流和人员互访的友好约定，双方共同探讨专业学科领域的教育和学术问题。当人教社与中央电视台、日本国际教育资料中心合作拍摄《中日交流标准日本语》配套电视讲座片的工作进行到在日本拍摄阶段时，日本国际教育资料中心为拍摄工作提供了热情帮助。同时，为人民教育出版社发展录像制作事业，根据中日两国政府之间经济往来的有关信息，他积极争取有关部门的支持，使人民教育出版社争取到价值5 000万日元无偿援助的录像设备。1990年，这些设备全部安装投入使用，使人民教育出版社的录音、录像事业迅速起步并发展起来。张玺恩的心里想着出版社事业的发展，在对外交往合作领域中也不例外。他对工作出于公心，能够抓住一切有利的时机，通过积

极、真诚的努力和工作，建立了良好的信誉，为人民教育出版社事业的发展争取到了多方的理解与支持。

张玺恩始终站在搞好民族团结是巩固社会主义基础教育的高度，支持少数民族地区教育事业的发展，对少数民族地区的租型费收取比例一直给予政策优惠和照顾。

张玺恩关心人民教育出版社印刷厂的发展，念念不忘40年来大力支持人教社教材印刷装订工作的印刷厂和工人们，念念不忘为印刷厂创造各种机会和条件。无论是联合国儿童基金会的无偿援助项目，还是世界银行贷款项目，无论是在印刷厂发展的顺利时期还是困难阶段，他都把印刷厂遇到的问题和困难，想尽一切办法给予支持和帮助，使他们能够在改革开放、市场经济的激烈竞争中生存下来，并不断发展壮大，成为印刷行业的排头兵，从而为教材印刷事业做出更多、更大的贡献。

作为主持行政工作的副社长，他积极协助社长工作，主动替社长分担工作重任。不管分内分外，不管大事小事，只要群众找到他，问题就一定能得到解决。他建立并坚持“一支笔”的财务审批制度，开源节流，勤俭持家。总之，他心里总是装着人民教育出版社的事业。

1984年年底，人民教育出版社第一批老干部离休、退休，社里增设老干部处等处室。张玺恩协助社长分管人事处和老干部处的工作。他认真按照中央关于做好老干部工作的方针和政策，凭着对老干部深厚的感情，在健全制度、建立老干部活动室、开展有利于老干部身心健康的活动等方面做了大量工作。他关心老干部的身体健康，对患病的老同志亲自到家中和医院探望。对重病的同志，他更是关怀备至，并根据医院的治疗方案，积极提供切实的帮助，直到其身体康复。他非常重视发挥老干部的余热，始终认为老干部是人民教育出版社的宝贵财富，积极为继续发挥老干部的作用出谋划策。他主管老干部工作并身体力行，以自己的实际行动带动和影响了老干部处的同志，树立了尊重老同志、爱护老同志、兢兢业业为老同志服务的工作态度和作风。

张玺恩主管人事工作，认真贯彻中央关于干部管理的方针和政策。他对干部重学历不唯学历；用干部重培养、严要求、讲信任；提拔干部重作风、看能力。他密切联系群众，遇事善于聆听群众的呼声。每次在全社干部会上布置工作后，他都在群众中听取反映。他经常以叶老“我们要花高价收买意见”的教导，规范自己的工作作风，教育身边的工作人员。他平易近人，待人以诚。大家在他面前敢讲真话，不怕“穿小鞋”。他对工人同志一样热情诚恳且十分尊重。他要求司机在预定的时间内等候干部乘车，自己也准时上车，不让司机等他。当时出版社对领导不称职务，张玺恩也一样，老同志亲切地称他“大老张”，中青年干部称他“老张同志”。

张玺恩调到人民教育出版社时年仅二十七八岁，他从一般的编辑工作干起，一直到编审、行政、党务工作一肩挑，一干就是36年，一干就是一辈子。他的一生伴随着新中国教育事业的发展，伴随着人民教育出版社的事业从无到有、发展壮大的光辉历程，在这个历史发展的历程中，他为党的教育事业献身的崇高理想得以实现和升华。他用对党和人民的教育事业的高标准严格要求和规范自己，并以自己的实际行动，成为大家心目中的“大管家”，为人民教育出版社的发展做出了贡献。

（摘自《张玺恩数学教育文选》，人民教育出版社2005年版，有改动）

苏寿桐（1923—2009）

苏寿桐（1923—2009），浙江瑞安人。我国历史教材专家。1947年毕业于暨南大学史地学系，后在上海任中学历史教师，同时加入中国共产党。新中国成立后，担任上海新建中学党支部书记、副校长、校长等职。1953年11月调入人民教育出版社，负责编辑全国中小学历史教科书，历任历史编辑室副主任、主任，人教社副总编辑等。曾任中国教育学会全国历史教学研究会理事长、国家教育委员会全国中小学教材审定委员会历史学科审查委员、北京师范学院（现首都师范大学）和四川南充师范学院（现西华师范大学）历史教材教法硕士研究生导师、《历史教学》杂志编委。曾编辑出版小学、中学、大专学校历史教科书、教学参考书和历史读物数十种，主编和撰写的论著有《史编拾遗》《中外历史名人传略》《历史教材分析和研究》等。

苏寿桐：新中国历史教材学的带头人

臧　嵘

苏寿桐，浙江瑞安人，1923年出生在一个书香门第。由于受乡风、家教的影响，苏寿桐自幼爱好文史，1942年入当时由沪迁至福建建阳的暨南大学史地学系读书。当时著名历史学家何炳松任暨南大学校长。何校长是位爱国学者，早年执教于北京大学，继承蔡元培兼容并包的办学思想，邀请了一些知名教授到校讲课。苏寿桐在这些名流的熏陶下，不仅学有所成，而且思想也有很大进步。早在1944年，他就在报纸上发表了论文《朱子与建阳》。苏寿桐还积极参加暨南大学的史地学会，以唯物史观研究历史。他的毕业论文《孟子思想研究》长达一万余字，受到导师王庸教授的好评，被认为是“用唯物史观评价历史人物”的有见地的文章。

暨南大学是一所著名的华侨高等学府，也招收内地的一些青年学生，校内学术气氛一直十分活跃。1943—1947年，是暨南大学历史上的兴盛时期之一。苏寿桐积极投入暨南大学的爱国民主运动。他所在的史地学会，是暨大最早成立的学生社团之一。这个学会拥有不少学有所成的人才，苏寿桐同他们结下了生死与共的友谊。对在暨南大学的学习生活情况，苏寿桐毕生不忘。他曾深情地写下两首诗，回忆当年的峥嵘岁月：“潭城当日读书声，流水行云鸟不惊。鼙鼓胡笳初告息，战云地动又闻钲。男儿心系家邦事，学子身轻鼎镬烹。幸得中华新世界，瓣香海晏又河清。”“海上长虹曾首功，反饥反饿响苍穹。南董涌起滨江水，绛帐未衰歇浦空。谁识当年翰墨士，方知今日皤须翁。人生难得几回聚，围坐团团唱《大风》。”这两首

作者简介：臧嵘，编审，曾任人民教育出版社历史编辑室副主任，享受国务院政府特殊津贴。

诗描绘了从建阳到上海，暨南大学学生民主运动轰轰烈烈开展的情景，今天读来声犹在耳，铮铮作响。

1947年，苏寿桐大学毕业，其后在上海几所中学任历史教师。新中国成立后，他一直在上海担任中学领导职务。

1953年，鉴于既有丰富的历史教学经验，又有较为深厚的历史学功底，苏寿桐被教育部调到北京，在专门从事编辑、出版中小学教科书的人民教育出版社任历史编辑室副主任，负责历史教材的编撰工作。

苏寿桐是新中国成立后第一代历史教科书的编撰者，他和著名史学家巩绍英、陈乐素、邱汉生等设计编撰了中国第一套以马克思列宁主义史学理论为指导的中小学历史教材。这套教材的许多指导思想，至今尚为国内历史教科书所遵循。苏寿桐等编撰的第一代中小学历史教科书，于20世纪50年代和60年代在全国使用，受到教育界、学术界一致好评。这套教科书中，苏寿桐亲自执笔编写了初中《中国近代史》和高中《中国近代史》部分内容。后来，初中《中国近代史》易名《中国近代简史》，以林峰的笔名，由外文出版社译成几种外国文字在海外发行。1963年前后，苏寿桐等还编写过一套新十二年制中小学历史教科书，这套课本的中国史部分，20世纪80年代由日本帝国书院翻译成日文本，在海外发行。

“文化大革命”结束以后，1977年苏寿桐被任命为人民教育出版社历史编辑室主任，负责组织编写拨乱反正后的一套新的中小学历史教材。在百废待兴之际，他吸收各方面的意见，执笔写成《中学历史教学大纲和教材中的几个原则性问题如何处理的初步意见》(以下简称《初步意见》)，经中央领导部门批准，该《初步意见》成为新教材的编写体系、内容和观点的依据。这一《初步意见》包括了当时史学界的一些重大原则问题，如对“儒法斗争”的处理、对孔学的评价、对农民战争的正确估价等。这套教材，从1978年在全国开始使用，直到1993年才为新一轮的教材所代替。由苏寿桐主持编写的这套历史教科书，其中的初中中国史部分，被《中国建设》译成英、俄、日、阿拉伯文连载，在海外发行。20世纪80年代又被日本崔尔布出版公司翻译成几种外文版在世界各地发行。在编完这套教科书后，苏寿桐心潮澎湃，赋诗以记，“新史新书集体编，老成擘划（画）聚群贤。……经年喜见传真册，黉舍弦歌已胜前”，其喜悦心情见诸笔端。

1982年，苏寿桐被任命为人民教育出版社副总编辑。1987年始，他又指导编辑了九年义务教育的中小学历史教学大纲和历史教科书。这套教科书以图文并茂的全新面貌展现在全国广大师生面前，受到了海内外专家的一致肯定，至今仍在全国范围内使用。1990年，苏寿桐被任命为国家教育委员会全国中小学教材审定委员会历史学科审查委员，被国务院确定为有突出贡献的政府特殊津贴获得者。他还同时被聘为人民教育出版社编审委员会委员、咨询委员、课程教材研究所研究员、学术委员会委员，兼任北京师范学院（现首都师范大学）、四川南充师范学院（现西华师范大学）历史教材教法硕士研究生导师和《历史教学》杂志编委、中国地图出版社顾问等。

苏寿桐在历史教科书编写方面有丰富的经验。他主张历史教科书编写必须建立在科学研究的基础上，教材编写人员必须深入教学第一线，编写历史教科书必须基础知识、思想教育和能力培养三者并重。他自己身体力行，在百忙的公务之余，潜心致力于历史学科和历史教育的研究。他进行历史研究具有自己的特色：主张结论、观点必须以大量史实为依据，历史学家既要有深厚的功底，同时还应有学术大家的良知，不可趋附时尚，人云亦云。为了编好历史教材，他掌握了大量的资料，并在此基础上写出了有关太平天国、义和团运动和辛亥革命等专题的多篇论文，先后在《历史研究》《光明日报》等国内一级刊物上发表。1964年，他和吴雁南合写的《略论李秀成》发表在《历史研究》上，引起学术界的瞩目。随后，苏寿桐还写出了关于洪大全问题、北京义和团运动、辛亥革命的反帝性质等多篇学术论文。这些论文都在学术界产生了较大影响，并被作为有代表性的论文予以介绍。

近年来，苏寿桐把学术研究的重点放在中国传统历史教育和历史教科书编写理论方面上。自1978年以来，他先后写出了《中国古代历史教育初探》《中国封建时代历史教育和教材》《中国历史教科书三十年》《中国历史教育的过去和现状》《历史教学、历史编辑与历史研究的关系》《历史课必须重视爱国主义教育》和《历史功能和国情教育》等数十篇论文，在历史教育界有重要影响。这些文

苏寿桐（右四）和人民教育出版社历史编辑室部分同志合影

章成为广大教科书编写工作者和历史教师的指导性文章。1995年，苏寿桐的上述学术论文汇集成《史编拾遗》，全书共30万字，由人民教育出版社出版。这些论文，融汇了他毕生的心血。苏寿桐对自己多年来给历史教育园地做出的奉献感到欣慰，在1990年的一首诗里，他写道："走笔壮年鬓白发，长编饮水寸心知！"

从1980年起，苏寿桐连续被推举为中国教育学会全国历史教学研究会的副理事长和理事长。1994年，由于年事已高，他退居二线，大家又推举他为该学会名誉理事长。苏寿桐领导历史教学研究会15年来，学会工作取得很大成绩，在全国20多个省、自治区、直辖市设立了分会机构，与日本、韩国、越南、美国、英国、丹麦等国的历史教育工作者建立了经常的联系，前后召开了国际性的学术讨论会多次，并派国内专家代表团参加日本和韩国的有关学术会议。苏寿桐曾两次应日本学者之邀到日本做学术访问。苏寿桐的名字在日本历史教育界很有影响，他被认为是当代中国历史教育界的代表。他的论文《中国历史教育的过去与现状》被日本学者收进有关论文选集。

苏寿桐从事历史教育工作和历史教科书编辑工作40多年，前后主编、编辑和撰写了数百万字的历史教科书和有关读物，在国内外发表史学论文和史学教育论文几十篇，

苏寿桐工作照

苏寿桐（前排左三）和中国教育学会全国历史教学研究会常务理事合影

主编学术论著和史学读物有《中外历史名人传略》《历史教材分析和研究》《中国著名特级教师教学思想录·中学历史卷》和《全国历史教学研究会论文集》（一至三集）。他的事迹和学术生平被编进北京大学出版社出版的《编辑家列传》、中国书籍出版社出版的《中国出版名人辞典》等。1987年的《中学历史教学参考》杂志还专门介绍了他的学术业绩，并在封面上登有大幅照片。

苏寿桐对母校暨南大学有特殊的感情，曾多次写诗忆念当年的师友和青年时代的峥嵘岁月。1976年，他赋诗抒情说："忆昔同窗日，围灯笑解颜。春申歌慷慨，北闽道间关。热血壮怀志，征鞍马步艰。卅年弹指顾，妆点好河山。"他的夫人杜梦鱼也是他的暨南大学校友，毕业后从事中学语文教学工作数十年，一生桃李满天下，不幸于1994年在北京逝世。

（摘自《暨南人》第一集，暨南大学出版社1996年版，有改动）

戴伯韬（1907—1981）

戴伯韬（1907—1981），江苏丹阳人。我国著名教育家、编辑出版家。1928年毕业于南京晓庄师范，曾在无锡民众教育学院、惠山实验小学任教。1931年到上海，编辑《儿童》《师范》《生活教育》杂志和“儿童科学丛书”。全民族抗战时期，参与发起成立抗战教育研究会，任常务理事，在武汉、重庆主编《战时教育》杂志。1941年到苏北抗日革命根据地，历任华中局宣传部国民教育科科长、盐阜行政公署文教处处长、地委宣传部副部长、苏北行政委员会委员兼第一厅厅长、苏皖边区政府教育厅副厅长、山东省人民政府教育厅厅长、华东局宣传部教育科科长、上海市军事管制委员会文教管制委员会副主任兼上海市政府教育处处长。新中国成立后，任华东文化教育委员会委员、上海市文化教育委员会副主任、上海市人民委员会委员兼教育局局长。1954年调入人民教育出版社，任第一副社长兼副总编辑（主持工作），1960年任总编辑。1962—1966年，任教育部党组成员兼中央教育科学研究所所长。1979年中国教育学会成立时被推选为副会长兼全国教育学研究会理事长。曾任第三届全国人大代表，第一、第五届全国政协委员，中国共产党第八届全国代表大会代表。著有《陶行知的生平及其学说》《戴伯韬教育文选》《戴伯韬科技教育文集》等。

为教材建设呕心沥血三十年

——忆伯韬同志二三事

张玺恩

今年①3月6日是戴伯韬同志逝世一周年的日子。我同伯韬同志在人民教育出版社共事近三十年。作为他的一名助手，受到他的教诲实在很多，不仅是言教，更重要的是身教。他是1937年入党的老党员，是毕生从事教育的老教育家，他把自己最后的三十年精力，全部献给了中小学教材建设事业。我一直在想，应当写点文字纪念他，用来鞭策自己，也用来勉励年轻的同志。

也许是偶然的机会，“文化大革命”期间，我们都下放到安徽凤阳干校，有一段时间住在一个宿舍。那时，他已被宣布“解放”，而且被选为支部书记。在那段日子里，几乎在每个晚上临睡之前，他都和我谈起我党的斗争历程，谈他自己受到党的优良传统的教育。从南京晓庄师范受陶行知先生的影响，到上海的抗战教育运动，再到周总理派他去盐阜地区参加新四军扩建根据地的工作，一直到跟随陈毅同志进驻上海。他谈的那些经历，都把着重点放在党的三大作风的优良传统上，很少谈到他自己那很不简单的经历。他的谈话是那样谦逊而平静，体现了对党的进一步理解和信仰，这些都深深地留在我的记忆之中。这使我明白了，为什么“文化大革命”之中，他经历了那么多的艰苦日子，而对党的忠诚却始终坚持如一，从未对党说过一句怨言，从未对批斗他的群众流露出一丝愤懑。所以，他一“解放”，便被选为支部书记，这也是很自然的事情。我们还可以从他被中央从上海调来北京，挑起中小学教材建设的重担的几十年的经历，进一步来看一个优秀

作者简介：张玺恩，曾任人民教育出版社副社长、党委书记，全国中小学教材审定委员会数学学科审查委员。

① 本文写于1982年。——编者

共产党员的一生。

伯韬同志给我印象最深的是，他把后半生30年的精力都倾注于党的建设这一事业上，鞠躬尽瘁，死而后已。1953年，毛泽东同志和中央政治局指示，要从各地抽调大批干部，加强人民教育出版社，编写社会主义新中国的中小学各科教材。伯韬同志于1954年奉调来社。叶圣陶先生任社长，他任第一副社长兼副总编辑（主持工作），1960年任总编辑。在他们的组织领导下，研究了我国历年来教材编写的经验，制定了人民教育出版社教材建设工作规划，这个规划实际上是为新中国成立以后如何进行中小学教材建设奠定了初步基础。[①]同时，在叶老的赞助下，人教社办了个不定期刊物《编辑工作》，作为社内同志们的学习参考资料，提示方向，交流经验，对编辑队伍的成长起了一定的促进作用。教材从来是为党的路线、方针、政策服务的，是教育工作的一个重要部分，是培养下一代的重要依据。伯韬同志在贯彻党的重大政策、执行教育部的重要指示方面，一贯认真研究并切实贯彻，传达上级指示从来不打折扣，哪怕是最严厉的批评，也都照样传达。

---

① 这个规划的具体情况可见《关于人民教育出版社当前任务、编辑方针、组织机构及组织领导的决定》。该决定于1954年6月在人教社社务会上审议通过，7月被教育部批准。该规划指出，人教社当前任务是新编全部中小学、师范学校、幼儿师范学校、工农速成中学教科书；应组织力量编译教育理论、方法与政策类书籍，以提高全国中小学教师的业务水平；人教社的编辑方针是贯彻社会主义思想，以马列主义立场、观点和方法解释问题，贯彻理论与实际结合、教育与生产劳动结合的原则；加强编辑人才培养和编辑制度建设，开展对新中国成立前后的教材研究工作。（戴伯韬著：《戴伯韬教育文选》，人民教育出版社1985年版，第264—271页。）——编者

1949年10月9日出席全国政协第一届第一次会议的教育界首席代表合影（中排左一为叶圣陶、左三为戴伯韬）

向上级汇报，他坚持实事求是，哪怕是一个数字，也都亲自核实。最难能可贵的是，他从不隐瞒自己的观点。按照党的原则，上级指示应当执行，但如果有不同意见，他也按组织原则向上级反映。伯韬同志的这个可贵的特点，有人认为他耿直，有人认为他固执，甚至还有人斥之为“铜墙铁壁”。但我在和他的接触中，看到的是他从不阿谀奉承，从不阳奉阴违，三十年的言行是经得起考验的。直到他逝世的前一天，在社领导开会研究教材建设的会上，他还强有力地说：“我们要对我们出版的书负责，我们的中心任务是要提高教材质量，把保证教材质量放在首要位置，要对党负责，对人民负责。在教材中，不吸收国外新鲜的东西，不吸收先进内容，就不能够提高质量。要提高教材质量，一定要培养人才。要坚持干部的业务进修制度。”对党负责，对人民负责，这是一个共产党员可贵的品质。

在领导人民教育出版社的三十年来，几经风雨，但他一直任人唯贤，不徇私情，以身作则，对干部严格要求。起草重要文件，他经常亲自动手。动手之前，经常找一些有关同志认真商量。他性子比较急，事情一经抓起头，就一抓到底。由于职务上的安排，我在这方面的感受很多，受到的教育也很深。一个文件经过讨论，有时让我打个草稿，星期六给我交代了，要我星期一拿出来，谁知星期天一早，他便走到我门上来，问我起草得怎么样了，并说想补充一点什么意思。在他的督促下，我也很少有什么星期天。这种只争朝夕的精神，不正是我党许多优秀老前辈一脉相传的优良传统吗？许多老编辑经常回忆20世纪50年代后期到60年代初期的那些年月，一到晚上，办公楼里总是灯火辉煌，同志们都在那里认真工作，刻苦学习。在这种风气的熏陶下，锻炼出了一支能挑重担的编辑队伍。对干部，他是十分关心的，但不徇私情，不讲面子，工作上稍有疏忽，批评也很严肃。记得有位老编辑，审阅课本大样时看走了几行，造成政治性错误，他便亲自主持会议，由这位编辑先做自我检查，而后是室主任，责任副总编也做了自我批评。最后，他把责任归于自己，并谈了深刻的教训，指出了该怎样改正。这样严格的开展批评和自我批评的作风，产生了积极的效果。在编辑工作中，谁对谁的文稿，都可提出意见，谁的道理对，便听谁的，谁也不会计较个人得失。在编辑出版过程中，层层把关，各有职责，因而在教材质量上把关很严，教科书中难得发现有错字、漏字。如果说人民教育出版社编的课本，至今还在教师中有点声誉的话，这和伯韬同志严肃、认真的工作作风是分不开的。

同志们还常常念叨伯韬同志深入编辑工作实际，善于做调查研究的好作风。①他私人订有很多报纸、杂志，经常翻阅，而且有剪报的习惯。编辑工作紧张的时候，不少编辑室经常可以收到一些剪报资料，那是伯韬同志亲自剪下来分给同志们参考的。他分管的重点科目的书稿，都亲自仔细审阅之后才签字发排。他还多次领着同志们下去调查，印象最深的一次是关于“两种教育制度”的调查。这是刘少奇同志提出来的设想，伯韬同志十分重视，挑选了几位有经验的编辑，亲自率领，到江苏某县的一个农村，做了为期一个多月的调查。调查之前，他花了近一周的时

戴伯韬（左三）率队在江苏丹阳调研时与当地中学教师合影

① 关于戴伯韬在工作中对实地调查研究的重视，张玺恩在另一篇文章中提到不少例证，如1963年，戴伯韬带领人教社人员到江苏丹阳蹲点，进行了两个多月的调查研究，写出了《关于农村中小学教材问题的报告》和《各方面对农村教育的要求和改革的意见》等调查报告，为教科书的编写和修订提供了第一手的经验和材料。（张玺恩著：《张玺恩数学教育文选》，人民教育出版社2005年版，第275—276页。）——编者

间，研究党的方针、政策、中央指示，讨论调查目的，商量具体工作要求，安排调查日程。他以一所乡村的中学和小学为点，从学生、教师、领导开始，一直调查到周围的农民家庭。从学生的学习、生活情况，毕业后的工作情况，家长的意见，各级领导的意见，一直到农民的家庭经济情况，都做了周密的调查。调查之后，又征求了县、乡行政领导的意见。为了培养干部、提高调查质量，他还组织大家学习列宁和毛泽东同志的有关论著。他在小学里搭伙，和老师们吃一锅饭。每隔三五天，他都要亲自写汇报，寄给中宣部、教育部的领导。由于过分劳累，有一次竟在厕所旁晕倒了。凡此种种，使同志们受到极为深刻的教育。调查回来，他整理资料，举办展览，把调查所得，让全社有关同志都有所了解。记忆所及，那次调查的资料约有50万字，可惜十年动乱，材料已经散失。

1972年春，安徽凤阳教育部干校进行干部大分配，同时宣布高等教育出版社和人民教育出版社解散，两社干部随同干校干部一同“分配”。这是“四人帮”妄图破坏教材建设的一个步骤。此时此刻，伯韬同志心急如焚，多少个夜晚，他都久久不能入睡。他多次跟我谈到，培养这样一支编辑出版队伍，费了多少年月，耗去多少心血，要搞好教材建设，该是多么不容易啊！干部分配不难，人才建设可不容易。他认为撤销出版社的决定是错误的，是党的事业的重大损失。为了党的教育事业，他不顾当时“四人帮”的破坏和阻挠，借回北京治病之机，直接写信给敬爱的周总理，陈述教材工作的重要性和培养编辑出版队伍之不易，要求恢复人民教育出版社。几经转折，这封信终于送到周总理手里。在周总理的亲切关怀下，人民教育出版社得以重建。伯韬同志有心脏病仍以备受折磨之身毅然挑起这副重担。他为抽调编辑干部、物色领导干部四处奔走，从六七个人到二三十个，再到一百多个，逐步扩展，终于成为现在这样一支初具规模的队伍。粉碎“四人帮”以后，伯韬同志为新的教材建设，为课程、教材如何更好地为四化服务，始终带病坚持工作，有时甚至废寝忘食。这样的工作精神，是什么力量在支持他？是党，是党的事业，是一个共产党员的崇高革命理想。

从伯韬同志身上，我们看到了党所培养的老干部的光辉榜样。他从青年时期起，就一直孜孜不倦地探索改造旧

戴伯韬（左二）在人教社建社30周年庆祝大会上讲话

教育的道路。新中国成立之后，他更加勤奋学习。他早就想编写一部中国自己的《教育学》，曾经多次跟我谈过，这部《教育学》应该以马列主义、毛泽东思想为指针，针对中国实际，具有中国的特点，要有大量的实际资料，从资料中分析整理出规律性的东西来。由于“十年浩劫”的折磨，他的心脏病日益严重，写字的时候手都发抖，用圆珠笔写一个字，要花好长的时间。但他从不潦草行事，许多重要文件，还是常常自己动手。逝世前的几个月，在他的倡导下，办起了《课程·教材·教法》杂志，他担任主编，每篇稿子都要再三推敲后才发排。直至逝世前的一天，他还对一位年轻的助手谈了《教育学》的蓝图，并准备着手拟出一个较详细的提纲。他说：但愿能活到80岁，组织上已答应给我腾出时间，摆脱我现在的职务，配给我助手把《教育学》的初稿写出来，也就是我为党尽了最后的一份力，做出一点微薄的贡献。

为了党的事业，伯韬同志多年来一直坚持锻炼身体。他不计寒暑，总是起得很早，到附近的公园锻炼身体，锻炼回来，总是巡视一下全社，关心社里的一草一木。为了教材建设，为了人民教育出版社的成长，他呕心沥血三十年。他那一心为党的精神，将永远铭刻在我们心里。

（摘自《张玺恩数学教育文选》，人民教育出版社2005年版，有改动）

吴伯箫（1906—1982）

吴伯箫（1906—1982），山东莱芜（今属济南市）人。我国著名散文家和教育家。1924年毕业于曲阜师范学校。1925年考入北京师范大学。1931年毕业后，在青岛大学、济南乡村师范、莱阳乡村师范等校工作。1938年4月到达延安，进入中国人民抗日军政大学学习。后任陕甘宁边区文化协会秘书长，参与编辑《文艺突击》，并兼任中国女子大学教师。1941年8月加入中国共产党，在边区政府教育厅任中等教育科科长。1945年11月任华北联合大学（驻张家口）中文系副主任，不久任东北大学（东北师范大学前身）社会科学院副院长、文学院副院长、副教务长。1949年7月在全国第一次文代会上被选为文协委员、秘书长。1951年任东北教育学院副院长。1954年春调入人民教育出版社，任副社长兼副总编辑，主持汉语、文学分科教材及语文教材编写工作，兼任中国作家协会文学讲习所所长，并负责《文艺学习》《语文学习》诸刊物编辑出版工作。1978年2月由人教社调入中国社科院文学研究所，任副所长。曾兼任全国中学语文教学研究会副会长、《写作》主编、中国写作研究会会长等职。1981年当选全国文联理事。著有《羽书》《潞安风物》《出发集》《北极星》《吴伯箫散文选》《吴伯箫文集》等。

忆吴伯箫同志

刘国正

吴伯箫同志临终嘱咐，骨灰撒在泰山。他的遗愿实现了。1984年，我登泰山，写过一首诗："松柏昂藏七尺身，冰泉幽咽想清吟。访君莫道不相见，万壑千崖都是君。"吴老自愿魂归泰山，朋友也以泰山之子目之，不仅因为他是山东大汉，而且因为他有"泰山石敢当"的硬气，托身泰山是毫无愧色的。

万壑千崖都是君

约在1954年，伯箫同志调来人民教育出版社任副总编辑（当时的社长兼总编辑是德高望重的叶圣陶先生）①。他在出版社工作了30年，鞠躬尽瘁，死而后已。花的时间最长，耗的精力最多，同他的志趣最相符，给他的打击也最大的一件事，就是在中学施行文学、汉语分科的教学改革。

伯箫调来北京，就是请他领导编写分科课本的。当时，中央指示要调集二三百名优秀的教育工作者，特别是教师，充实中小学教科书编辑队伍。我也是1954年早于伯箫不久调来人教社的。伯箫走进编辑室，给我的第一个印象是好个魁梧的山东大汉。脸是方的，口是方的，肩膀也是方方厚厚的，讲起话来有浓重的山东口音，总是眯着眼睛，含着慈祥的微笑。大家知道，他是延安来的著名散文家，已有多种散文集问世。他的英文也很好，早年曾在曲阜孔府任英文教师并有译著。

文学、汉语分科教学，是新中国成立以后，花的时间最长，规模最大，集中优秀力量最多，中央领导最重视，力度也最大的一次语文教学改革。中央指

作者简介：刘国正，语文教育家、诗人、杂文家，曾任人民教育出版社副总编辑、中国教育学会中学语文教学专业委员会理事长，在语文教育研究、教材编写以及诗词、杂文界等均有较大影响。

① 1954年1月18日，吴伯箫从沈阳东北教育学院到人民教育出版社接洽工作调动事宜。据当日叶圣陶日记记载："下午两点到社，与安亭、萃中谈事。教育部请调吴伯箫来我社编辑中学之文学课本。吴自东北来京先了解一下，再回东北师院交代，解副院长之职。"（叶至善等编：《叶圣陶集》第23卷，江苏教育出版社2004年版，第71页。）——编者

1956年4月，叶圣陶（居中）会见来访的苏联教育代表团专家，辛安亭（左四）、吴伯箫（右三）、朱文叔（右二）等陪同会见

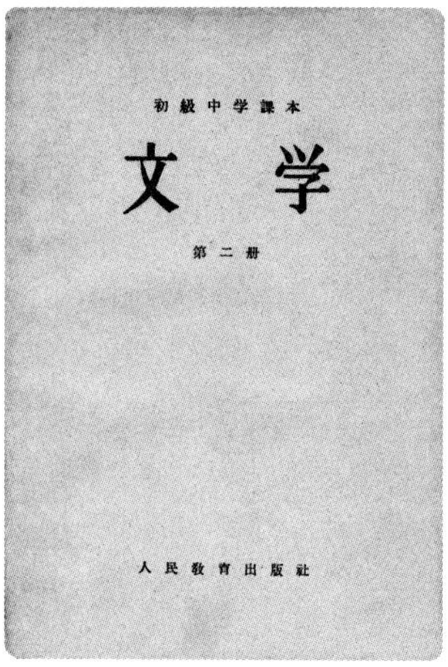

文学、汉语分科时的初级中学《文学》课本

定胡乔木领导，教育部由副部长也是人教社社长叶圣陶直接领导，伯箫是第一线总指挥。如此领导阵容是空前的，自那以后至今也不曾有过。

1951—1958年，这套教材从启动到停止使用，历时八年之久。

1951年3月，教育部召开第一次全国中等教育工作会议，胡乔木在讲话中宣称，“语文教学的目的存在着特别混乱的现象，其原因是没有把语言教育和文学教育分开”，由此提出分科的问题。同年6月6日，《人民日报》发表社论《正确地使用祖国的语言，为语言的纯洁和健康而斗争》。下半年，语文教育界开始讨论分科问题。1953年4月，教育部向中央政治局报告工作，提出改进中小学语文教学的问题。毛泽东同志指示，语言、文学可以分科，并指定成立中央语文教学问题委员会，由胡乔木任主任。1953年12月，胡乔木向中央写了《改进中小学语文教学的报告》。1954年2月1日，毛泽东参加的中共中央政治局扩大会议批准了这个报告。吴伯箫正是在这个紧要关口来到出版社。他来人教社之前，教育部教学指导司和人民教育出版社为分科教学大纲和教科书的制定和编写已做了许多具体准备工作。分科虽然是学习苏联（也是原俄国）的模式，内容却无法照搬外国，必须从浩如烟海的中国历代文学作品中选材，必须研究当时尚缺乏共识的汉语语法，从中提炼出各方都能接受的临时教学语法体系。吴伯箫的到来，对这项艰巨的工作是极大的促进。在他的领导下，文学教学大纲草案和教材初稿顺利地编写出来了。①

① 吴伯箫主持语文编辑室和编写教材的能力得到了很多人的首肯，包括当时的人教社社长兼总编辑叶圣陶先生。叶圣陶在1954年2月15日的日记中说：“下午到社中，与吴伯箫谈。吴今后主持语文室编辑文学课本之工作，聆其所谈似颇有办法。余老实告以余之短处即在不会组织力量，不善作领导。”2月22日的日记中又说：“吴伯箫领导中学语文室似颇有办法，亦复可慰。”（叶至善等编：《叶圣陶集》第23卷，江苏教育出版社2004年版，第79、81页。）——编者

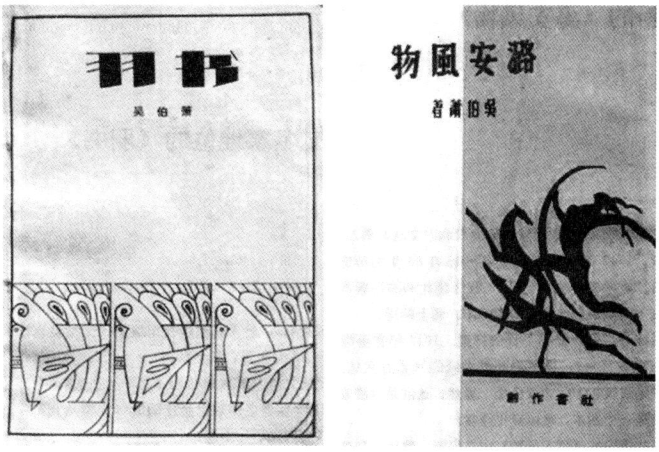

吴伯箫早期两本散文集
《羽书》和《潞安风物》

伯箫对工作全心投入，一丝不苟，与叶老配合得很好[1]。比如编辑初选的课文以及注解、练习等文字，他都一一亲自审阅，经他同意再送叶老审订。伯箫他不光审阅，还自己推荐课文。他推荐的课文，不是在书本或报刊上标出所选的文章给大家看，而是亲自抄写一遍，用毛笔写成优美的行楷，抄件本身就是艺术品。白天繁忙无暇，抄写在深夜。他的办公室夜夜灯火，有时亮到天明。他工作或写作，通宵是常有的事。他笑着说，早晨用冷水洗个脸就精神了。

为了广泛征求作家的意见，在伯箫的主持下，召开过几次作家座谈会，最盛大的一次是在和平饭店召开的。茅盾、臧克家、老舍、萧三等文学大师都曾到会。[2]在此之前，中学语文教材中虽然选入一些文学作品，但和文学界却很少有联系。这种交流不但能听到许多宝贵的意见，而且能获得文学界的理解和支持。与会者对中学语文课本的编写一律表示赞同，情绪热烈。课本初稿编出以后，伯箫还带领我们出去调查研究，并且组织试教。试教中学74所，参与试教学生27 000多人，试教取得了极好的成绩，广大师生热烈欢迎这项改革。至此，教学大纲草案及教材试教本均已定稿，各界舆论都表示支持，试教又给分科的施行提供了实践的确证，可谓万事俱备只欠东风（在全国推行）了。

---

① 关于这点，叶圣陶曾回忆说：“1954年伯箫同志调到人民教育出版社工作，我们俩几乎天天见面，直到1966年。他为人诚恳朴实，表里如一，是全社同志共有的印象。我们俩经常讨论语文教材的编撰，有时似乎谈得极琐屑（碎），近于咬文嚼字。其实绝非咬文嚼字，准确的意思和准确的记载非由准确的语言来表达不可，所以一个词也不能随便，一处语法错误也不能容许。在这方面从严些，对学生的语言、认识、品德都有些好处：这是伯箫和我共同的信念。”（叶圣陶：《吴伯箫散文选序》，原载《人民日报》1982年6月10日。）——编者

② 参见叶圣陶1954年4月1日日记：“午后三点至和平宾馆，教育部与我社邀请文艺界同人开座谈会，讨论编辑中学文学课本之问题。此是吴伯箫所主张。邀请五十余人，而到者三十余人。董纯才与余致辞一时许，余则大家发言，至六点半而毕。期以此会为始，以后再编辑过程中请大家随时相助。于是会餐，尽欢而散。”（叶至善等编：《叶圣陶集》第23卷，江苏教育出版社2004年版，第79、81页。）——编者

经过几年的苦战总算有了喜人的结果。那时候不兴用公款大吃大喝，叶老慷慨解囊，在教育部食堂里，请一位厨艺很高的师傅制备了两桌丰盛的宴席，叶老与伯箫容光焕发，喜气盈盈地为大家敬酒。

但做梦也没料到会风云突变。1955年6月，教育部召开全国语文教学会议，由叶圣陶向大会做《改进语文教学，提高语文教学的质量》的报告，动员在全国推广使用新的分科教材。正当此时，有关领导对文学、汉语分科提出严厉的批评。会议上分科的命运来了个大转折，只能不了了之。大会报告不做正式传达，分科教材使用与否各地可以“因地制宜”，也可以使用旧课本。从此文学、汉语分科的命运一落千丈，胡乔木、周扬都三缄其口，对《文学》课本的批评纷至沓来。如康生指责说“文学课本非改不可”，“与教育方针相违背，最多只能培养小资产阶级感情”，“许多课本思想性不强，语言也混乱，可砍去百分之三十到五十，换选政治论文、社论和应用文”。几经周折，至1958年，中央文教小组终于正式下令文学、汉语分科的课本停止使用，美丽的维纳斯不仅断臂而且香消玉殒了！这场大起大落的灾变是异乎寻常的，它违反党内生活常规，也违反工作的正常程序，居然如霹雳坠地，轰然爆发，并且中央不出面过问。真正的原因是什么，可能已成为不解之谜。当时的领导人都相继下世了，编辑人员中初中的有11人，高中的有13人，健在的只剩4人（我也在其中）。我们这些普通编辑，对于领导层的事并不十分了解。20世纪80年代初编写新时期的语文教材时，人民教育出版社的负责人曾向胡乔木请教，他感慨地说：“编写语文教材是一部失败史，是一部伤心史。”默然而已。我们期待着能发现更多的佐证，使此疑案大白于天下。

单说吴伯箫同志。当时的几位领导，受到批评，都唯唯称是，不敢有异词，独有伯箫不服。教育部组织了两个调查组深入学校调查研究，实质上是为那些批评意见搜集事实依据，以证明其符合实际，完全是正确的。那年月非常重视调查研究，“没有调查研究就没有发言权”，但是有些调查，实为带着领导确定的框框去搜集证据，此即一例。调查组兵分两路，一路按领导的调子“跳舞”，对分科做出否定的结论；另一路由伯箫领队，以实事求是的态度进行调查，得出了肯定的结论。两个报告针锋相对。吴的调查成了他的一项罪证。教育部组织了对伯箫的批判，调子是“以专家自居，同党分庭抗礼”。批判进行中，伯箫忽然挺身站起，一手高举中央文件（即中共中央政治局扩大会议批准的胡乔木的报告），理直气壮地说：“你们说陆部长代表中央，这也是中央，到底哪个是中央，我们应该执行哪个中央的指示？！”伯箫在延安时就尝过挨整的苦头，并非缺乏党内斗争的教训，在那种众口一词的形势下，敢于如此以大无畏的精神据理力争，令人感佩。

伯箫虽然屡受批判，但禀性难移。后来，他因非议“大跃进”是弄虚作假而受到批判。“文化大革命”中他吃尽苦头，“干部解放”之后，又因非议“文化大革命”中闹得乱哄哄的“教育革命”而受到批判。粉碎“四人帮”后，他已垂垂老矣，虽然解脱了如影随形的批判枷锁，却仍不得意，1982年在郁郁中溘然长逝了。泰山上的松柏日夜作涛声，那是为正义而呼喊，不是叹息。

《文学》课本，自然留着时代局限的印记，但是，初中按文体分类，高中采取文学史体系，突出文学，没有突出政治。课文以及注解、练习、知识短文等，经过叶圣陶、吴伯箫等许多饱学之士的阅改，有的课文是叶老亲自动笔所写，质量是极好的。人们一直怀念这套受到不公正待遇的课本。有的作家说，自己走文学道路是受到在中学时学习文学的影响。有的教师珍爱这套课本，“文化大革命”中小心地藏起来，躲过浩劫。吴老，是中国语文教材改革的先行者，是应图画凌烟阁的功臣。

长流思远情

吴老不但有敢于坚持真理的可贵品格，而且笃于友情，有温厚的情怀。这一点就从他赠给我的一个条幅说起。

吴老书法很好，但很少为人写条幅；他的诗也写得很好，但很少写，更少把自己的诗写成条幅赠给朋友。赠给我的一幅，真要算得稀世之宝了，何况又是绝笔——这个条幅写于1981年春天，此后不久，他就病倒了。

条幅长期挂在我的书房里，后来为了免受灰尘的损害我就把它珍藏起来。仔细看那条幅，还像墨迹未干的样子，眼前忽然浮现出他那山东大汉略呈方形的脸。“留个纪念吧！”他笑得眼睛眯成一条线。那是条幅装裱后拿给他看的时候。看那字，清醇而厚重，不是书法家斤斤于临摹古帖而得来的那种字。再看那诗，诗是这样写的：“银鬓采红豆，红豆坚且贞。又折叶子花，花香照眼明。健步罗梭桥，桥下水清清。将花浮浪去，长流思远情。”

这是吴老于1980年游西双版纳时写的一首无题诗。游览归来，他诵给我听，我极喜欢，请他写下来，他就写了这个条幅。这首诗，清新美丽，自然卷舒，如穿花激石的山泉，如随风弄影的闲云，命意高远，绝无半点尘俗，只是结语“将花浮浪去，长流思远情”很有些伤感。古人相信“诗谶”，以为从诗里能见出命运的穷途和前路否泰，这两句诗似乎真的预示着他的不久于人世吧——当时可没有这么想。

吴伯箫与夫人郭静君合影（摄于沙滩寓所）

第二年即1982年的8月，我登上庐山，住在比牯岭街还高的一座山峰上，四围松竹，一窗烟雨，远处隐在烟雨中的连山，像无数魔鬼在捉迷藏，这边才露一个头，转眼便不见了，那边又钻出一个头来。住在这里，犹如进入一个迷离恍惚的神怪世界。在一天夜里，闻到吴老逝世的噩耗，我痛哭失声。为了悼念吴老，我曾写了一首诗：“渐老方惊哭友多，哭公今又泪滂沱。难忘青岛扶初泳，忍忆红山共夜歌！雪压青松知健劲，笔干星斗仰巍峨。青衿堪慰八千万，岁岁深情诵《纺车》。”

这首诗的三、四两句是写实。记得1964年夏天，我到青岛调查研究，住了一个多月。这期间，吴老从上海来到。谈工作之余，一起去海滨浴场游泳。吴老爱游仰泳，他的胖大给他增加了几许浮力，仰卧碧波之上，转侧自如，如同躺在沙发上休息。我呢，从来没有学过游泳，浮也浮不起来。他看见我尴尬的样子，连忙跑过来教我。“就学仰泳吧！”他一面说着，一面用手托着我的脊背让我卧在水面上。在他的扶持下，我东闯西冲，“游”了好一阵子。回去的路上，他笑着说：“大有进步，只一次自然是学不会的。”我后来学会了游泳，最拿手的也是仰泳，不能不说吴老是我学游泳的第一个启蒙老师，当时我才30多岁。吴老对于一般工作人员、对于青年总是热情诱导的，难怪新中国成立之初他在东北大学（东北师范大学前身）当院长的时候，学生亲切地称他“老妈妈”。

“文化大革命”期间上干校，在安徽凤阳县的大红山附近，有很长一段时间我们同住在一个宿舍里，那处宿舍远离连部，孤零零地立在大路口，叫“八间房”。吴老曾以《八间房》为题写过一篇散文，收在1976年再版的他的散文集《北极星》里。书出来后，他捧着一本亲自送给我，书页还飘着墨香。扉页上盖着一方白文“山屋”二字的印章，朱色灿然，那是我刻赠给他的。他早年在青岛的书斋叫“山屋”。八间房里住着七八位同志，有的会拉手风琴，有的会唱歌，到了晚上我们就凑在一起又拉又唱。吴老是这个小小合唱队的积极分子，唱起延安时代的歌曲他特别起劲。现在想来，大家放声歌唱，是以合法的形式发泄苦闷，他更带有悲凉。那时候他还在受审查，后来被开除党籍。1976年以后恢复党籍，他把自开除之日起按月积存的党费郑重地交给了支部。多么好的党员啊！事实证明，我们队伍中许多“老运动员”都是真诚无私的好同志，这是对“斗争哲学”的一大讽刺。

诗的最后两句“青衿堪慰八千万，岁岁深情诵《纺车》”写的也是实情。吴老是当代大散文家，文笔清醇朴素，炉火纯青，罕有其匹。他的名篇《记一辆纺车》《菜园小记》《歌声》《猎户》等都曾选入语文课本，特别是《记一辆纺车》，成了教材的保留篇目，至今仍选在课本里，全国上亿中学生仍在研读这篇散文。吴老的在天之灵会感到欣慰吧。

1992年，人民教育出版社出版了两卷本《吴伯箫文集》，这是对吴老的纪念。听说他的老家莱芜在筹办他的纪念馆，祝愿早日实现。但即使没有这些，文学史和教育史也会记下他闪闪发光的名字。

（摘自《百年潮》2002年第6期，有改动）

巩绍英（1920—1973）

巩绍英（1920—1973），辽宁阜新人。我国著名历史学家、诗人。高中时期参加了“一二·九”爱国学生运动。1937年加入中国共产党。解放战争时期，历任昌北县委副书记、奈曼旗委书记、四平市委副书记。1948年12月至1952年12月，历任辽北省教育厅副厅长，辽西省文教厅副厅长、厅长。1952年12月至1954年2月任东北师范大学研究部副主任、主任。1954年2月调入人民教育出版社，任副总编辑，负责新中国第一套历史教科书的编写和审定工作。1958年被聘为中科院历史研究所兼职研究员。1961年9月任中华书局副总编辑。1963年调入南开大学，任历史系教授兼图书馆馆长。1971年初借调到中国历史博物馆，主持中国通史陈列工作。曾参与编写《中国史稿》（郭沫若主编），担任“中国历史小丛书”（吴晗主编）编委。在《人民日报》《南开大学学报》等报刊发表《汉武帝的独尊儒术和汉朝的杂霸政治》《春秋战国时期的封建主义文化变革》等论文。所著《中国思想史》讲稿，仅完成先秦两汉部分，约40万言，全稿未竟。遗作中有600余首旧体诗词，诗词造诣颇高。出版有《巩绍英诗词选注》和《巩绍英诗词全编笺注》（巩绍贤笺注）等。

巩绍英传

刘泽华

巩绍英是辽宁阜新人。少年时期除上学之外，由祖父传授《十三经》与古典诗词。巩绍英悟性极强，由此开始，终生迷恋文史与诗词。然而国难不已，山河破碎，又使巩绍英政治早熟。“九一八”事变时，年仅十一岁的巩绍英就参加了小学生的反日爱国活动，宣传抗日主张，抵制日货。十五岁的巩绍英发誓“抗心存国脉”，瞒过家庭，背着学校，只身到北平，寻求抗日之路。[①]1935年，在北平庆安高中读书期间，爆发了“一二·九”运动。巩绍英立即成为一位积极的参加者，并参加平津学生南下扩大宣传团的活动。这时，他开始学习宣传马克思主义的书刊，同时与中共地下党员接触。1936年6月，他回家“诀别”，誓死抗日。返回北平后，即转赴西安，拟投奔陕北苏区，因“关系”不畅而“溪深无路入桃源”。无奈又回北平，即参加了朝阳大学的“民先”工作。1937年元旦，经北平“学联”和“民先”介绍，与同志结伴赴山西太原，参加民训干部教练团。卢沟桥事变后，被委派为“山西牺牲救国同盟会”安泽县特派员、总动员委员会副委员长，同年11月加入中国共产党。1938年8月参加抗日决死队，开始戎马生涯。1945年抗战胜利后，奉命调赴东北。在解放

作者简介：刘泽华，历史学家，曾任南开大学历史系主任、南开大学学术委员会委员、教育部人文社科重点研究基地中国社会史研究中心首届主任，长期致力于中国政治思想史研究。

① 1935年，当时尚在读中学二年级的巩绍英，在秋季开学前，瞒着家人，只身从东北到北平。当时他写下诗《别家》四首，其三如下：“莫洒新亭泪，忍听胡马骄！抗心存国脉，奋袂逐星轺。呜咽江城笛，凄凉吴市箫。欲寻屠狗客，不向武陵飘。”描写了日军占领下东北萧条的情形，并坚定了自己反抗的决心。（巩绍英著：《巩绍英诗词选注》，春风文艺出版社1993年版，第1—2页。）——编者

战争时期，历任昌北县委副书记、奈曼旗委书记、四平市委副书记。1948年12月任辽北省教育厅副厅长。1949年5月至1952年底任辽西省文教厅副厅长、厅长。1952年12月至1954年2月任东北师范大学研究部副主任、主任。1954年2月调北京，任人民教育出版社副总编辑，主持中学历史教材的编纂工作。1961年9月调中华书局任副总编辑。1963年4月来南开大学历史系任教，9月兼任图书馆馆长。1971年年初借调到中国历史博物馆，逝世前被任命为副馆长。

巩绍英从少年起就热爱文史，在抗日烽火和解放战争期间也未曾间断。20世纪40年代初，他曾想到延安学习和研究历史，但为了革命工作的需要，把个人的志趣放在了一边。读书是他戎马生涯之外唯一的爱好，在马背上披览了当时条件下能收集到的各种文史著作。有时在马背上读书竟到了着迷的程度，以至掉在行军部队的后边，部队不得不派人寻找。巩绍英是所在革命队伍中有名的文化人，能诗善文。1948年11月2日东北全境解放，12月他便被任命为辽北省教育厅副厅长，厅长是著名的文化人林汉达先生。

巩绍英1952年在东北师范大学任职时讲授过中共党史，然而他更钟情于中国古代史。1954年调入人民教育出版社，按分工他领导历史编辑室，实现了工作与志趣的契合。当时他主持的最重要的一件事是组织专家、学者编辑中学历史教科书。他对专家学者极为尊重，发挥所长，协作共事，以友相待，以身作则，很快与编研人员结为同志与密友。在他的主持下，经过两年夜以继日的辛勤劳动，比预先的计划提前完成了教科书的编辑与出版。著名历史学家邱汉生（编纂者之一）在巩绍英逝世二十年后做了如下的深情的回忆和评价：“在巩绍英的领导下，编辑出版了新中国第一套历史教科书，得到史学界及历史教师的赞扬。他史学理论修养深邃，尤长中国古代史，治学勤奋，利用工作间隙，读完了‘二十四史’，这在史学界也是罕见的。”1956年，《历史教学》刊载了由巩绍英主笔、署名“人民教育出版社编辑部”的文章《中学历史教科书编写工作中的几个原则问题》。文章系统、全面、深刻地论述了有关总体把握中国史的“历史分期”“历史上的民族关系”“历史基本线索”“个人在历史上的作用”“中外关系”等九个基本问题，至今仍有重要的参考价值。

1958年，巩绍英与邱汉生、陈乐素共同撰文提出中学历史教学要“补充乡土教材”，这是一个具有重要意义的远见卓识，对今天的中学历史教学仍有现实指导意义。

1958年，在思想界和学术界掀起了“厚今薄古”的狂飙，随之出现了“打破王朝体系”“打破框框”“打倒帝王将相”等口号，一时所向披靡，锐不可当。其影响之一是把古代史和历史人物几乎一风吹掉。在当时的形势下，巩绍英是比较清醒的一位。他在狂飙把人们吹昏了头的时刻，于1958年写了《历史教学改革中几个认识问题的商榷》一文，有针对性地提出：“重视近代史和现代史，也重视古代史，使古为今用，吸取其精华，剔除其糟粕，而不是存今废古，割断历史。”又说：“正确对待个人在历史上的作用，把历史看成具体的历史事件和具体人物的活动所构

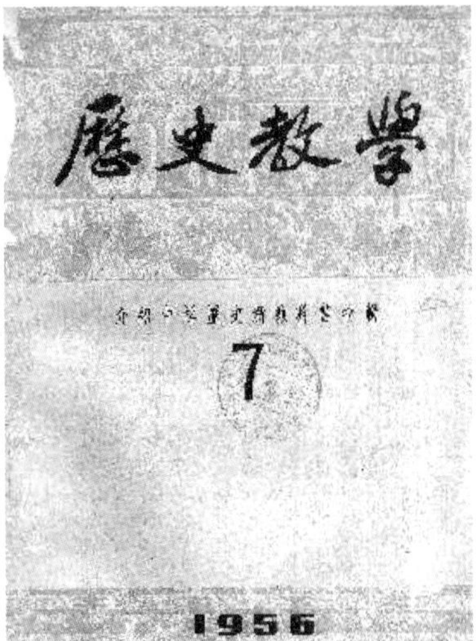

中学歷史教科書編寫工作中的几个原則問題

人民教育出版社編輯部

第一个問題　中國歷史的分期問題

第二个問題　少数民族歷史和歷史上的民族关系問題，在歷史教科書中如何貫徹民族政策問題

《历史教学》1956年第7期封面及以“人民教育出版社编辑部”署名发表的文章《中学历史教科书编写工作中的几个原则问题》

成的，具有丰富、生动的内容的一门科学，而不是抽象的社会学公式。”在那个时代能有如此的理论勇气和真知灼见，是难能可贵的。离开那个时代，是很难理会其中蕴意的。

1961年至1963年春，巩绍英任中华书局副总编辑，领导历史丛书组，负责组织“中国历史小丛书”“历史知识丛书”“高等学校文科教材”三套书的编辑出版工作。中华书局当时历史丛书编辑室主任浦一之在1989年回忆巩绍英的工作与为人，文中写道：“绍英同志来中华后，和吴晗同志、金灿然同志（中华书局总编辑）一起，重新研究了选题计划，把选题扩大到三百余种。当时小丛书已出版五十余种，绍英同志提出在1962年内要达到出一百种，鼓励大家全力以赴。经过全组同志的努力，一百种的任务提前完成了。1962年冬，在人民大会堂新疆厅召开了庆祝大会，有一百余人参加，叶圣陶、邓拓、吴晗等同志在会上讲了话，肯定了成绩，勉励大家继续努力，希望把‘中国历史小丛书’办成历史小百科，会议在热烈的气氛中结束。”“绍英同志勤于治学，成天手不释卷，直至深夜，受到大家的赞扬。他心胸开阔，知识广博，对某些学术问题有独到的见解。他那勤奋学习的精神，深受同志们的佩服。他为人谦和，平易近人，非常注意对青年人培养，循循善诱，诲人不倦。凡逢晚上无事时，常到同志家聊聊天，谈谈学问，受到大家的尊重。”

“中国历史小丛书”部分图书

1963年4月，巩绍英来南开大学历史系任教，家未安顿好即投入紧张的备课。秋季开学即给毕业班讲授“中国政治思想史”。巩绍英把教师职业视为圣事，教学也是他多年的夙愿。这次再执教鞭，他格外高兴，这在《采桑子——1963年9月5日南开大学历史系第一次授课后有感》中有真切的记录：“十年不识灵山路，鹫岭云深，碧海波深，闲却禅关一片心。拂衣重上青莲座，贝叶经新，桃李枝新，散尽桃花不著尘。”开设“中国政治思想史”是历史系建系以来首创，据知，这门课也是当时国内高校历史系仅有的。1949年以后，特别是1952年院系调整和新的历史教学大纲公布后，“中国政治思想史”的教学与研究不绝如缕。巩绍英能在短期内开出此课，是他长期积累的结果。他从20世纪50年代后期开始即有志研究中国古代政治思想史，在中华书局工作期间，即着手编辑并拟出版《中国古代政论文选》。他系统地披览了浩繁的历史著作，从“二十四史”和众多的文集中选出了百篇名作。由于成竹在胸，所以他能在很短时间内把授课所需要的一切准备妥当。除了课堂讲授外，他还印发了讲义、参考资料和书目，当时能做到如此齐全的教师是不多的。巩绍英讲课并不太善言词，也缺少幽默感，但他以严密的逻辑和不着虚言的丰富内容，像磁石一样吸引住听课学生。他也在教学中获得了无限的乐趣和难得的心灵满足，《答同学新年赠诗兼以自慰》记述了这种情怀：“一灯瑟瑟欲穷年，敢拟南华天下篇！月上卢沟思鼓角，枝围栎社倦丹铅。盘桓皂枥犹前导，焯烁荆山望后贤。仆扑齐梁惟此乐，春风弦诵自陶然。”

巩绍英与同学相交，越师生而任朋友。他常从东校门寓所步行到学校西南边的学生宿舍同其促膝谈心、话家常，学生毕业结婚，他也赶去祝贺。同学们也是他的座上客。有时他回北京一些日子就去给他看家。学生不仅把他视为可敬的师长，更视为朋友，向他诉述心中的喜、怨、哀、乐，融融之情，感人肺腑。在日后的回忆中，他对这次的教学感到十分惬意，认为是他人生中的一大乐趣，是最美好的一页。他与学生的情交与日弥深，曾作《采桑子——忆1964年毕业同学》表达了依依之情：“白云浩浩青鸾杳，海北天南，雁碛蛮烟，看遍江帆无数山。红霞烂漫东风老，翰墨香传，杨柳枝妍，春去春回又一年。”在

“文化大革命”中不能说没有他的学生起来造他的反，但多数一直与他保持着深厚的友谊。

时不我与，事不我依。1964年以后，人们又被拖进新一轮的阶级斗争漩涡，教学再次失序，巩绍英的课被“运动”所取代。他与其他教师一起参加同学们的“半工半读”，又到乡下参加“四清”等。人们此时普遍有风雨飘摇之感，为了向“革命”靠拢，视专业如敝屣，而巩绍英对未来、对自己的追求仍充满希望和信心。在“运动”之余，他对中国古代政治思想史进行了更深入、更系统的研究。到“文化大革命”之前，他已写了近二十万字的文稿，其中有《商周奴隶主贵族的政治思想》(《中国历史博物馆馆刊》1982年)、《春秋战国时期的封建主义文化变革》(《南开大学学报》1964年)、《先秦两汉儒学的宗教化运动》和《汉武帝的独尊儒术和汉朝的杂霸政治》(《人民日报》1965年9月17日)，以及《魏晋南北朝时期的思想源流》《唐太宗政治思想简论》《唐中叶以前的反佛教斗争——谈佛教在中国的发展道路》(《中国哲学》第一辑1978年)等。这些文章对中国古代思想史的把握具有高屋建瓴之势，每篇文章都上下纵论数百年，脉络清晰，知识渊博，显示了大家风范。其中对儒家宗教化的讨论，在当时可谓是空谷足音；对佛教在中国发展道路的勾勒，一泻千里，纵论了佛教与专制王权、与儒家、与阶级斗争的复杂关系。

巩绍英爱读书，也爱藏书。但他不求珍本而求实用的好版本。每收集到实用的好版本，他便把“古本”处理掉。兼任南开大学图书馆馆长时，由于经费有限，他提出不要重收藏，要为教学和科研服务，针对当时藏书情况提出“成龙配套，填平补齐”的购书方针，组织人员到各地采购了一大批书。其实他对收藏也很注重，1964年他批准用重金收购一套明版《历代名臣奏议》，一时遭到来自各路“外行”的猛烈抨击，成为“崇古”“浪费”的典型。时过境迁，稍稍恢复清醒，连那些“外行”也念起他的胆识和果断。这套书现已成为“镇馆”宝贝之一向人展示。

巩绍英喜爱古典诗词，又是一位诗人，但只作旧体诗。从十五岁起，直到逝世，他写诗词连续不断。东方出版社1998年出版了《巩绍英诗词全编笺注》，共收录620篇，由其弟巩绍贤作注。全书诗词分三个时期，即1935年至1949

年，1949年至1966年，1966年至1973年，记述了他的情感，喜怒哀乐、悲欢离合跃然纸上，同时也是他的经历之史诗。巩绍英的诗词严格遵循古典诗词的格律，语言也从古，用典极丰，从一个侧面反映了他的博学多才。

1971年，巩绍英被借调到中国历史博物馆参加通史陈列修改工作。当时学校仍处于无事生非之时，工宣队占领了学校，“清理阶级队伍”已暂告一段落，大批的教师下乡落户，留下的人整天空谈“斗批改”“反右倾”，真是百无聊赖。正值此时，历史博物馆来借人。就实而言，巩绍英对借调到博物馆搞陈列不能说没有兴趣，但更主要的是他想做事，想摆脱无聊的空谈才赴京的。他是专家，又是老革命，故被指定为中国通史陈列修改的负责人。当时的“史学革命”之风吹得正猛，天天大喊“要重新改写历史”，今天批这个，明天批那个，而巩绍英上不着天（上“无线”，没有口衔天宪的人物作靠山），下不着地（不是博物馆的正式人员，也没有正式头衔），如何修改？开展工作实在不易，应该说是一件处处充满险情之事。他对这些很少理会，仅凭着自己所认定的马克思主义和史学的良心，群策群力，当断而断。当时正值“批林批孔”的高潮，他认为，历史评价与“运动”应有所不同，要一分为二，于是由他决断，对孔子进行批判的同时做了必要的肯定。他在去世之后因此仍遭到“鞭尸”之祸！文博系统有人指斥他是“资产阶级专家”，说“历史博物馆用错了人”等。在打倒“四人帮”之后，才为他重新恢复了名誉。出于对他的怀念，《中国历史博物馆馆刊》发表了他的遗文，并特地加了“编者按”：“巩绍英同志自1971年至1973年主持我馆中国通史陈列的修改工作，对重建通史陈列付出了辛勤劳动，做出了很大贡献。”

在借调中国历史博物馆期间，他还参加了“出国文物展”的筹备工作，地点在故宫武英殿。时值隆冬，没有取暖设备，又不准烤火，手脚生冻疮，但他每天都用温暖的手轻轻地抚摸着那些国宝，乐以忘忧，亦且忘食，甚至忘掉了自己患有严重的糖尿病和心脏病。他曾作诗抒怀，其中一首曰：“晓日曈曈青锁开，九天阊阖看春回。商彝周鼎新文苑，玉砌雕栏小钓台。四壁沧洲尘外趣，一张云锦日边裁。夜珠照乘蒲轮稳，夹道香飘御苑槐。”

翻开巩绍英的日记，从1949年以后，有一个一直使他难以解开的“结”，这就是所谓的党性和个性关系的问题。巩绍英作为一名“老革命”，无疑有着相当高的党性，他服从“党的决定”，对党的领导人一向十分尊重，即使在他身陷逆境时也没有发生过动摇。然而他又是一位颇有个性和自我追求的人，有着相当强烈的独立性与独立意识。其实他所追求的个性很简单，就是从事文史方面的研究和教学之类的事。但是像他这样的高级干部似乎不能不做政治工作。于是一直有纠缠不清的政治与业务的关系问题，有所谓的“个人主义”问题。受到批评后也不能说他没有接受批评的诚意，但是又割不断执迷于文史的情结。这样他就长期处于两难选择的窘境，用他自己的话说就是“别人要升官，我自己要丢官。”然而在那个突出政治的时代，想“丢官”也不是一件容易的事，他必须背上“不关心政治”“重业务，轻政治”“个人主义”等重压。

1955年，巩绍英主持中学历史教科书的编纂工作。他与其他专家一起同心协力，全心投入，编纂工作进行得十分顺利，正当此时，掀起了一场新的政治运动——由反胡风而兴的“肃反”运动。巩绍英身为单位党的领导人对这场运动竟视有若无，要他与身边的“胡风分子”谈话、交锋，他推诿再三，不得已草草几句而了，于是有“搪塞”之责。他以“既无经验，也无信心”为由，数次提出辞去“运动”领导人的职务，都遭到拒绝，并被给予口头批评。更为严重的是，他竟不顾形势说出这样的话：“要我领导搞历史课本，我拼命也要完成任务；要我领导运动，我就躺倒。”今天如何看“反胡风运动”，姑且不论，反正胡风和“胡风分子”是平反了。巩绍英的话说得太早了，他因此遭到党内撤职处分，通报国家机关警示。

这之后运动一个接着一个，巩绍英似乎并没有从严厉的处分中吸取足够的“教训”，也没有学会圆滑应世和逶迤的能力，他还要坚持能坚守的自我意识和个人兴趣。在众口一词、轰轰烈烈批判个人主义是万恶之源的日子里，他又慢条斯理地说：“个人主义对自己有鞭策作用，其中也有为党工作的一面。”巩绍英说的个人主义自然不是对个人主义的庸俗理解，更与损人利己等毫无关系。关于巩绍英的人格与品质评价在历次的组织或行政鉴定中有载，如“虚心踏实，生活俭朴”“作风正派，平易近人，能团结同志”“对工作认真负责，没有领导架子”等。他说的个人主义只是就个人的起码的独立性而言的，如他说过："业务是个人的理想，不要计较一时的是非与毁誉，要把理想寄托于未来。"说到自己的选择时，他说："希望对古籍整理工作有所贡献，并结合这一工作对历史科学研究有所成就。"还有，1958年之后，他对"三面红旗"也有点儿跟不上，发了几句疑问。上述这些言论自然是不合时宜的，于是编发了"巩绍英错误思想与言论"汇编，供人批判，以儆效尤。

其后，有关领导多次要巩绍英出任相当重要的领导职位，然而巩绍英更恋于文史研究，都一一谢绝了。

巩绍英十分重才学。对那些有才学而遭不公正际遇的人，只要有机会就会伸出友谊之手。有两位著名的历史学家因遭疑度日艰难，巩绍英以身作保，力荐来南开，但终因犯疑而未成。每忆及此事，他都为摧抑人才的现象而长叹。有一位博学老先生，多有物议，巩绍英不计小节，请到图书馆任职，发挥所长，愉快地工作到逝世。巩绍英还兼管一点《南开大学学报》事宜。当时一位青年教师把注意力转向社会史的研究，将处女作《清代的婚姻制度与社会地位述论》一文交给他，请他指教。他看后十分欣赏，立即建议在学报发表，然而有人却说："什么时候了，还发表这种文章。"巩绍英爱莫能助，只能表示遗憾。现在可以告慰先生的是，当年的青年教师现在已是著名的社会史专家，社会史研究也蔚然成风。

过去，一些人因巩绍英是"高干"而仰视之，多少有些距离。而后才知道他不只是铁骨铮铮，还是一位人情味十足的血性之人。那个时代，有些大教授心事茫然，他劝慰他们往前看，说尚有来日。对"少年"他则多方鼓励。他特别关心一位年轻人（如今已是知名的数学家），向他

20世纪50年代，巩绍英（右四）与人民教育出版社同事合影

伸出友谊之手，两人结为忘年交。一位有成就的中年学者被迫害致死，留下孤儿寡母，又被下放农村落户，回校后无落足之处。巩绍英当时已到北京工作，他得知后，主动将自己的房子借给可怜的母女暂住。那时的孤女，如今已是有成就的学者，每忆及此事，她不胜感激。当时看管、审查他的人员，有忠诚可靠的工宣队老师傅，有革命意气风发的少年，开始充满敌意，但越审查越怀疑自己，于是由敌意转为敬意，尤其对他的真实的人格，无不佩服，遂结交为亲密的朋友。人们有时会相信虚幻，但从长远看会更珍重真实。

巩绍英身患多种疾病，糖尿病与心脏病尤为严重，他每天都要自己注射胰岛素。照理，他本可以病为由免除任何过重的体力劳动和活动。然而他自己从来不把病视为病，与常人一样，参加“下乡下厂”，1969年还参加了战备疏散的千里行军。他常说：“革命者活着就是为了工作，与其活二十年做十年的工作，不如活十年做二十年的工作。”他这样说，也这样做，每天工作时间都长达十几个小时，写作时经常通宵达旦，这也加速了病情的恶化。

巩绍英热爱生活，情趣广泛，酷爱诗词，以诗会友；迷恋自然风光，喜游山水；对戏曲有很好的欣赏力，尤好曲艺。这在他的诗词中有多首题咏得以体现。有暇时他也收藏一点古字画，尤爱扇面。他说：“我没有钱，只能收点二三流的作品，聊以弥补好古之心。”

逝世前，巩绍英从北京回南开再次登上讲台。像1963年那次讲课一样，他把讲义、资料、参考书目印发给同学。巩绍英敬业精神高于一切！他逝世的前一天（1973年11月27日）到医院做惯例检查、取药，医生要他立即住院。他说：“不要紧，待我把课讲完后（还有两周）再住院。”第二天，即逝世那天上午，他照常去上课。当天傍晚，他心脏病猝发，溘然长逝。

巩绍英没有留下一句遗言，然而他诚实的一生是一篇永恒的遗言！

巩绍英把讲坛喻为“青莲座”，他就“圆寂”在“青莲座”！

我们不须为他“招魂”，他永远安详地坐在“青莲座”上与我们相对论学！

（摘自《刘泽华全集·序跋与回忆》，天津人民出版社2019年版，有改动）

叶立群（1921—2001）

叶立群（1921—2001），湖北蒲圻（今赤壁）人。我国著名教材管理和地理教育专家。1947年毕业于复旦大学史地系。曾任武汉市中小学教职员联合会主席，中南军政委员会教育部科长。1954年调入人民教育出版社工作，历任地理编辑室主任、总编室主任、副总编辑、社长兼总编辑、《课程·教材·教法》杂志主编。曾参与主持编审第二套至第八套全国通用的部分中小学教材；组织编辑出版“中国古代教育论著丛书”“中国近代教育论著丛书”“外国教育名著丛书”和“教育学文集”等教育学术丛书；主编《小学教育学》和“教育学丛书”“国际中小学课程教材比较研究丛书”；与陆静山共同主编《新编小学生字典》，与黄成稳共同主编《朗文中文高级新辞典》；著有专著《课程教材改革探索》。曾被选为中国教育学会常务理事、副会长，中国教育学会教育学分会理事长。曾被聘为全国中小学教材审定委员会第一届至第三届审定委员。

叶立群：著名的教育教材专家

吴履平

一

人民教育出版社成立后，继叶圣陶、戴伯韬的第三任社长兼总编辑叶立群，是我尊敬的导师和领导。1973年，我进入人教社，在他领导下工作三十多年。这是我一生中工作最繁重、最艰辛也是最有挑战性和成就感的年代。

“老叶、老叶”，叫了一辈子。无论他是主任，还是社长、总编、党委书记三位一体，全社从上到下，老同志、年轻人、大专家、小工人都叫他“老叶”，没人叫他的职务。亲切的称呼体现了他的为人——待人平等。

老叶是湖北人，新中国成立前参加中共地下党，1947年毕业于复旦大学史地系，曾任武汉市中小学教职员联合会主席，中南军政委员会教育部科长。1954年，他调入人教社，先后担任地理室主任、总编室主任、副总编辑、社长兼总编辑。

1950年9月，中央确定中小学教材全国统一供应的方针，12月，人民教育出版社成立。毛泽东主席题写了社名。文学家、教育家、编辑出版家叶圣陶任社长兼总编辑。为了充实编辑力量和领导力量，当时从全国各地调集了二三百名专家、学者，其中不乏大家。辛安亭、戴伯韬、吴伯箫先后担任副社长兼副总编辑，协助叶老领导大家编书。老叶也在这时调入人教社。七十年来，人教社编辑出版了十一套中小学通用教材，老叶参与领导和主持了第二套至第八套教材的编审和部分教学大纲的制定工作。他几十年如一日，勤奋工作，不断探索，锐意革新，成绩卓著。

我从教育部调到人教社，心里不平衡，认为降级了，看不起编“小书”。报到后见到老叶，他对我说：“你从教育部来，这里是学术单位，要重新学习，逐步适应。我们编的是‘小书’，薄薄的一本，但它也是‘大书’，两亿多中小学生读的书，世界上哪里有一本书拥有这么多的读者。我们责任重大，你要多读书，要当专家，不是当官。”在他的指导下我逐步进入角色。

作者简介：吴履平，曾任人民教育出版社总编辑、课程教材研究所所长、中国教育学会地理教学研究会副理事长。

1989年人教社领导班子成员（左五为吴履平，左七为叶立群）

二

1977年，邓小平复出，首先抓教育、抓教材。他指出“关键是教材”“教材要从中小学抓起”。他指示要编全国通用教材，要引进外国教材参考。他说：“教材要反映出现代科学文化的先进水平，同时要符合我国的实际情况。”在中央的支持下，教育部迅速调回了人教社部分编辑、出版人员，并从各地抽调大、中、小学优秀教师百余人，以“全国中小学教材编写工作会议”的形式，开始进行编写工作。老叶是领导小组主要成员，主持日常工作。他以高度的政治责任心和事业心，满怀激情、夜以继日地工作，带领全体编辑人员在很短的时间内，拨乱反正，编写出一套新的中小学教材，1978年秋在全国使用。这套教材对恢复、稳定正常教学秩序起了重要作用。

20世纪80年代，叶老、戴老去世，老叶被国务院任命为人教社社长兼总编辑。他不负众望，挑起了这副重担。老叶思想敏锐，见解开阔，紧跟时代潮流，打开社门，走出去、请进来，开展国际交流。这时联合国儿童基金会、世界银行、人口活动基金会等国际组织进入人教社，进行人员培训和设备援助。人教社派人出国考察、进修，请外国专家来社参观、访问。通过交流，人教社的教材编写和出版印刷逐步走向现代化。

1983年，老叶提出建立课程教材研究所。邓小平题写了所名。教育部任命首任所长武永兴、学术委员会主任张志公，两块牌子，一套人马，以改变国际交流中认为人教社是出版商的误解。这既加强了我们对教材的研究，又促进了国际交流。

老叶要求编辑研究美、俄、日、英等外国教材，作为参考。他带领编辑室主任赴日本考察中小学课程，赴美国考察科学教育，了解、研究世界教育改革动态。20世纪80年代，人教社开始同外国合编教材。合编的第一本是同英国朗文出版公司合编的英语教材，由老叶亲自带领中方主编赴英国签约。之后，人教社与苏联普希金俄语学院合编俄语教材。人教社与日本光村图书出版株式会社合作编写的《中日交流标准日本语》，在国内外畅销，至今未衰。20世纪90年代，人教社同日本、韩国研讨两国历史、地理教材，轮流互动，延续多年。频繁的国际交流，使外国人了解了中国，也使我们了解了外国，并从中吸取经验教训。

叶立群代表人教社与英国朗文出版公司负责人签署合作编写中学英语教材协议

叶立群代表人教社与日本光村图书出版株式会社签署合作编写《中日交流标准日本语》协议

三

新中国成立七十年来，中小学教材建设取得了很大成绩。老叶亲自经历、参与、领导中小学教材建设五十年，积累了丰富的经验。他的专著《课程教材改革探索》一书，是他毕生从事课程教材研究的成果，是一部很有价值的学术著作。他在书中科学总结了新中国前四十年教材工作在曲折中前进的经验教训。他对我国教育改革和课程教材建设提出了不少精辟的见解，它们是我国课程理论建设和实践的宝贵财富。

老叶经常教育我们“要在研究的基础上编教材”，说教材不是学术著作，不是文学作品，而是培养青少年一代健康成长的教科书，要贯彻党的教育方针，体现培养目标。老叶是教材的总设计人，他确立指导思想和编辑原则。他要求教材编者精心设计、安排教学内容，要编出教师爱教、学生爱学的教科书。为此，教材要经过试教，听取广大教师的意见。1978年的教材，编者召开了400余次座谈会。1993年义教教材在全国28个省市20余万学生中进行实验，出版后在全国使用。

老叶是专家，也是好领导。他有很强的行政领导能力，善于团结社内外德高望重的专家、学者，发挥他们的专长。几十年来，人教社坚持“三结合”编者队伍和教材的“三审制”。先后聘请周谷城、华罗庚、吕叔湘等各学科著名专家任顾问，聘请社内隋树森、张中行、王泗原等专家检查教材，这就大大提高了教材质量。多年来，人教版教材每学期“课前到书，人手一册”，这件事看似普通，却是多少人兢兢业业、挑灯夜战才能做到的啊！

老叶是教育家。他一贯重视教育理论的研究，组织编辑出版了“中国古代教育论著丛书”“中国近代教育论著丛书”“教育学文集”“外国教育名著丛书”等大型学术丛书，为我国教育理论研究做出贡献。他主编的《课程·教材·教法》杂志是理论和实践结合的典范，学术水平高，指导性强，多年来被评为全国优秀期刊。

老叶一生从事教育教材事业，他呕心沥血、无私奉献，团结和爱护干部，深得教育界同人的尊敬。他历任中国教育学会副会长、教育学分会理事长、顾问。由于他对中小学教材编写有丰富的经验和重大贡献，被教育部聘为全国中小学教材审定委员。1991年离休后，他又被聘为人教社顾问、咨询委员。

今天，人教社欢度七十周年庆，使我们不由得怀念我们的老领导、老专家、老朋友。他们是教材的开创者、奠基人，他们创造了人教社的辉煌。今天，我们人教人生活在国家富强、科技发达的美好时代，担负着教材建设的重任。我们将继承老一辈的敬业精神和严谨刻苦的优良作风，开拓进取、锐意革新，为我国的教育教材事业做出更大贡献！

《课程·教材·教法》杂志创刊号

张毕来（1914—1991）

张毕来（1914—1991），贵州凯里人。我国著名文学家，新中国中学语文教材的开拓者。1937年肄业于浙江大学文理学院。历任“台湾抗日义勇队”秘书，中共地下党支部书记，桂林师范学院副教授，东北师范大学中文系教授及系主任、图书馆副馆长，华东师范大学中文系教授。1954年调入人民教育出版社，担任中学语文编辑室主任，主持编写中学统编文学课本。1962年调到民盟中央工作，先后担任宣传部副部长、部长等职务。曾任第四、第五届全国政协委员和第六、第七届全国政协常委，中国《红楼梦》学会副会长，中国统战理论研究会常务理事。著有《欧洲文学史简编》《新文学史纲》《漫说红楼》《红楼佛影》《贾府书声》《红学刍言》《张毕来文选》，译有《走向自由——尼赫鲁自传》《监狱——我的第二家庭》《亚当·比德》《小北斗村》等。

张毕来与中学语文课本的改革

段宝林

张毕来同志是贵州凯里人，因为曾经主编中学语文课本而赫赫有名。他是怎样编教材的呢？他主编的这套语文课本有什么特点和价值呢？为什么影响如此之大呢？本文想着重谈谈这些问题。

1953年教育部决定要学习苏联先进经验，在中学母语教育中，把语言和文学分为两门课。这是一个很大的改革，是有一定的道理的。我们知道，苏联的教育部是由列宁的夫人克鲁普斯卡娅亲自领导的，教育的水平很高。而文学教育又受到革命文豪高尔基的热情关怀。他们的先进经验很值得学习。把语言和文学分开成为两门课，将大大加强课程的系统性和内容的深度，但是分别编写教材的难度也是非常大的。

这次的改革受到毛泽东同志和党中央的重视，召开了党中央政治局扩大会议，征求了许多著名作家如茅盾、老舍、叶圣陶等人的意见，讨论决定由中宣部副部长胡乔木同志直接领导，并且决定由教育部副部长、著名老作家、曾经编过语文教材、富有经验的叶圣陶先生主持此项工作。《汉语》课本由著名语言学家张志公先生主编，《文学》课本就由张毕来同志主编。

1954年，张毕来同志调来北京任人民教育出版社中学语文编辑室主任。这是经过慎重研究的决定。因为他是最合适的人选。为什么呢？我们看张毕来同志的履历就可以知道，他在文学上的修养和造诣都是很高的。张毕来从6岁在私塾开蒙后，就熟读“四书”“五经”，12岁上小学时，又读了《红楼梦》《西游记》《说唐》等许多中国古典

作者简介：段宝林，北京大学中文系教授，曾任中国民俗学会副会长。

小说。1929年15岁时，他考入贵州省立男子师范学校读书。此时，他读书很杂，受到马列主义的影响，已开始写作，并且当选为学生自治会主席，还组织了进步组织“血潮社”，编辑出版了《血潮》周刊。他们还创办过《贵阳晚报》。在这些活动中，他写了许许多多文章，在写作上得到很大的锻炼。

1936年，他考入浙江大学文理学院教育系，又组织读书会、黑白文学社，从事文学创作，也写文学评论。1937年4月，他加入中华民族解放先锋队，出任县民众教育馆馆长。当时的民众教育馆和我们现在的文化馆差不多，是与普及文学艺术有关的，这就更接近文学了。1938年9月，他在浙大入党。他从事抗日宣传，曾协助台湾同胞筹建“台湾抗日义勇队”，担任秘书，主编《台湾先锋》月刊，曾创作义勇队队歌等作品。

张毕来（二排右一）和家人合影

他在浙东进行抗日活动时的直接领导人，是文学家邵荃麟同志。邵荃麟是陀思妥耶夫斯基的名著长篇小说《被侮辱与被损害的》翻译者，20世纪40年代在香港从事文学组织领导工作，新中国成立后长期担任中国作家协会的党组书记，受到许多著名作家的爱戴和尊敬。邵荃麟住在北京东城，1958年我曾在他的家中见过他和葛琴同志，他们都是非常热情而诚恳的老革命。

正是在邵荃麟同志的领导下，在20世纪40年代，张毕来曾在上海从事地下工作，在上海女子中学教书。1942年，他在桂林开始用张毕来的名字发表作品，翻译了《走向自由——尼赫鲁自传》和《监狱——我的第二家庭》。凭此二书，他成为桂林师范学院的教师，讲授上古史和外国文学课。

1945年他把讲义写成《欧洲文学史简编》一书在桂林文化供应社出版。这是一家由作家开办的出版社。这本书也是中国第一部欧洲文学史，因为内容翔实，一直受到人们的重视。中国社会科学院外国文学研究所的杜文堂教授说，他们在五六十年代编写《德国文学史》时，还常常参考这本书。

张毕来对古典小说如《红楼梦》等也很有研究，写过许多文章和专著，后来还成为中国《红楼梦》研究会的副会长。1947年，他在上海被捕，在狱中翻译了英国作家乔治·艾略特的长篇小说《亚当·比德》。该书1950年在上海出版。

1949年，张毕来同志经香港到达长春，出任东北大学、东北师范大学中文系教授兼系主任。他在中文系教现代文学，着重讲授文学运动史的内容。当征求邵荃麟同志的意见时，邵荃麟说，文学史要以作家、作品为主。他觉得这个意见很好，就在其讲义《新文学史纲》中大大增加了对作家、作品的分析。

1951年，他又从英文转译苏联长篇小说《小北斗村》，并在上海新文艺出版社出版。这是儿童文学的经典作品，在教育界影响很大。

1953年，他调上海华东师范大学中文系任教，接受邵荃麟同志的意见，他在《新文学史纲》中重点讲作家、作品，把茅盾、老舍、巴金、曹禺等大作家都列专章讲授，这在新文学教材中是第一个，是重要的创新之举。此书1955年在上海文艺出版社出版，被学界认为是现代文学研究的新进展。

于此可见，张毕来同志虽然没有上过中文系，但是他通过自学和自己不懈的努力，对古今中外的文学作品都相当熟悉，而且，他在大学、中学都教过书，对青少年教育非常关心和热爱。这些难得的条件，当然使他成为主编教材的最佳人选。这是顺理成章的吧。

张毕来同志在主编中学文学课本、教材的过程中，非常认真负责，注意运用马列主义的工作方法，走群众路线。他到中学调查研究，征求意见，召开各种座谈会，向作家茅盾、老舍、巴金、杨朔、吴伯箫、萧三、臧克家等人咨询、请教。

在叶圣陶领导下，他对整个中学6年的12本文学教材课本的框架和篇目，对每一篇课文，都仔细审读，在文字上做编辑加工，字斟句酌，连一个标点符号也绝不放过。

每一篇课文，他都要在编辑会上一句句地审读通过，困难的往往用时一两

张毕来译的《亚当·比德》

个星期。例如，他们对法国作家都德的爱国主义名篇《最后一课》的译文不太满意，就一句句地研究修改，要求做到“信、达、雅”。在叶圣陶、张毕来先生亲自主持下，编辑组竟讨论、修改了两个星期。这就使这篇译文成为真正的经典，至今课本中还在使用。

除了审读课文，他还要编写注释、说明、文学知识（分文学理论知识、古典文学知识、现代文学知识、外国文学知识等）和辅导材料，编了一套“中学语文课本教学参考资料”，供中学语文教师在教学中参考，还计划编写一套作文写作教材，后来未能完成。

此外，他还拟订了一套课外阅读的文学书目——由人民口头创作（即民间文学）开始，到古典文学，再到现代文学、外国文学。这些工作都是张毕来同志亲自抓甚至亲自执笔、修改完成的。课本编写完成后，先在全国79所学校试用，征求意见进行修改。在普遍征求各地的使用意见时，反映都很好，广受欢迎，于是从1956年开始，作为部编教材课本正式在全国中学使用。

这套中学文学课本的体系是这样安排的：初中一、二册按内容编排，三、四册按文学史的顺序编排，五、六册则按文体编排，高中一至四册按文学史从古到今的顺序编排，五、六册为外国文学。

这套课本所选作品都是文学史上公认的经典，内容丰富全面。以初中文学第四册为例，散文方面有《先秦诸子文选》《晏子使楚》。古诗方面有屈原《楚辞》二篇、陶渊明《归园田居》、《木兰诗》、李白诗三首、陆游诗三首、辛弃疾词二首等。小说节选《三顾茅庐》《刘姥姥进大观园》，然后是文学常识《我国古典文学》。

该书的后半册是现代文学，有鲁迅《风波》《聪明人和傻子和奴才》《为了忘却的记念》，闻一多诗二首《发现》《一句话》，瞿秋白《一种云》，茅盾《春蚕》，李季《王贵与李香香》，巴金《我们会见了彭德怀司令员》，艾芜《夜归》，秦兆阳《在原野上，前进！》，最后是文学知识《我国现代文学》。这里的现代文学是包括当代文学的，尽管当代文学当时只有六七年的历史。这里的《现代文学知识》是由张毕来同志亲自执笔写的。1956年，此文曾作为中国参加在印度召开的亚非作家会议代表团团长茅盾先生主题发言的主要内容，可见其内容之精。

课外阅读的书目有杨朔《三千里江山》、赵树理《三里湾》，这是当代文学的新作，还有《水浒传》选读《林冲》《智取生辰纲》，现代文学名家鲁迅、郭沫若、茅盾、巴金、曹禺、艾青、臧克家等人的作品，还有柳青的《铜墙铁壁》以及外国文学名作《安徒生童话选》、《牛虻》、《绞刑架下的报告》、《堂吉诃德》、《鲁滨逊漂流记》、《大卫·科波菲尔》、《高老头》、《可怜的人》（雨果）、《莫泊桑短篇小说选》、《德国——一个冬天的童话》（海涅）等。当时的指导思想是，要求符合大政方针、时代精神、社会公德，使学生得到系统的文学知识。

这些文学知识确实是每一个有文化的中国人所应该具备的。这套教材发行后受到了热烈的欢迎，但是也受到一些批评。批评意见主要是："分量过重，内容太深，没有由浅入深；重视了纯文学，忽视了作文的知识和应用文的教学""厚古薄今，脱离实际，脱离政治"……这后一种意见带有政治性，在1957年"反右"之后提得更多。于是课本在使用了一年半之后即于1958年停用。

现在看来，这套课本有优点也有缺点，加以改变是可以的，但不管怎么说，它的优点是主要的，并且产生了深远的影响，至少其中的许许多多文学名作、范文为后来的语文教材打下了很好的基础。很多学习过这套教材的学生，后来有成为作家的，他们说许多文学名著的学习，使他们终生难忘，留下了美好的印象。

2006年发表的邢瑛、刘正伟《1956年汉语、文学分科教学综论》评价说：这是20世纪中国语文教育史上的一个重要的里程碑。这是非常正确的历史结论。

在这次破天荒的语文教学改革实践中，张毕来和人民教育出版社的其他同志付出了艰巨的劳动，取得了很大的成果。这是具有历史意义的改革，这是意义深远的成果。我们要科学地总结这次改革，充分地肯定并利用这个宝贵的成果。

我们今天纪念张毕来同志无疑是有很大现实意义的。张毕来同志说过："培养有理想、有道德、有文化、守纪律的一代新人，是我们建设社会主义精神文明的一项重要任务。……优秀的文学作品体现着作家良好的思想和高尚的情操。它潜移默化，入人之深，往往是惊人的。有时候，它会贯穿着人的一生，影响他一生的社会实践。”这个意见是非常深刻的，是他长期社会实践的体悟、经验。但是，我们是不是已经真正理解了呢？请听他说：“可惜，对于文学教育的重要性，尤其是在学生品德培养上的重要性，有些人并未重视。我以为从事教育工作的同志应该充分地重视它。”

我们今天要建设的是社会主义而不是资本主义，需要的是先进文化，而不是过时的落后文化。如今我们纪念张毕来同志，就要学习他坚持革命进步的崇高精神，把社会主义的、进步的文学工作搞得更好。

（摘自《纪念张毕来文集》，贵州人民出版社2013年版，有改动）

张毕来题词

陈元晖（1913—1995）

陈元晖（1913—1995），福建福清人。我国著名心理学家、哲学家、教育家。1933年从福州师范学校毕业后在福州实验小学当教师。1936年考入中央大学教育学院心理系。1938年加入中国共产党。1940年奔赴延安，编辑《中国青年》杂志和《中国青年运动史》，后又在延安中央研究院教育研究室工作。1946年被分配到东北行政委员会教育委员会任秘书。1947年任哈尔滨大学副教务长，兼教育系主任和实验小学校长。1948年调入东北大学（东北师范大学前身），任教育研究室主任，兼图书馆馆长。1950年任东北师范大学教育系第一任系主任，兼附中校长。1954年被选派到人民教育出版社工作，担任教育编辑室主任。1957年被抽调参与筹建中央教育科学研究所，1960年正式调到该所任研究员。1964年又调到中国科学院哲学研究所（1977年更名为中国社会科学院哲学研究所）任研究员。改革开放以后，曾任国务院学位委员会教育学科评议组成员，中国社科院研究生院博士生导师，中国教育学会副会长，全国教育学研究会副理事长、代理事长，中国心理学会副会长，中国社会心理学会创会会长，《心理学报》副主编，《中国大百科全书·心理学》副主编等。发表和出版诸多有关教育学、心理学和哲学的学术论文和专著，大多收录在《陈元晖文集》（1992）和《陈元晖教育文集》（2011）中。

陈元晖：新中国教育学科教材和图书出版事业的开拓者

郭　戈　刘立德

在我国现代学术界，能够将教育学、心理学和哲学融会贯通的大家屈指可数，陈元晖先生是其中之一，他曾谦虚地自称“杂家”。新中国70多年教育学的发展和成就，离不开一批马克思主义教育学者的开拓和奠基，陈元晖是其中的一位优秀代表。人民教育出版社成立后编辑出版了一系列具有广泛影响的教育学科教材和著作，其中也有人教社教育编辑室早期负责人陈元晖的一份功劳。

20岁时，陈元晖发表了他的第一篇论文《苏联心理学的成就》(《福州实小》1933年)。他在中央大学教育学院心理系读书时，又发表了《注音符号联络汉字教学与联络口语教学的比较实验》(《福建教育》1936年第9期)、《赫拉克里图之哲学思想》(《校风》1937年)、《科学的心理建设与民族主义之完成》(《中山文化教育馆季刊》1937年第2期)等论文，从此坚持研究教育、心理和哲学问题。

陈元晖一生先后在诸多学校、教育机构、研究机构和学术社团的学习、教学、研究的经历以及丰富的社会活动，造就了他广阔的学术视野和鲜明的学术个性。他打破学科壁垒，旁征博引，在多学科之间游刃有余，并以丰富的学识刻苦钻研，在所涉及的多个学术领域都成绩斐然、独辟蹊径、独树一帜。他撰写或主编了一批具有广泛影响的论著，如《实用主义教育学批判》(人民教育出版社1956年版)、《无神论浅说》(湖北人民出版社1956年版)、《范缜的无神论思想》(湖北人民出版社1957年版)、《教学法原理》(湖北人民出版社1957年版)、《论假说和实用主义对它的歪曲》(上海人民出版社1957年版)、《马赫主义批判》(商务印书馆1963年版)、《现代资产阶级的实用主义哲学》(上海人民出版社1963年版)、《论冯特》(上海人民出版社1979年版)、《中国现代教育史》(人民教育出版社1979年版)、《王国维与叔本华哲学》(中国社会科学出版社1981年版)、《康德的时空观》(中国社会科学出版社1982年版)、《中国古代的书院制度》(上海教育出版社1981年版)、《老解放区教育简史》(主编，教育科学出版社1981年版)、“社会心理学丛书”(主编，云南人民出版社1985年版)、《教育与心理辞典》(主编，福建教育出版社1988年版)、《论王国维》(东北师范大学出版社1989年版)、《陈元晖文集》(共3卷，福建教育出版社1992年版)、《中国教育学史遗稿》(北京师范大学出版社2001年版)、《中国近代教育史资料汇编》(主编，上海教育出版社2007年版)、《陈元晖教育文集》(江苏教育出版社2011年版)等。

作为中国现代著名的教育学家、心理学家、哲学家，陈元晖与人教社结下了不解之缘。1953年年底到1954年年初，根据1953年5月17日毛泽东同志主持的中央政治局会议做出的“重视教材，抽调大批干部编教材”的决定①，中央组织部、人事部和教育部从全国各地选调了一批得力的教育干部和教材专家②充实到人教社。时任东北师范大学教育系主任兼附中校长的陈元晖，就是被抽调的知名专家之一。从1954年奉调北京担任人教社教育编辑室主任③，到1957年被抽调参与筹建中央教育科学研究所，再到1960年正式调入中央教科所，他在人教社工作期间，在分管领

1954年7月8日，东北师范大学教育系全体师生欢送系主任陈元晖(四排中间)赴北京

①《1953年5月17日中央政治局举行会议讨论教育工作》，人民网《历史上的今天》(2003年5月17日)。

② 其中教育学科(教育学、心理学)被抽调的干部和专家有戴伯韬、陈元晖、曹孚、王铁、许椿生、陶蔚扬、陈远晖、谢隆英等。

③ 之前教育编辑室(1952—1954)负责人是陈侠，其前身为教育编辑组(1950—1951)，组长为朱智贤。

导戴伯韬、辛安亭指导下，从一名大学教授、知名学者转变成为一名优秀的编辑出版者，为新中国初期教育学科教材和一般图书编辑出版事业做出了重要贡献。

主持编辑出版了一批影响后世的教育学科教材和一般图书

（一）凯洛夫主编的新版《教育学》

新中国成立之初建设新教育的方针是：以老解放区新教育经验为基础，吸收旧教育某些有用的经验，借鉴苏联教育的先进经验。陈元晖到人教社走马上任时，正是全面学习苏联教育的高潮时期，所以教育编辑室编辑出版了不少苏联的师范教材和教育理论著作，其中影响最大的引进教材就是凯洛夫著的新版《教育学》（1956年俄文版，凯洛夫总主编，冈察洛夫、叶希波夫、赞科夫主编）。1956年年底，凯洛夫率团访华，教育部副部长兼人教社社长、总编辑叶圣陶会见了凯洛夫，凯洛夫向叶圣陶透露了其新版《教育学》修订完毕并已经出版的信息。叶圣陶认为，人教社应尽快翻译出版新版《教育学》，以进一步满足全国上下学习苏联教育学的需要。凯洛夫听后非常高兴，回国后立刻派人将新版《教育学》寄给人教社。于是，由陈元晖具体负责，教育编辑室便紧锣密鼓地组织本室编辑（陈侠、李沂、熊承涤、郭如琴、张渭城）和社外专家（朱智贤、邵鹤亭、于卓、李子卓、陈友松）进行翻译，很快于1957年3月由人教社出版了该书，首印精平装合计130 000册。陈元晖在其《中国教育学七十年》（1991）中指出，新中国成立后教育研究进入新时代，而“教育研究新时代的开始，是以凯洛夫的《教育学》传进中国为其标志”。“如从1949年算起，到1989年，这一著作已在中国流行达40年之久，影响之深和影响时间之久，还没有一本其他教育学专著可以与它相比拟。凯洛夫的《教育学》对中国教育理论界的影响，有好的一面，但也存在不好的一面。只说它不好是不公平的，但说它尽善尽美，也是不切合实际的过誉”。

（二）教育学、心理学、教育史著作和教材

1954年4月，教育部颁发《教育系暂行教学计划》，对编写教育学科师范教材工作做了具体部署。为此，陈元晖领导教育编辑室做了大量工作，组织编辑出版了一系列有关教育学、心理学、教育史和学前教育学的教材、著作等，有些是在他离开人教社后出版的。

教育学方面的有崔可夫著的《教育学讲义》（北京师范大学教育学教研室译，1954），申比廖夫、奥哥洛德尼柯夫的《教育学》（陈侠、熊承涤等译，1955），俄汉对照的《教育学名词》（人教社编订，1957），《资产阶级教育思想批判》（共三辑，1955—1956），《实用主义教育学批判》（陈元晖著，1956），《苏联大百科全书选译·教育学和教育史》（共三辑，1956—1957），凯洛夫的《关于苏维埃学校和教育科学问题的几个报告》（1956），加里宁的《论共产主义教育和教学》（1957），莫诺兹昂等著的《教育科学研究法》（陈友松等译，1957），《列宁教育文选》（1957），《马克思恩格斯论教育》（1958），《马克思主义经典作家论教育》（戴伯韬等编，1958），《列宁论国民教育》（1958），《毛泽东同志论教育工作》（1958）等。

心理学方面的有查包洛塞兹著的《心理学》（朱智贤、赵璧如译，1954），捷普洛夫的《心理学》（赵璧如译，1954），阿良莫夫的《儿童年龄特征》（孙晔等译，1954），康斯坦丁诺夫的《世界教育史纲》（于卓、陈侠等译，1954），佛廖罗夫的《学校卫生学》（南致善等译，1954），萨马林的《心理学教学方法》（1955），阿尔捷莫夫的《心理学概论》（赵璧如译，1955），《批判实用主

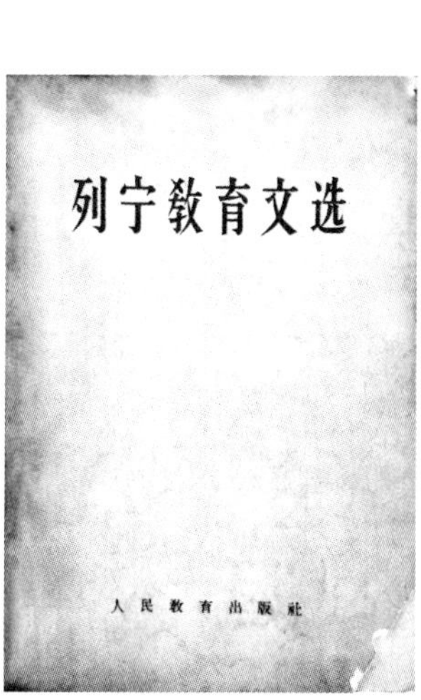

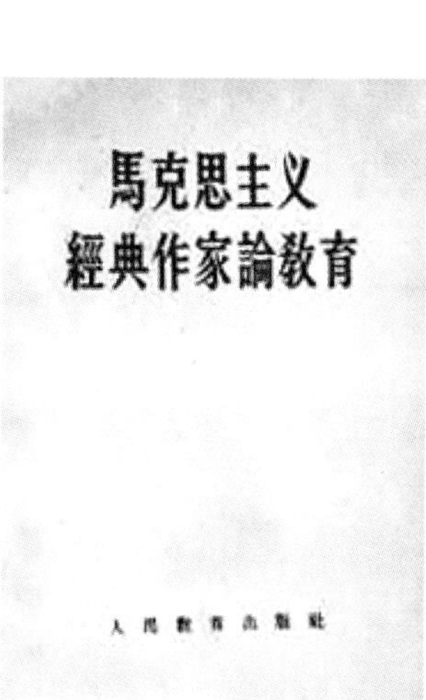

陈元晖参与编辑出版的部分图书

义者杜威在心理学方面的反动观点》（朱智贤著，1956），彼得鲁舍夫斯基的《心理学的哲学基础和自然科学基础》（北京师范大学教育系心理学教研组译，1957），富尔顿纳多夫、彼得鲁舍夫斯基的《心理学》（朱智贤等译，1957），斯米尔诺夫总主编的《心理学》（朱智贤等译，1957），考夫卡的《儿童心理学新论》（高觉敷译，1957），沃洛基亭娜的《小学儿童心理学概论》（朱智贤等译，1957），沃洛基亭娜的《一年级学生心理学概论》（俞琴译，1957），列维托夫的《青年初期学生心理学》（张述祖译，1957），爱克捷姆普良斯基的《学校教导工作心理学概论》（王家驹译，1957），索洛维耶夫主编的《智力落后儿童认识活动的特点：心理学论文集》（卢仲衡等译，1958），沙尔达科夫的《中小学生心理学概论》（朱智贤等译，1958）等。

教育史方面的有米定斯基的《马卡连柯的生平和教育学说》（1955），沙巴也娃主编的《教育史》（1955），《马卡连柯全集》（许磊然等译，1956—1959），顾树森的《学记今译》（1957），克腊斯诺夫斯基的《夸美纽斯的生平和教育学说》（杨岂深等译，1957），夸美纽斯的《大教学论》（傅任敢译，1957），洛克的《教育漫话》（傅任敢译，1957），康斯坦丁诺夫等的《教育史》（李子卓、于卓等译，1957），《柏拉图论教育》（郑晓沧译，1958），以及教育科学研究所编的《抗日战争和解放战争时期陕甘宁边区的教育》（1958）等。

（三）其他各类教育图书

1954年6月，教育部批准了人教社负责人戴伯韬主持起草的《关于人民教育出版社当前任务、编辑方针、组织机构及组织领导的决定》。该文件提出要吸收苏联先进经验，新编、改编师范教材，并重点编译各科教学法、教学参考资料及一般教育理论、教育方法、教育政策等方面的图书。陈元晖所在的教育编辑室的主要任务就是贯彻落实这个文件，负责师范院校教材和教育图书的研发工作。

课程与教学方面的有《苏维埃学校的课堂教学》（译著，1955）、《复式教学讲话》（1955）、《学校和教师经验的研究和总结》（译著，1956）、《怎

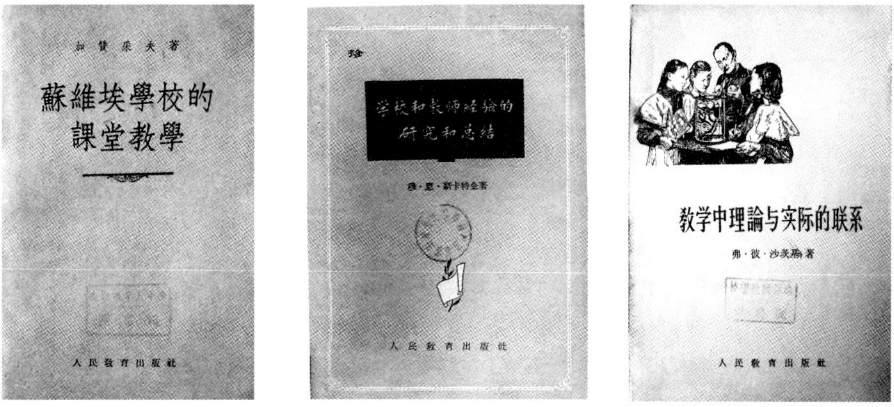

陈元晖参与编译的部分教育图书

样使学生自觉而牢固地掌握知识》(译著，1956)、《成人识字教学》(1956)、《聋哑学校的课堂教学》(译著，1956)、《我怎样理解和想象周围世界》(译著，1956)、《盲童游戏》(译著，1957)、《教学中理论与实际的联系》(译著，1958)、《师范学校小学自然、历史、地理教学法》(1958)、《教学经验的研究和推广》(译著，1958)等。

教育政策方面的有《苏联普通教育法令选译》(译著，1955)、《学校视导》(译著，1955)、《县市教育行政部门工作的规划》(译著，1956)、《先进教师经验的研究和推广》(译著，1956)、《各国教育概况》(1958)、《苏联国民教育介绍》(张安国、高时良主编，1958)、《苏联的国民教育》(译著，1958)、《德国民主学校》(译著，1958)、《认真执行教育方针》(1958)、《社会主义建设高潮》(三册，1958)、《我国教育工作方针》(1958)、《教育与生产劳动相结合经验交流资料》(1958)等。

学前教育方面的有马卡连柯的《儿童教育讲座》(译著，1954)，维捷诺夫的《家庭中的儿童意志教育》(译著，1955)，马卡柯娃的《家庭中幼儿的劳动教育》(译著，1955)、《幼儿园教养员工作指南》(金世柏等译，1955)、《学前儿童体育》(译著，1955)、《幼儿园教养员工作经验》(1955)，梅特洛夫等的《幼儿园音乐教育（教学法）》(丰子恺等译，1956)，马卡连柯的《父母必读》(译著，1956)等。

基础教育方面的有《为加强集体主义教育而斗争》(人教社编译，1955)、《为加强自觉纪律而斗争》(人教社编译，1955)、《为加强爱国主义教育而斗争》(人教社编译，1955)、《学生的意志教育》(熊承涤译，1955)、《怎样进行劳动教育》(王铁著，1955)、斯卡特金的《中小学的综合技术教育》(于卓等译，1955)、《学生集体的组织和教育》(译著，1956)、《苏联儿童的劳动教育问题》(译著，1956)、《十位不朽的教师》(洛寒著，1956)、《班主任工作的经验》(1956)、《中学的综合技术教育》(译著，1956)、《班主任》(陈友松译，1956)、《中国中小学教师访苏代表团报告集》(三册，1956—1957)、《小学生守则和实施原则说明》(吴研因著，1957)、《怎样组织和领导学生的课外活动和校外活动》(张定璋等译，1958)、《中学综合技术教育的经验》

（译著，1958）等。

师范教育方面的有《师范学校教育实习经验选集》（人教社编，1955）、《教育学教学经验选集》（人教社编，1955）、《师范学校教育实习办法》（教育部编，1956）、《师范学校教学计划和幼儿师范学校教学计划》（教育部编，1956）、《师范学校规程·师范学校附属小学条例》（教育部编，1956）、《波兰人民共和国师范教育制度改革问题》（译著，1956）、《教育学专题课堂讨论》（译著，1957）、《师范学校教育工作的初步经验》（人教社编，1958）等。

由此可见，新中国初期全面向苏联学习，在翻译和出版苏联教育理论和教育经验方面的体现是十分明显的，也是富有成效的。据何东昌主编的《当代中国教育》（当代中国出版社1996年版）统计，到1957年11月，我国一共翻译出版苏联教育书籍360多种。另据教育部副部长柳湜1957年11月8日在《教师报》头版发表的《坚决走社会主义道路　坚持学习苏联方针》披露：1951—1957年仅人教社一家翻译出版的苏联教育书籍就达303种之多。陈元晖在人教社直接或间接参与了这些教育图书及其他著作的部分策划编写和编辑出版工作，有的书是在他离开人教社后才正式面世的，其对20世纪50年代中后期的教育学科教材和一般图书的贡献是显而易见的。

主持创办人教社第一个自创期刊——《教育译报》

1955年，陈元晖负责的教育编辑室决定筹备创办《教育译报》。1956年1月，《教育译报》双月刊正式创刊，由人教社编辑出版，专门翻译介绍苏联的教育理论和经验，主要栏目有《马克思列宁教育经典著作》《教育学理论和实践》《教育史》《教育科学研究》《苏联和其他社会主义国家教育改革的文献和论著》《教育与生产劳动相结合的理论和经验》《教学内容和教学方法》《各国教育概况》等。这是人教社第一个真正自创的教育类刊物①，也是当时国内唯一的专门介绍国外教育动态的学术杂志。该刊到1960年6月（出到当年第3期）因中苏关系恶化而停刊，前后近五年一共印行27期。而且，《教育译报》编辑部还不时结合平日办刊，将一些译文分类结集在人教社出版，如《各国教育概况》（1958）、《怎样把教育同生产劳动结合起来》（1959）等，形成了书刊互动的良性循环。《教育译报》副主编陈侠回忆说：

---

① 之前人教社的《语文学习》杂志和代管的《人民教育》杂志都是在人教社成立前创刊的。此外，1956年1月创刊的《心理学译报》（主编吴江霖，副主编朱智贤）虽然是人教社出版的，但主要不是人教社编辑的，而是由中国心理学会编辑委员会（主任曹日昌，委员朱智贤、吴江霖、唐钺、陈元晖）编辑的。该刊1957年改由科学出版社出版，1958年停刊。

陈元晖主编的《教育译报》杂志和该杂志编辑部编辑的两本书

《教育译报》由陈元晖和我负责，熊承涤、张渭城、李沂、朱典馨、谢隆英、郭如琴、刘直奉、王常茂、陆苹芳、赵湛、章决初、张嗣玺、肖云瑞、叶杜等同志先后参加工作。……当时中央编译局还没有把《列宁全集》全部译出，教育编辑室的同志就计划把有关列宁教育的论著先译出来发表。1956—1957年的《教育译报》双月刊上，每期都载有1—2篇列宁有关教育的论著。1957年又编译出版了《列宁教育文选》，选入的文章都是苏联规定投考副博士的研究生必须学习的篇目。①

顾明远谈及这个刊物时说："赞可夫第一篇中译论文是我翻译的，登在1958年的《教育译报》上②。人民教育出版社这份《教育译报》，主要是翻译苏联的文章。我翻译一篇文章的稿费比我的工资都高。这件事我都忘了，后来瞿葆奎先生编《教育学文集》的时候找到了这一篇译文，才想到是我翻译的。"③刘宝存评价说："1956—1960年，人民教育出版社创办并出版发行《教育译报》杂志。该杂志在新中国成立初期为翻译和介绍苏联教育理论和教育制度做出了历史性的贡献。"④"以编年体全面反映中华人民共和国各个领域重大史事的资料书"的《中华人民共和国史编年·1956年卷》将"1月27日《教育译报》创刊"，作为1956年的一个重要"纲文"，并在"目文"称："该刊为双月刊，主要从苏联出版的有关教育报刊上，选译与中国教育工作中亟待

① 陈侠著：《课程论重建与教育科学研究》上册，人民教育出版社2017年版，第232、252页。

② 赞可夫：《论教育和发展的问题》，顾明远译自《苏维埃教育学》杂志，载《教育译报》1958年第3期。

③ 郭华主编：《留一块黑板：与顾明远先生对话现代学校发展》，教育科学出版社2013年版，第164—165页。

④ 刘宝存、张伟：《中国比较教育的制度化：历程、挑战与变革》，《中国教育科学》2016年第3辑。

解决的问题的材料发表。1960年第3期后停刊。”[1]

在人教社工作期间撰写了多种教育论著

陈元晖在人教社工作期间，在繁重的编辑业务和行政管理工作之余，紧密结合本职工作进行学术研究，勤于著述，撰著了一批论文和著作。主要论文有《肃清学术研究中实用主义方法论的毒害》(《新建设》1954年第1期)、《实用主义宗教观批判》(《新华半月刊》1956年第6期)、《辩证唯物主义诸范畴在心理学现象中的体现》(《自然辩证法研究通讯》1956年创刊号)等。主要著作有《实用主义批判》(生活·读书·新知三联书店1954年版)、《实用主义教育学批判》(人民教育出版社1956年版)、《无神论浅说》(湖北人民出版社1956年版)、《教学法原理》(湖北人民出版社1957年版)、《论假设和实用主义对它的歪曲》(上海人民出版社1957年版)、《范缜的无神论思想》(湖北人民出版社1957年版)等。

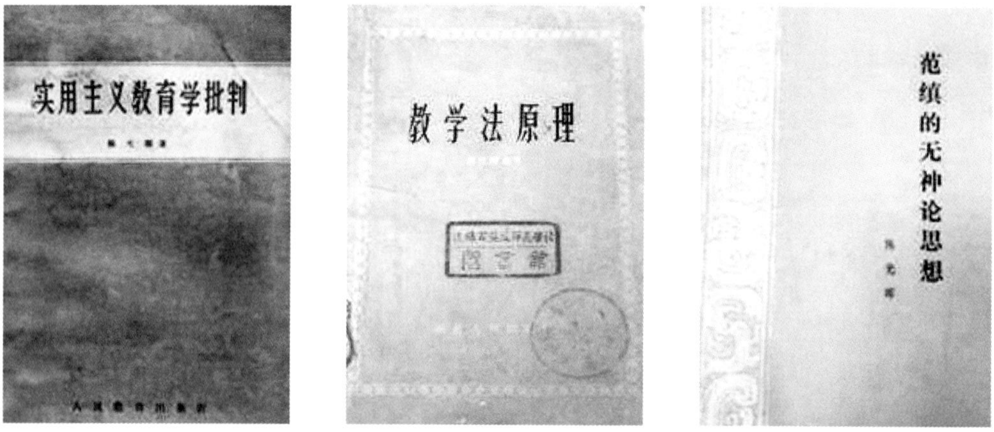

陈元晖撰写的部分教育论著

参与筹建中央教育科学研究所

1955年4月12日，人教社第一副社长戴伯韬写信给教育部副部长董纯才等并转教育部党组，建议创办中央教

① 当代中国研究所编:《中华人民共和国史编年·1956年卷》，当代中国出版社2011年版，第56页。此外，高凯等主编的《新中国万岁》(中国国际广播电台出版社1999年版，第184页)和宋庆光等主编的《历史上的今天》(山西人民出版社1988年版，第54页)也将“《教育译报》创刊”作为1956年发生的一件大事予以收录。

育科学研究所。1956年6月，教育部党组决定成立中央教育科学研究所筹备处，戴伯韬任筹备处主任，人教社工农教育编辑室主任胡尚理为副主任。参与筹备工作的有教育编辑室的陈元晖、曹孚、王铁、许椿生、张渭城等。筹备处设在人教社内，后迁教育行政学院内办公。1957年1月，国务院批准教育部正式筹建中央教育科学研究所，教育编辑室主任陈元晖又被抽调参与筹建工作。1960年10月，中央教科所正式成立，由教育部直接领导，下设办公室、研究部（含教育理论研究组、教育史研究组、教材教法研究组、教育心理研究组）、资料室。陈元晖和曹孚、王铁、许椿生、谢隆英、胡尚理等一批骨干（后来还有丁酉成、张渭城、蒋仲仁、张田若、杜草甬等）也被正式调到了该所研究部工作，陈元晖在教育史研究组任研究员。陈侠回忆说：“1956—1957年，戴伯韬同志兼负筹备成立中央教育科学研究所新的任务，研究所的最初成员是从出版社教育编辑室部分干部转过去的。”[①]中央教科所原副所长滕纯先生更为清晰地回忆说：

当时在人民教育出版社里，除了有语文、数学、生物、化学等学科的教材编辑室，还有个教育编辑室，这也是董纯才和戴伯韬的高明之处。本来教材出版就是数理化、文史哲、天地生，怎么还搞个教育编辑室，专门出教育研究特别是教育理论方面的书？这就看出来在董纯才、戴伯韬他们的思想中，对于办教育，除了那些具体的学科以外，还要有一个研究教育理论、教育规律的机构。为此，调了一批学者专家来充实人教社教育编辑室。这些专家主要有：曹孚，华东师范大学教育系主任，教育学专家；陈元晖，心理学家，东北师范大学教育系主任；王铁，是从老区来的教育理论专家，原来在华北人民政府教育部工作；许椿生，是河北师范大学教育史教授；胡寄南，是华东师范大学心理学的教

1957年10月人教社原教育编辑室和原教育书籍编辑室欢送陈元晖（后排左一）、曹孚、王铁、许椿生、陶蔚扬、朱典馨、陈远晖、谢隆英等调往中央教科所筹备处工作

① 陈侠著：《课程论重建与教育科学研究》上册，人民教育出版社2017年版，第277页。

授。还有十来位中青年研究人员，我记得有吴式颖、琚鑫圭、陶蔚扬、朱典馨、陈远晖、谢隆英等学有专长的研究骨干。这些学者、专家后来成了中央教科所筹备建所的“班底”。中央教科所开始筹备，就把这些人都调过来了。董纯才是教育部党组书记，我想他的思路是这样的：要把教育办好，要出教材，就要有研究教材的人，还要有培训干部、专门研究教育的人。到现在人民教育出版社还有教育编辑室，这个教育编辑室对教育理论研究可以说是贡献良多，中外古今的教育名著可以说基本上出齐了。①

撰著的高校教材《中国现代教育史》由人教社出版

1961年4月，中宣部在北京召开全国高等学校文科教材选编计划会议，周扬副部长在会上发表了《关于高等学校文科教材编选的意见》。这次会议还根据北京师大、华东师大共同提交的草案修改制定了《教育系学校教育专业教学方案（修订草案）》。陈元晖参加了会议，参与了高等学校文科教材总体编写计划的研讨，并任教育组组长，还承担了全国高校通用教材《中国现代教育史》的编写。1962年，他被聘为北京师范大学兼职教授，成为第一届中国教育史研究班的导师，培养了王炳照等学生。他一边培养研究生，讲授“中国现代教育史”，一边编修该学科教材。1962年12月整理成的《中国现代教育史》书稿，作为交流讲义在高等师范院校被广泛使用。但后来由于十年动乱，该书没有正式出版。改革开放后，陈元晖编写的《中国现代教育史》由人教社正式出版（1979），这部教材与人教社出版的毛礼锐等编写的《中国古代教育史》、陈景磐编写的《中国近代教育史》被教育部高等学校文科教材办公室确定为全国高等师范院校的通用教材。到1983年，该书印刷3次，发行量近7万册，以后又多次再版重印，至今仍被一些高校列为教育学科博士、硕士研究生入学考试和教学参考用书。

---

① 滕纯口述、姚宏杰整理：《关于中央教育科学研究所建所前后的回忆》，《教育史研究》2017年第3期。

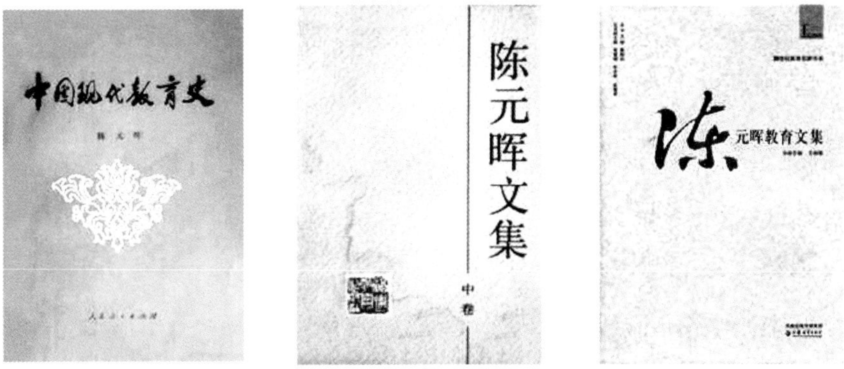

《中国现代教育史》《陈元晖文集》和《陈元晖教育文集》

陈元晖以一己之力独立撰著的这部《中国现代教育史》，是新中国第一部中国现代教育史著作和第一部中国现代教育史学科的大学通用教材。该书以马列主义、毛泽东思想为指导，运用历史唯物主义观点对中国现代教育发展历史进行了深入研究，突出了社会政治经济背景对教育制度和教育思想的影响，贯穿了阶级分析的方法，初步确立和奠定了中国现代教育史学科和教材的一些体系规范和基本体例框架，为中国现代教育史的学术研究、课程教学、教材编写提供了范例。它反映了当时历史条件下中国现代教育史教学和研究的水平，对以后该学科建设的发展有筚路蓝缕的开拓之功，在相当长时期的高等师范院校教学中发挥了重要作用。

参与发起和领导挂靠人教社的全国教育学研究会

1964年，陈元晖从中央教科所调到中国科学院哲学研究所工作。“文化大革命”期间，他被扣上“资产阶级反动学术权威”的帽子，曾到河南信阳“五七干校”参加劳动改造。1977年5月起任中国社会科学院哲学研究所研究员。1978年10月，人教社在河南开封主办全国教育学教材研讨会，25个省市区、68所师范院校教育学教师和特邀教育学工作者共141人与会，讨论了开封师院（今河南大学）、华中师院（今华中师大）、武汉师院（今湖北大学）、湖南师院（今湖南师大）和甘肃师大（今西北师大）五院校合编的公共必修教育学教材初稿。教育部顾问董纯才到会祝贺并讲话，高教一司副司长肖岩介绍了师范教育形势。陈元晖参与主持了这次教育学教材研讨会，在大会上做了题为《教育实践与教育理论》的学术报告，还和与会代表共同倡议成立全国教育学研究会，并决议成立大会另行召开。教育学研究会筹备组设在人教社，陈元晖是筹备组核心成员，参与起草章程等工作。

1979年3月23日至4月13日，陈元晖在北京参与主持召开了第一届全国教育科学规划会议，参加会议的有教育学界专家、教育行政部门领导干部，共269人。4月12日，中国教育学会正式成立，董纯才当选为第一届理事会会长，陈元晖与戴伯韬、辛安亭、朱智贤等当选为副会长（陈元晖还兼任第一届

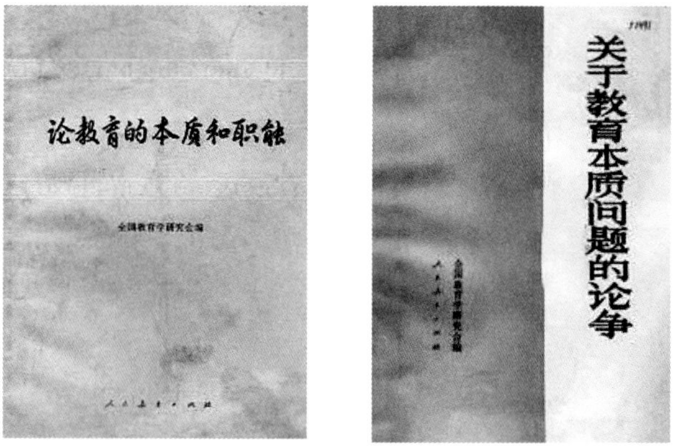

全国教育学研究会秘书处汇编的两部论文集

学术委员会副主任），杨秀峰、成仿吾、陈鹤琴为名誉会长。4月13日，全国教育学研究会（当时被改名为中国教育学会教育学研究会，1997年更名为中国教育学会教育学分会）召开成立大会。陈元晖主持大会并报告全国教育学研究会筹备经过，还主持通过了全国教育学研究会理事长、副理事长、常务理事、理事和秘书长名单。戴伯韬当选为理事长，陈元晖当选为第一副理事长，王铁、尹德新当选为副理事长，陈侠当选为秘书长。张健代表教育部在成立大会上讲话，表示祝贺并提出希望；教育部高教一司副司长肖岩就高师教育学科教材建设发言；朱智贤教授（时任中国教育学会副会长）代表中国教育学会致贺词；李秉德教授（时任西北师范学院副教务长，后任院长）代表全国教育学研究会第一届年会筹备组（计划8月在兰州举办年会）发言，欢迎大家提交论文并前往交流；会员代表张敷荣、吴杰、董宝良、许椿生、张家祥等也在大会上发了言。最后由理事长戴伯韬讲话，指出了教育学研究会的努力方向和工作重点。

1979年7月，全国教育学研究会第一届常务理事会议由戴伯韬理事长主持召开，首先由陈元晖报告考察瑞士学校的情况，然后由陈侠报告筹备编辑出版《教育学研究会通讯》和教育学论文集等事宜。会议研究了今后学术年会事宜，并增选了人教社章炼烽、北师大汪兆娣等四人为常务理事，增加北师大王策三、人教社熊承涤为副秘书长。8月，全国教育学研究会在兰州举行第一届年会，中国教育学会副会长辛安亭（人教社原副社长、副总编辑）致开幕词，中国教育学会副会长张健做学术报告。代表们深入学习了《实践是检验真理的唯一标准》，就教育本质、学制改革、思想政治教育和教学论等专题进行了深入研讨。会后，全国教育学研究会秘书处汇编成两部论文集《论教育的本质和职能》《关于教育本质问题的论争》。此后，按专题选编的教育学论文集近二十册之多，均由人教社出版发行，在全国产生了广泛影响。

1981年4月，全国教育学研究会第二届年会在福州举行。陈侠秘书长致开幕词。会上传达了教育部部长蒋南翔的重要讲话，教育部副部长周林到会祝贺并讲话。会议围绕教育与人的全面发展等主题展开研讨。陈元晖做了题为《美

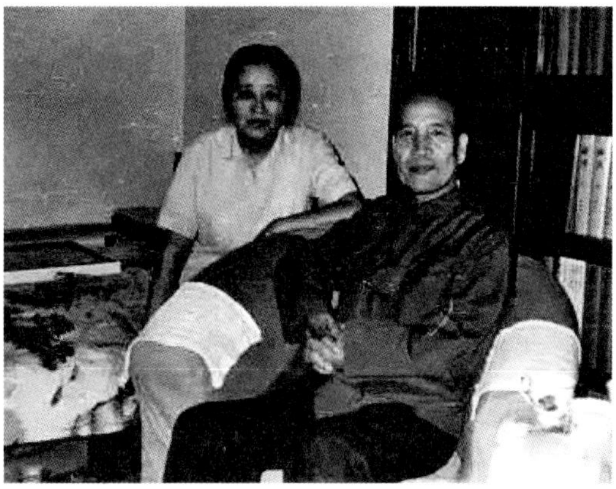

陈元晖和夫人赵洁珍合影
（拍摄于北京沙滩后街家中）

育在人的全面发展中的地位和作用》的学术报告，陈侠做了题为《关于教育学和教育学的研究》的学术报告。陈元晖致闭幕词，重点讲了今后如何联系实际开展教育学研究等问题。鉴于戴伯韬理事长于1981年3月6日不幸逝世，这次年会期间举行了第一届理事会第三次会议，选举陈元晖为全国教育学研究会代理事长。

结束语

陈元晖先生虽然从人教社先后调到中央教科所和中国社科院工作，但他自1955年后一直住在人教社在北京市景山东街45号（今沙滩后街55号）办公地人教社大院的平房里，他的夫人赵洁珍也曾在人教社俄语室工作。20世纪80年代初，人教社新建了职工宿舍楼，陈元晖夫妇就由平房搬至楼房，即沙滩后街55号人教大院内的4号楼。直至1995年10月3日去世，他都住在这里。所以他与人教社的感情是很深的，与几代人教人都有很多的交往。他晚年从事教育学术研究，尤其是撰写后来被收入《中国教育学史遗稿》的系列文章，领衔编著《中国古代的书院制度》，主编《中国近代教育史资料汇编》《老解放区教育资料》《老解放区教育简史》《教育与心理辞典》以及文集整理等，除了参考自己的藏书外，还经常到人教社图书馆和教育编辑室借阅有关图书。

陈元晖先生不仅是中国现代著名的教育学家、心理学家和哲学家，还是新中国教育学科教材和一般图书编辑出版事业的开拓者。他接过前人的接力棒，在20世纪50年代中后期引领人教社教育编辑室同人开发了一系列颇有影响的教育及心理学科教材和一般图书，为新中国教育学、心理学的发展，为社会主义教育尤其是师范教育建设做出了积极贡献，提供了急需的精神食粮。陈元晖先生的历史贡献和学术成就，将永远为教育出版界和学术界所铭记！

（摘自《教育史研究》2020年第1期，有改动）

陈乐素（1902—1990）

陈乐素（1902—1990），广东新会人。我国著名历史学家。1918年赴日本留学，在明治大学读政治经济科。1923年回国，在广州南武、大光等学校任教师。1926年投笔从戎，参加国民革命军任宣传员。1928年返上海，开始研究历史。1935年被教育部派往日本考察。卢沟桥事变爆发后，到香港英华中学任教。1942年入贵州遵义，任浙江大学历史系教授。新中国成立后，奉军事管制委员会之命，参与接管浙江大学。1952年任浙江师范学院（杭州大学前身）历史系教授兼图书馆馆长。1954年任人民教育出版社编审、历史编辑室主任，参与中小学历史教科书的编写工作。1956年被聘为中国科学院历史研究所兼职研究员，参与郭沫若主编的《中国史稿》中宋史部分的编写工作。“文化大革命”期间被下放到安徽凤阳“五七干校”劳动，后被迫退休，辗转回到杭州，仍专心治史。“文化大革命”结束后回杭州大学，恢复教席。1979年调任广东暨南大学教授兼宋史研究室主任。1980年被选为中国宋史研究会副会长。1982年任国务院古籍整理出版规划小组顾问。广东省地方志编纂委员会成立后任委员。著有《求是集》(一、二集)、《宋史艺文志考证》、《陈乐素史学文存》，主编《宋元文史研究》等。

老师·同志·忘年交

——深切怀念陈乐素教授、编审

苏寿桐

我钦仰陈乐素教授的令名时间很早。抗日战争胜利后，我的一位少年同窗宋炎（已故）就读于浙江大学历史系，有一次，他告诉我，浙大的宋史教授陈乐素淹贯群书，治学严谨。宋炎自幼得益于家学，为人好学敢言，在同侪中是佼佼者。平素在宋炎的言谈中，我很少听到过他对人折服的话，可是，他对乐素教授竟如此肃恭谨敬，实在是异乎寻常的。从此，陈乐素教授在我的脑海中留下了深深的印象。

1953年冬，我调到人民教育出版社从事编辑中小学历史教科书的工作。当时人民教育出版社正从全国各地罗致人才，加强编辑队伍。某天，我们几个同志在议论调人的事。一位同志谈到，最近某著名历史学家在一次座谈会上提到，现在高等学校文科师资缺乏，其中像浙江师范学院陈乐素教授那样博古通今的为数实在不多。于是我们的话题转到了要调陈乐素来人教社的问题。但是调陈乐素并非一件容易的事！听说北京师范大学多次同浙江师院商谈，有一次还以乐素教授是当时北师大校长、当代著名史学大师陈垣老先生哲嗣，父子同

陈乐素全家福（左三为陈乐素，左四为陈智超，右四为陈垣）

作者简介：苏寿桐，曾任人民教育出版社副总编辑、课程教材研究所研究员。

在一校，有利于陈垣老先生的工作和生活为由提出调动要求，亦未获浙江师院应允。由于亟须调进真才实学之士充实编审队伍，人教社还是决心试试，遂打报告向上级部门反映这件事。出乎意料，报告很快得到批准，并随即发函浙江调人。当时人民教育出版社调陈乐素是通过中共中央宣传部、中央人事部两条渠道，双管齐下，同时又取得浙江师院领导和历史系主任沈炼之教授的谅解，这件事办起来就比较顺利。这样，陈乐素同志很快就北上，在人民教育出版社担任编审。

陈乐素教授长期潜心学术研究和高等学校教学工作。调入人教社时，先生已年逾五旬。作为一位在历史研究特别是宋史研究方面声名卓著的老教授、老专家，要他中道改弦更张，做他未做过的中小学教科书编审工作，实非一般人所乐意接受的。但先生到了人教社，经过短时间的观察体验，就深深了解这项工作的重要意义，毅然暂停下过去几十年从事的学术研究工作，专心致志探索教科书的编辑规律。经先生和巩绍英、邱汉生、汪篯、王永兴等专家学者呕心沥血，集体讨论共同编写的高中中国历史课本，于1956年出版发行，深得史学界、教育界和全国历史教师的好评。陈垣、侯外庐等著名史学家都在《历史教学》杂志上发表文章加以赞许。1954—1956年编辑出版的中小学教科书，是新中国成立以来第一套系列的教科书，也是当时教育部领导人民教育出版社奉献给国家的一份厚礼。陈乐素先生所洒的汗水，感人至深。①1956年，先生

---

① 陈乐素先生为编写这套历史教科书花费了大量的心血，关于这项工作的艰难，乐素先生哲嗣陈智超在《励耘学谱第二代传人陈乐素》一文中叙述道："这项工作应该是很不容易的，为什么呢？一方面是学术上的问题，包括封建社会和奴隶社会的分期，当时即便是左派的历史学家也有分歧，按照哪一派的意见好？后来只能采取一种折中的办法，这种办法可以让大家都能够接受。为了做到这一点，不知道花了他多少心血。现在我还保留了一些当时讨论教科书稿本的记录，当时有些批评是很尖锐的，很复杂。批来批去，现在看起来没有一个是绝对正确的，也有很多政治因素在里面。所以在当时的情况下要编出一本教科书需要妥协，要让大家都能接受，所以花了很多时间在这上面，费了很多心血。"（暨南大学古籍研究所、江门市档案局主编：《陈乐素先生诞生一百一十周年纪念文集》，齐鲁书社2014年版，第11页。）——编者

和人民教育出版社副总编辑朱文叔列席全国政协会议，受到了毛泽东主席的亲切接见。

陈乐素克绍箕裘，在治学方法上，谨守我国优良传统，勤于札记，几至每看必录，每闻必书，下笔不辍，给我们这些晚辈留下了难以磨灭的记忆。平时，他除在专业方面勤读勤记外，还十分关心国内外时事形势，每当看到报上一条重要新闻、一篇重要社论，都孜孜兀兀、一丝不苟地摘录在笔记本上。我记得，1966年“文化大革命”初期，先生手存笔记本已有六七十本之多，如堆砌地上，高可一人。这些笔记，就一时来看无非是摘抄手录、断稿残编，但如留之久远，实在是一帙难得的史料汇编，其中某些内容弥足珍贵。“文化大革命”中，这些笔记本已蒙“造反派”“光顾”，但是否毁于“秦火”，不得而知。我写这些内容，主要是对先生辛勤治学、铢积寸累精神的崇敬，感谢他为后学留下一份精神遗产。

乐素先生早年在广东参加过革命宣传，受过革命潮流的洗礼，后留学日本，专攻政治经济学，兼研中日关系史。“九一八”事变时，先生寓居北平。有一天，他在街头买到一份报纸，看到日本侵略军占领沈阳城的消息，不禁潸然泪下，顿感国势颠危，有似两宋时期的形势（这是先生当时的看法），从此下定决心，改攻宋史，以期唤起国人觉悟，以遂其治史之目的。所以先生研究历史，实不是为历史而历史，而是有感而发，以苍生为己任。这种治学精神是非常可贵的。

新中国诞生前，先生在浙大曾多次掩护过进步学生的活动，向来为学生所称道。新中国成立初期，先生欢欣鼓舞，以亲身见到中国人民翻身解放和中国国际地位大大提高而感到无比自豪。他走出书斋，投身到群众行列中去，担任学校工会主席。据有的同志说，当时杭州举行庆祝游行时，先生总是带领教工走在队伍的前头，高呼口号。在理论学习方面，先生坚持追求真理，勤读马列主义、毛泽东著作，自觉接受中国共产党的领导，这在老年知识分子

1985年，陈乐素（左二）出席杭州“国际宋史研讨会”

中也是十分突出的。他服从分配、勇于承担任务的例子多不胜举。如新中国成立初期，学校缺乏中国近现代史教学人员，先生毫不犹豫地肩负起这个责任，并愉快地完成了任务。先生的这种思想境界，和他后来在人民教育出版社安心编辑工作同出一源。作为一位老专家、老教授，先生的进步绝非偶然。1956年，先生经过慎重考虑，提出要求参加中国共产党。先生入党以后，曾多次被评为先进工作者、优秀共产党员，这是人生正道的归宿，是历史给先生的公正评断。

我和陈乐素教授深交十余载。平时，我一向以师事之，先生对我亦视如晚辈后学，莫逆之情，难以言喻。20世纪50年代中期，有一年，先生几乎每个星期天的中午都在我家用餐。我们的谈话，除学习、工作、思想外，还常常触及家庭琐事，心通相印，彼此真正成为忘年之交。“文化大革命”开始后，我们都身处逆境，中止了交往。后来先生被迫退休杭州家居，我们一度鲜通讯息。不久杭

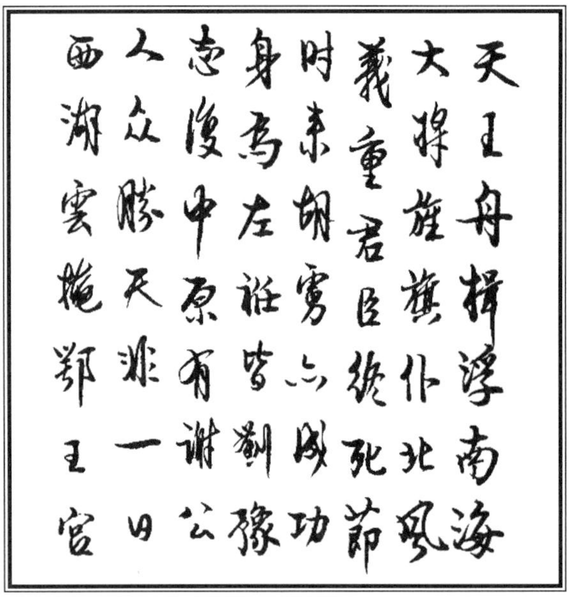

陈乐素先生手迹

州大学恢复先生的工作，聘为历史系教授，消息传来，在人民教育出版社与先生共事过的同人，都不约而同为之额庆。过后一年多，先生南归故里，执教于暨南大学，我同先生仍保持联系，不时互通消息。1978年以来，先生多次来北京参加学术会议，我们也都促膝倾谈，一如既往。1990年春夏，人教社魏穆紫同志去广州出差，临行前要我修书介绍，准备去暨大拜访先生。不久，穆紫同志回北京告诉我：乐素先生说，最近他还梦见你呢！不料人事无常，又隔一月，先生遽归道山。悠悠岁月，实在令我无限追念！

［摘自《陈乐素教授（九十）诞辰纪念文集》，广东人民出版社1992年版，有改动］

1990年6月，陈乐素（前排左二）与参加“岭南丛书”编委会的暨南大学人员合影

邱汉生（1912—1992）

邱汉生（1912—1992），江苏海门人。我国著名历史教育专家、史学家。1932年毕业于上海大夏大学国文系。1946年在上海复旦大学、大夏大学任教。新中国成立后任上海市教育局中等教育处副处长。1954年调入人民教育出版社，历任历史编辑室副主任、主任，后又兼任中国科学院（今属中国社会科学院）历史研究所思想史研究室研究员、中国社会科学院研究生院教授、北京师范大学历史系兼职教授、湖南大学岳麓书院文化研究所研究员、上饶师范专科学校朱子学研究室及《朱子学刊》顾问、中国哲学史学会常务理事等职。其主要著作有《中国思想通史》(合编)、《宋明理学史》(上、下卷，合编)、《四书集注简论》等。

“砚池笔架小江山”

——记人民教育出版社编辑邱汉生

王宏志

邱汉生，江苏海门人，1912年出生于一个中医家庭。他五岁读书，入过私塾，之后进了新学堂。十六岁时，一次塾馆先生出联让学生属对，上联是“海市蜃楼新世界”，汉生略加思索，即对出下联“砚池笔架小江山”，先生大加称赞。1929年秋，汉生入上海大夏大学读书，翌年发表了论黄仲则诗歌的文章，受到称赏。他又写成《中国文学史略》一书，可谓弱冠之年，初露才华。

1932年夏，邱汉生大学毕业，投身于教育事业，先后在上海、江苏、浙江等地的十几所中学教书。其间，1942年至1943年，应新四军苏中四分区之约，创办海门中学，任校长，为新四军培养了干部。1946年至1947年，由老师、哲学家蔡尚思推荐，在复旦大学教中国通史，又在母校大夏大学兼课，后因参加民主运动被两校解聘。

二十世纪三四十年代，祖国多灾多难，邱汉生不满于国民党统治，从看鲁迅著作，到阅读毛泽东的《新民主主义论》等，对中国共产党有了初步认识。1946年5月，他加入了中国共产党。

在政治上逐步成熟的同时，学术上他也步入研究中国思想史的门槛。1946年，他在侯外庐、杜国庠主编的《文汇报·新思潮》上连续发表探讨哲学思想的文章，受到侯、杜两人的赏识。邱汉生被邀参加侯外庐主编的《中国思想通史》的撰写工作。上海解放以后，邱汉生被派到上海教育局工作，1954年9月调人民教育出版社。

在繁忙的行政与业务工作中，他以锲而不舍的精神，继续从事中国思想史研究。他认为，从事某一思想家的研

作者简介：王宏志，曾任人民教育出版社副总编辑、课程教材研究所副所长。

究，要占有全面资料，要把思想家的学派放在一定的经济政治条件下，用马克思主义的观点做辩证的分析；要注意同先行思想和当时学说的联系；要不因袭成见，不凿空；要有独到见解。例如他研究王安石思想，就辑集王安石的佚著，如《老子解》《字说》及诗文等。他与侯外庐合写的《唯物主义者王安石》，得到毛泽东的好评。鉴于邱汉生研究思想史的成就，1957年，中国科学院聘他为兼职副研究员。“文化大革命”中，在极其艰难的环境里，他仍然不断阅读宋明理学的原始资料。“四人帮”倒台以后，1978年，中国社会科学院聘他为研究员、思想史研究室代主任，兼中国社会科学院研究生院教授、导师。党的十一届三中全会以来，知识分子进入了写作的黄金时代，他虽年迈多病，且视力不佳，仍奋力著述，连续出版《四书集注简论》《诗义钩沉》等，并与侯外庐等共同主编一百多万字的《宋明理学史》，还发表了不少研究理学的论文。1982年，他出席了在美国举行的国际朱熹学术会议，并在会上宣读了有影响的论文《论朱熹“动静无端，阴阳无始”》。邱汉生研究思想史近四十年，在这一学术领域里是很有贡献的。

1949年时的邱汉生

新中国成立以后，邱汉生业务上的主要精力集中在编写中小学历史教科书上。1954年他调到人民教育出版社以后任历史编辑室副主任、主任。新中国成立初期，历史教材主要沿袭新中国成立前的编写体系。邱汉生、苏寿桐开始为教育部草拟新中国自己的中、小学历史教学大纲，并编写教科书。邱汉生亲自参加编写中国古代史部分和小学历史教材，还担负全套书的审阅工作。这套教材以历史唯物主义观点按社会分期叙述历史，打破了旧教材按王朝单纯叙述政治史的旧体系；建立了新的体系，在阶级社会以前，以生产斗争为基本线索，在阶级社会，以阶级斗争为基本线索；既讲政治史，也适当讲经济史和文化史。这一新体系一直沿用到今天。这套教材汲取了历史学界的研究成果，在中国历史分期、民族关系、中外关系、历史人物评价以及农民战争等问题上，从史料出发，实事求是地做出论述，使历史教材面目一新，且影响高等学校历史教材的编写。这套新的历史教材于1956年完成，受到史学界和教师的赞许，并以董集明的笔名，译成英、法等国文字。

1962年，在邱汉生等主持下，历史室吸收1956年教材的优点，听取专家意见，编出新的历史教材。这套教材史实丰富，文字生动，插图精美，比1956年的教材前进了一步。经过部分中小学试教，反映良好。但是，当时教育战线正受到“左”的浪潮冲击——削减课程，不重视知识教育，这套新编的教材被废弃不用。有识之士，无不为之叹惋。直至1981年，这套教材的中国史部分，才为日本帝国书院翻译出版。在这套教材的编写过程中，历史室与其他单位合作，邱汉生主持草拟了《关于历史教材中涉及我国同邻国关系问题的情况和今后处理的初步意见》，就疆域、国家关系和战争性质问题进行分析，提出处理意见，由中宣部以文件颁发，成为编写大、中、小学历史教材及其他历史书籍的依据。

“文化大革命”期间，邱汉生与历史教材一起同遭大难。粉碎“四人帮”以后，1977年，他身患多种疾病，仍亲自参加历史教材的编写和审订。邱汉生从事历史教材编审工作三十多年，呕心沥血，埋头苦干。他主持编写的教材观点明朗，史料翔实，汲取了考古的新成果，文字精练生动，得到各方面好评。他重视培养青年编辑，反复修改他们的稿子，循循善诱，严格要求。而今，汉生已年逾古稀，仍手不释卷，握管著书，为繁荣社会主义文化继续工作着。“砚池笔架小江山”，不错，汉生同志正是把小小的砚池笔架看成是大地山河的缩影，为着发展新中国的史学，为着以祖国的历史教育后代，辛勤耕耘，不遗余力。

（摘自《编辑家列传》（一），中国展望出版社1986年版，有改动）

邱汉生著的
《四书集注简论》

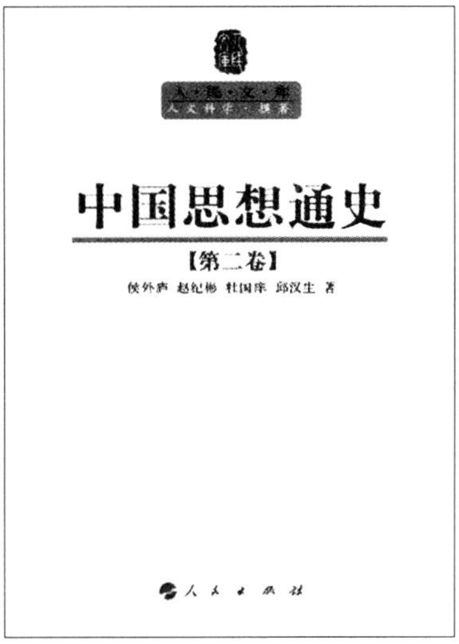

邱汉生参与编著的
《中国思想通史》

邱汉生与侯外庐等共同
主编的《宋明理学史》

陈尔寿（1916—2012）

陈尔寿（1916—2012），江苏东台人。我国著名地理学家、地理教育学家、新中国地理课程教材建设的主要领导者之一。1931—1937年，先后就读于江苏省东台县立初中、省立扬州中学、上海开明中学。1937年考入中央大学地理系。1943年1月至1945年10月任中央大学地理系助教兼读研究生。毕业后在上海临时大学、暨南大学、光华大学附中等校任教。1949年6月参加接管上海市格致中学，同年10月任校长。1953年8月调入教育部教学指导司，参与草拟了新中国第一套中小学地理教学大纲。1954年调入人民教育出版社，历任地理编辑室副主任、主任。2004年荣获中国地理学会第一届“中国地理科学成就奖”。曾担任中国地理学会常务理事、名誉理事，中国教育学会地理教学研究会副理事长、理事长，《中国大百科全书·中国地理》编辑委员会副主任等职。著有《地理教育与地理国情》《中国学校地理教育史略》等学术论著。

与人教社一起风雨兼程

陈尔寿

1953年年初，我从上海市格致中学校长岗位上借调到教育部教学指导司，参加制定新中国第一套《全日制中小学地理教学大纲（草案）》的工作，同年8月正式调入教育部。1954年初，教学指导司撤销，有关制定教学大纲的工作交由人民教育出版社承担，我也随之转移到人教社。光阴荏苒，转眼已51年。其间，因下放内蒙古，离开人教社将近20年。但是，那20年中的工作和生活，仍与人教社有着千丝万缕的联系。现将这51年的主要情况和感受，回顾简述如下。

初次编写教材深受叶老教诲

我到人教社以前，虽然写过一些地理论文和地理科普读物，但对如何编写中小学地理教科书，还不知从何入手。为了改变传统地理教科书罗列地名、物产名称且枯燥无味的状况，在编写小学地理新课本时，受苏联十年制学校四年级《地理》课本的启发，我尝试将传统课本按20多个省区逐一叙述的模式，改为以地理景观有显著差异的7大区来写，每个区有重点地选择几个特征鲜明、代表性突出的地理课题，生动有趣地加以描述。例如，东北区只安排了以下4课：《山地森林景观》《肥沃的黑土平原》《鄂伦春人的狩猎》《钢都鞍山》。课文中附有彩色中国政区图、各区单色地图、景观素描图，通过生动的图文，直观形象地感染学生，激发他们的学习兴趣，既使学生获得必要的地理基础知识和使用地球仪、地图等技能，又培育他们爱祖国、爱人民、爱社会主义、爱自然界的思想感情。这套高小地理新课本出版以后受到广大地理教师、学生和专家的欢迎。

小学地理新课本之所以能取得比较满意的效果，同叶圣陶先生的亲切关怀、热情教诲、具体帮助是分不开的。叶老首先肯定了新课本的编写思路，对选材、成文、插图表示赞许。他审阅书稿时，把我叫到他的办公室，面对面地一字一句推敲，既指出课文中科学性、思想性、逻辑性方面的问题，又把造句、用词、语法等不当之处一一修改，并说明修改的道理，让我受益匪浅。

叶老教导我，中小学各学科的课文，既是学生获得各学科知识的源泉，也有帮助学生正确使用语言文字的责任，所以课文不仅不应有科学性、思想性错误，也不应有语言文字方面的错误。课文要写得明确、简洁，句子要短，他强调要“写话”。话怎么说，课文就怎么写。课文要能上口，琅琅可读。课文写完了，自己先朗诵几遍，注意读起来是否流畅，听起来是否顺耳。教材的选择，要精细慎重，不能“捡到篮子里就是菜”，要质文兼优，字斟句酌，反复推敲研究。

叶老的热情指导、谆谆教诲，使我学到编写教科书的思想和方法，终生受用不尽。虽然叶老已经离开我们多年，但是他的教育思想、道德风范、语言文字修养、编写教科书的经验，都是我永远学习的榜样。

下放内蒙古的前前后后

1957年3月，中央在北京召开七省市教育座谈会，主题是：减轻学习负担，增加劳动时数，减少课程门类。毛主席在会上提问：“中学地理为什么分五门？”康生接着说：“过去我只学中国地理、世界地理，没有什么自然地理、经济地理。”在座的教育部副部长董纯才便解释，这是根据中共中央“要学习苏联先进经验”的方针，参考苏联十年制学校教学计划中地理课程的设置，结合中国实际情况而安排的。与我国传统中学地理课程设置相比，地理还是一门，总课时并未增加，只不过不同年级标明了所学内容。至于教学内容的科学性、系统性、思想性，都比过去的教科书先进得多，特别是减少了以往循环重复的内容。

会后，教育部按照康生的意见，拟将初一“自然地理”、高一“中国经济地理”、高二“外国经济地理”全都取消，只保留初中“中国地理”和“世界地理”，课时减少一半还多。这样做的结果，不仅将使学生的地理知识和技能训练大大削弱，而且所有高中地理教师全要改行，高师地理系本科也要停办，整个地理教育将受到极大冲击和破坏。对此，我发表了不同意见，并受中国地理学会常务理事会委托上书教育部，还被北京地理学会理事会推选为向教育部请愿的代表之一。“反右运动”开始后，我的这些言行被认为属于“外行不能领导内行”的谬论，因此被划为“右派”，受到开除党籍、撤职降级的处分。

人教社的领导和同事对把我划成“右派”是有不同意见的。例如，分管地理室的副社长辛安亭是位正直、忠厚、认真的长者，曾为我说过一些公道话，并因此受牵连，成为他的“右倾”错误之一。1962年，他被调离人教社，前往兰州任甘肃教育学院院长。地理室芮乔松、物理室窦国兴在小组会发言中，公开表明不同意把我划成“右派”，后来他们被内定为“中右”，差一点也戴上“右派”帽子。我的夫人陶漪文（党员）因同情我的观点，被批判为“右倾”，下放山西稷山劳动。有些同志虽未明言，但是也是有看法的。

1958年年初，我被定性为“右派”后，人教社党组织和领导，在政策许可的范围内，仍给我不少照顾和关怀，使我免受很多苦难与折磨，事例如下。

一、当时中央文教单位的“右派”，按规定应去北大荒劳动改造，我也写了申请，做了去北大荒的准备。1958年，由于改编地理课本的迫切需要，社领导决定将我改为“留用察看”，不派去北大荒。1998年，我读到新华社“右派”记者戴煌撰写的《流放北大荒的“右派”们》一文。文中说他所在的黑龙江密山县云山畜牧场，由北京流放来的一百多个“右派”中，由于超负荷的强迫劳动、饥饿、严寒、缺医少药等原因，先后死亡三十多人。原人教社总编室主任卢芷芬，划为“右派”后去了北大荒，就死在他所在的劳动场所。如果我去了北大荒，也很可能就埋在那片黑土地中了。

二、我的夫人当时要与我划清界限，向党组织表示打算同我离婚。伯韬同志劝她说现在不必离婚，党员“右派”摘了“帽子”后仍可重新入党。一年后，你们可以一同去内蒙古支边，互相照顾。这充分体现了党组织和领导对我的关怀和期望。

三、1959年1月，我们下放去内蒙古时，领导让我带上中国民主促进会会员组织关系的证件。1950年，我在上海工作时，党组织介绍我参加民进，帮助该会在教育界开展工作。我被划成“右派”后，民进对我的处分是“留会察看”。当时，我认为民主党派在边疆地区不开展工作，没有必要带上这一组织关系。玺恩同志说：“带上这一关系，对你可能有好处。”果不其然，13年后真的对我有了好处。1972年，在内蒙古自治区机关单位工作的干部参加审干学习，在重新分配工作时，我这个“摘帽右派”（1961年10月在内蒙古教育厅工作时“摘帽”）属于另类，不能再回内蒙古教育出版社（1964年调入），应该去巴彦淖尔盟农村落户。第一年照领干部工资，以后逐年减少，三年后靠劳动所得养活自己。我这个年逾半百、从未干过农活的知识分子到农村如何生活，真是前途渺茫。幸亏在内蒙古教育厅工作的党员友人告诉我，党内有文件规定，民主党派成员不分配去农村落户。据此，我向内蒙古自治区统战部写了报告，经过核实我是民进成员，遂留在呼和浩特，等候另行分配工作，最后仍回到内蒙古教育出版社当理科编辑。尽管这时夫人已因我不能重新入党，在她的亲友敦促下，与我离婚分手。但是，我因有了固定工作，生活也有了保障，在内蒙古好心友人，特别是蒙古族领导和同事的关怀帮助下，才又鼓起信心和希望继续做好本职工作。如果不是人教社党组织让我带上民主党派成员的组织关系，孤身一人下放到陌生的农村，命运就不知如何了。

雨过天晴，返社归队

“四人帮”被粉碎后，举国欢腾。1977年，小平同志复出工作，亲自抓教育，十分重视中小学教材建设，人教社也从被批判、瓦解的厄运中顺利地恢复重建。教育部决定调回原人教社下放的主要编辑人员，与从全国各地借调来的干部共200余人，在京编写中小学教材。1978年8月，我被召回北京归队，在香山饭店教材编写组见到董纯才部长，他亲切地握着我的手说：“陈尔寿，你是个好同志。”因为1957年我发表的那些意见，是他想说而没能说的。

1979年1月23日，张玺恩、叶立群同志代表党组织在会上正式宣布，教育部已批准人教社关于1957年将我错划为“右派”应予改正的报告。根据复查，我只是对工作有不同意见，并无反党反社会主义的“右派”言论，决定恢复我的党籍，恢复原工资级别，工作以后再作适当安排。这样我的政治生命和业务专长就又获得新生。

在生活方面，我与社里绘图科美编室新调来的编辑孙式彦相识，经过互相了解，情投意合，共同组成了一个温馨和睦的新家庭，结束了我五年多的单身生活。

在业务方面，我脱离地理教材编写工作近二十年，社里给了我重新学习和研究的机会：首先是阅读到了新购进的美国、日本、德国、法国的地理教材，开阔了眼界，开拓了思路；二是支持我参加中国地理学会的学术活动，获悉现代地理科学的研究成果和发展趋向；三是随以人教社总编辑叶立群为团长的“中国中小学教材考察团”赴日本考察。

1981年，教育部颁发的五年制中学和六年制重点中学教学计划草案接受我们的建议，在高中重新设置地理课，最初安排在高二，每周2课时，后来调整到高一，每周3课时。我和地理室的同志团结协作，解放思想，以“人类与地理环境的关系”为线索，用现代地球科学、环境科学的基本理论，就当前世界和我国社会主义建设面临的资源、能源、工农业生产、人口、城市、环境等课题，按系统地理结构组织教材，教育学生，帮助他们树立科学的资源观、人口观和环境观。这套教材（上、下两册）出版后，受到国家有关部门、地理专家、教师和学生的赞许。1984年，该套教材被人教社评为优秀教材。1994年，该套教材还获得由中国出版工作者协会和中国地理学会共同评选的“全国首届优秀地理图书（教材类）”一等奖。

1986年年底离休后，我仍被人教社返聘，与吴履平共同主编九年制义务教育初中地理课本。这套教材（共四册）在地理室全体同志通力协作下，精选有关地球、世界地理和中国地理的基础知识，培养了学生的全球观念、国际意识，加强了国情教育，提高了读图、用图等基本技能。这套教材特别注意学生的年龄特征，用简明生动的课文，配合彩色（双色）景观照片和图表，附设启发式问题，激发学生的学习兴趣。教材试用之后受到师生欢迎，1994年也获得“全国首届优秀地理图书（教材类）”一等奖。

1992年4月下旬，我应香港大学邀请，出席该校组织的“地理研究与发展”研讨会。会后取道广州，拟乘机飞往南京参加中国地理教学研究会理事会。我在广州火车站

1982年，陈尔寿和夫人孙式彦合影

1995年，陈尔寿（后排右四）与人教社同事在北京国际展览中心

下车后，步行前往附近的广州师院地理系看望友人，不料途中晕倒在人行道上。数小时后，我被一对路过的老夫妇发现后报警，由民警送至附近的广州中医院急救。医院从我所带的证件上查到我的姓名和工作单位，电话通知人教社。副社长张玺恩同志获知后，急电广东高等教育出版社廖秉权社长（廖社长原是人教社物理室编辑），请他代表人教社全权负责协调我的抢救治疗工作。第二天，社领导又派地理室主任徐岩、医务室郭志恒大夫陪同我的家人飞往广州安排住院治疗。医生说我是临时性供血不足，由于过分疲劳和天气闷热所致。输液后，我当晚即苏醒，恢复正常。回社后，同事们都来亲切慰问。这次意外充分体现了社领导和同事们对我的关怀和厚爱。

多年来，社领导一直支持我兼任《中国大百科全书·中国地理》编辑委员会副主任一职。该书汇集了200多名地理专家、学者，编写了1 610个条目，共213万字，配置了彩色、双色、单色地图和照片共728幅，于1993年出版，成为一部具有重要影响的地理工具书。

1993年至1999年，我为争取高考恢复地理科目、稳定中学教学秩序做了不懈努力。人教社地理室同事不便公开参与，但是给了我精神上的有力支持和鼓励。

1995年以后，我一直被人教社聘为咨询委员，还被聘为义务教育和高中新教材地理学科的顾问参加审稿工作。这是领导和同事们对我的信任，让我在耄耋之年发挥余热，为人教社编写新的一流教材添砖加瓦。

2004年，我获得了中国地理学会颁发的“首届中国地理科学成就奖”，社里郑重其事地进行宣传报道，使我深受鼓舞和鞭策。

2004年，陈尔寿获得首届中国地理科学成就奖

回顾51年来的风雨历程，我与人教社休戚相关、荣辱与共。现在人教社人才辈出，事业兴旺发达，正在为新世纪教材建设辛勤耕耘。抚今追昔，心潮澎湃，思绪万千。在社庆55周年之际，写诗一首，敬录如下，以作纪念。

人生九秩最风流，
唱遍征程喜与忧。
忆昔笔耕三三载，
欣逢社庆五五秋。
传经授业心神注，
摘句寻章岁月稠。
九州万马奔腾日，
创新更上一层楼。

（摘自《人民教育出版社建社五十五周年纪念文集》，人民教育出版社2005年印制，有改动）

陈伯吹（1906—1997）

陈伯吹（1906—1997），江苏宝山（今属上海）人。我国著名儿童文学作家、翻译家、出版家、教育家。小学毕业后辍学，曾当过学徒。20世纪20年代，当过乡村小学教师，业余从事儿童文学创作。1934—1937年，任儿童书局编辑部主任，负责编辑《儿童杂志》《常识画报》和《小小画报》。1943年在重庆北碚国立编译馆工作，兼任中华书局编审。1945年任《小朋友》杂志主编。1952年12月任少年儿童出版社副社长。1953年被选为第一届中国作家协会上海分会理事。1954年11月调入人民教育出版社任编审。1960年11月回上海，担任少年儿童出版社副社长。曾任中国作家协会理事、顾问。1983年被推举为第六届全国政协委员。

陈伯吹在人民教育出版社

王　林

陈伯吹先生是我国著名的儿童文学作家、翻译家、出版家、教育家，是中国儿童文学的领军人物，在海内外享有盛誉。他1906年生于江苏宝山（今属上海市），1997年逝世于上海。

陈伯吹毕生献身儿童文学。他从1923年起开始从事儿童文学创作，创作了大量儿童文学作品，翻译了许多世界儿童文学名著，出版了百余种作品。其主要作品有小说《火线上的孩子们》（1933）、《中国铁木儿》（1959）、《飞虎队和野猪队》（1979），童话《阿丽思小姐》（1932）、《一只想飞的猫》（1955）、《骆驼寻宝记》（1982），主要理论著作有《儿童文学研究》（1934）、《作家和儿童文学》（1957）、《儿童文学简论》（1959）。陈伯吹先生从20世纪30年代起从事编辑工作，早年先后在北新书局、儿童书局、中华书局等出版单位任职。他出任过《小学生》《小朋友》《巨人》等杂志的主编。陈伯吹早年曾在乡村小学任教，1934年起在幼稚师范学校等处任职，曾受聘担任复旦大学、华东师范大学、北京师范大学等高等学府的教授，讲授儿童文学课程。

陈伯吹1954年11月至1957年7月曾在人民教育出版社担任编审。本文通过大量资料的收集整理，试图还原这段历史。

1954年小学语文教材编写的背景

1953年5月17日，中共中央政治局讨论教育工作，毛泽东主席主持会议，会议决定抽调大批干部编写教材。此后的两年里，教育部颁发了一系列有关中小学学制、培养目标、教学计划的文件及有关决定，如《小学“四二制”教学计划（修订草案）》（1954年2月颁发）等。人民教育出版社以此为依据，于1954年开始着手编写一套十二年制中小学教科书，这是第二套全国通用的中小学教材。1954年6月，人民教育出版社在《关于当前任务和编辑方针的决

作者简介：王林，人民教育出版社少儿读物编辑出版中心主任、编审，主要研究领域为儿童文学、语文教育等，发表学术论文50余篇，出版学术著作2部。

定》中提出，小学语文教材“必须聘请专家参与，以保证课本质量”。在这次大规模选调进京的编写人员中，陈伯吹即是其中一位重要成员。[①]

陈伯吹于1954年9月收到由上海市出版局转来的中央组织部的调令，让他去人民教育出版社报到，参与编写小学语文教材。

陈伯吹虽以儿童文学作家名世，但对编写教材的工作并不陌生。早在1933年，他就曾为商务印书馆编过《初级小学复兴国语教科书》《国语默读课本》，为北新书局编过《高小国语补充读本》。在1943年他还曾突破日军封锁线，辗转到达重庆北碚的国立编译馆，编写“国常课本”[②]，当时的国立编译馆有著名学者梁实秋、李长之，翻译家杨宪益，教育家陆殿扬等人。在1949年以后，陈伯吹对小学语文教学的关注也未曾减少，曾写过《谈童话与小学语文教学》《谈寓言与小学语文教学》两文，并撰文参与过“《三只熊》能否入选教材”的讨论。

陈伯吹对调来北京编写教材，一开始并不是很乐意，因为1952年12月，他刚被任命为少年儿童出版社副社长，且在华东师范大学兼授“儿童文学课程”。但是，既然是组织安排，陈伯吹还是积极配合，何况中小学教材的编写工作也是国家基础教育的命脉。

参与1954年小学语文教材的编写

1954年10月，陈伯吹来到北京，被安排到景山东街45号院居住，寝室就在公主楼楼下。来北京工作后，陈伯吹慢慢喜欢上这里的“集体生活”了，这里不仅有几位上海老友——戴伯韬、计志中、陆静山等，还有相对民主的工作氛

---

① 课程教材研究所编著:《新中国中小学教材建设史（1949—2000）研究丛书·小学语文卷》，人民教育出版社2010年版，第51、52页。

② 1937年卢沟桥事变爆发后，国立编译馆把国语和常识两科教材合编为“国常课本”。

围。在人民教育出版社工作期间，陈伯吹主要参与编写了初级小学语文课本。这套教材的主编是蒋仲仁，编辑有陈伯吹、陆静山、袁微子、文以战、钟华、王绮、刘永让、黄秀芬、刘默耕、冯惠英等人（不同册的署名不同），校订者为叶圣陶、辛安亭、朱文叔，绘图者为刘继卣、蒋德舜、陈圣西等人。查阅人民教育出版社图书馆的藏书，有“陈伯吹”署名的是初级小学语文课本的第一至第五册和教学参考书第一至第四分册。陈伯吹对此套教材的贡献主要在选文上。

陈伯吹参编的小学语文课本和教学参考书

1956年教育部颁布的《小学语文教学大纲（草案）》提出，教材的课文除一些常识性课文外，主要应是文学作品，文学作品包括童话、故事、谜语、谚语、歌谣、诗、小说、剧本和文艺性散文。陈伯吹的小学语文教育理念和这一编写理念是非常吻合的——陈伯吹的儿童文学创作之路其实也是发端于教育。他早在故乡朱家宅当教员的时候，就常用商务印书馆的《儿童世界》和中华书局的《小朋友》中的文章自编阅读教材；他在19岁时发表的第一部小说《学校生活记》也以自己的教书生活为背景；他还长期担任《小朋友》《小学生》杂志的主编；他在1934年写的《儿童文学研究》，就有专章谈到“儿童文学与教育”。同叶圣陶先生类似，陈伯吹有儿童文学作家、小学语文教师、儿童读物编辑三者合一的身份。

在编写这套教材时，陈伯吹就认为：“小学教育是祖国百年大计的根本教育，而小学语文教科书是所有大、中、小学教科书中最重要的一种教科书。小学语文教科书基本上应该是儿童文学作品的读本，这是一般文学家和教育家所公认的。”[①]今天我们研读初级小学语文课本这套教材，可以发现这套教材中大多数课文是儿童文学作品。一、二年级的课文中，儿歌、谜语、童话、儿童

① 张黛芬、文秀明编：《陈伯吹研究专集》，少年儿童出版社1990年版，第52页。

故事占了一半多，选文有古代故事《承宫》《司马光小时候的故事》《鹬蚌相争》《守株待兔》，有民间故事《狼来了》《两只羊》，有中国现当代作家叶圣陶的《小小的船》、金近的《小猫钓鱼》，有国外作家列夫·托尔斯泰的《三只熊》、根据《格林童话》改编的《听妈妈的话》、拉封丹的寓言《狐狸和乌鸦》等。这套教材选文整体上贴近儿童生活，富有童心童趣，其中不少课文至今仍在使用，例如《小公鸡和小鸭子》《吃水不忘开井人》《我是什么》《葡萄沟》《千人糕》。由于当时的课文主要由编者集体编写、集体修改，故没有单独署名，但其中有一些课文选自陈伯吹的作品，如教材第二册的课文《小宝宝要睡觉》，就选自陈伯吹的儿歌《摇篮曲》：

风不吹，浪不高，
小小的船儿轻轻摇，
小宝宝啊要睡觉。

风不吹，树不摇，
小鸟不飞也不叫，
小宝宝啊快睡觉。

风不吹，云不飘，
蓝蓝的天空静悄悄，
小宝宝啊好好睡一觉。

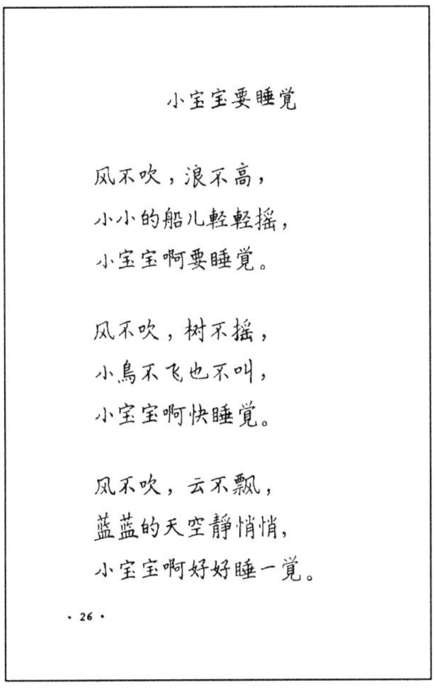
小宝宝要睡觉

风不吹，浪不高，
小小的船儿輕輕摇，
小宝宝啊要睡觉。

风不吹，树不摇，
小鳥不飞也不叫，
小宝宝啊快睡覚。

风不吹，云不飘，
蓝蓝的天空静悄悄，
小宝宝啊好好睡一覚。

· 26 ·

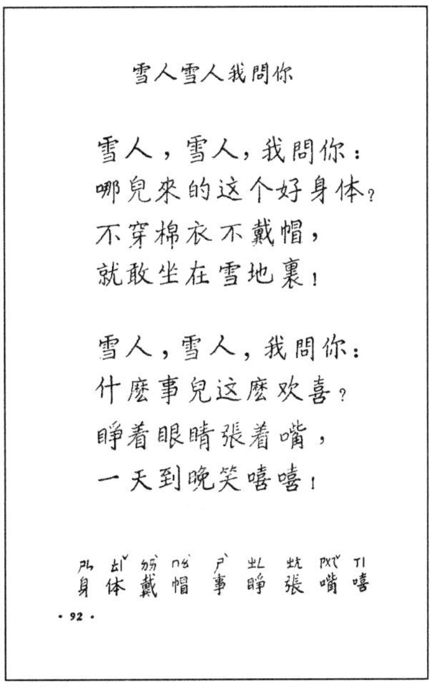
雪人雪人我問你

雪人，雪人，我問你：
哪兒来的这个好身体？
不穿棉衣不戴帽，
就敢坐在雪地裏！

雪人，雪人，我問你：
什麼事兒这麼欢喜？
睁着眼睛張着嘴，
一天到晚笑嘻嘻！

ㄕㄣ 身 ㄊㄧˇ 体 ㄉㄞˋ 戴 ㄇㄠˋ 帽 ㄕˋ 事 ㄓㄥ 睁 ㄓㄤ 張 ㄗㄨㄟˇ 嘴 ㄒㄧ 嘻

· 92 ·

选入课本的陈伯吹作品的书影

1954年新编的这套小学语文教材，是新中国成立后首次由人民教育出版社自编的教材。这套教材有很多名家参与，如封面和插图由著名画家刘继卣、王叔晖、邵晶坤、沙更世绘制，课文和练习由著名书法家邓散木范写，在内容编排上更有叶圣陶、辛安亭、蒋仲仁和陈伯吹等名家主导。他们编写的课文，注意把思想品德培养和语文能力培养相结合；内容贴近儿童生活实际，适合儿童需要；语言生动活泼，符合儿童兴趣。例如，针对有的儿童乱放东西，编有《东西要放在一定的地方》；针对有些儿童不爱护课本和文具，编写了《书和笔》；针对有些儿童上课注意力不集中，改编了金近的《小猫钓鱼》。这些课文虽然带有较强的思想教育性，但由于有了陈伯吹等儿童文学作家的参与，读起来语言亲切，朗朗上口，儿童并不会觉得“教训意味重”而不爱阅读。

呼吁“为小孩子写大文学”

由于深入参与了教材编写工作，陈伯吹对1949年后的儿童文学创作有了更加清醒的认识。1955年，他在《新华月报》上发表《关于儿童文学的现状和进展》一文，谈到“新中国成立后将近六年来，我们的儿童文学工作是肯定有成绩的，但是它的现状还是不能令人满意”，他呼吁要“繁荣创作”。[①]1956年2月，中国作家协会在北京召开第二次理事会扩大会议。在这次理事会上，茅盾发出了“作家协会今后应该协助有关部门进行中、小文学教材的编选工作”的建议。陈伯吹也应邀参加了这次会议，并就儿童文学创作与小学语文教科书选材的关系在会上发言。他向作家们呼吁“为小孩子写大文学”，因为他在教材编写过程中碰到了“选材问题”，可选的不多，或者可选的精品不多。

我必须说明：小学语文教科书里的儿童文学作品，条件是比较多的，而且是严格的，首先是最好的思想内容，并且是最好的艺术形式，要写得短小精悍，要写得生动活

① 陈伯吹著：《儿童文学简论》，长江文艺出版社1982年版，第273页。

泼，要少用生僻的、艰难的、冗长的字句等等。正因为如此，所以必须依靠有经验的有成就的大作家和大手笔。[①]

为了编写教材，陈伯吹向作家们求援，曾经一次发出四十封信给作家们，请求他们提供自己的或者别人的较好的作品，做好选材工作，协助编好教材。结果信件发出去的一年中，只收到了一封回信，可见“为小孩子写大文学”之不容易。

陈伯吹在人民教育出版社工作期间，并没有放弃自己的儿童文学活动。1955年2月，北京师范大学的陈垣校长得知陈伯吹到了北京，便邀其到北京师范大学兼职讲授儿童文学课。1956年春，中国作家协会联合共青团中央召开了全国第一次青年创作大会，成立了“中央文学讲习所”(鲁迅文学院前身)，陈伯吹被作协推选为辅导老师。在儿童文学理论上，他在1956年发表了《谈儿童文学创作上的几个问题》，提出了著名的“童心论”：

一个有成就的作家，愿意和儿童站在一起，善于从儿童的角度出发，以儿童的耳朵去听，以儿童的眼睛去看，特别以儿童的心灵去体会，就必然会写出儿童能看得懂、喜欢看的作品来。[②]

在人教社工作的日子，陈伯吹的生活并不呆板枯燥。喜爱孩子的天性，使他成了大院孩子的好朋友，吉晓蓉就是其中的一位小朋友。吉晓蓉是曾任人民教育出版社经理部（后改为出版部）主任吉少甫的女儿，她在1985年写了一篇《陈伯吹老人和猫的故事》，记述了陈伯吹和大院孩子的交往：“(陈伯吹）每次见到我们，都笑眯眯地点点头，或站在一旁，出神地看着我们玩，却很少说话……”[③]也就是在这个大院里，陈伯吹创作了童话的代表作品《一只想飞的猫》，发表在《人民文学》1955年第12期，还在中央人民广播电台播出。从陈伯吹的创作年表来看，他的理论集《儿童文学简论》《作家与儿童文学》，

①③ 张黛芬、文秀明编：《陈伯吹研究专集》，少年儿童出版社1990年版，第45、46、53页。

② 陈伯吹著：《儿童文学简论》，长江文艺出版社1982年版，第26页。

儿童小说《毛主席派人来了》，童话《一个秘密》《哈巴狗和红天鹅》《从山岗上跑下来的小女孩子》《十一个奇怪的人》等作品均写于在人民教育出版社工作期间。可以说，陈伯吹在人民教育出版社工作期间，也是他儿童文学创作的黄金时期。

陈伯吹编辑和创作的儿童文学作品

1957年5月，北京成立中国少年儿童出版社，由团中央领导。团中央希望“借”陈伯吹参加该社的领导工作，而教育部则希望直接“调”。两者还未扯清楚时，中国作家协会的刘白羽希望陈伯吹来作协搞专业创作。陈伯吹将此事告诉时任人民教育出版社副总编辑戴伯韬后得到了同意。于是，陈伯吹离开人民教育出版社，把编制转到了中国作家协会，成为一名专业作家。

1983年5月，陈伯吹与夫人吴鸿志在家中书房

1988年，陈伯吹接受上海市宝山区实验小学小记者采访

张孝达（1920—2013）

张孝达（1920—2013），浙江新昌人。我国著名数学教材专家。1939—1950年，先后在浙江丽水联合师范学校、浙江大学龙泉分校读书，并相继在新昌小学、新昌中学、嘉兴青年中学任教。1950—1954年，先后在北京师范大学工农速成中学师资培训班学习，在上海工农速成中学、上海华东速成实验中学任教，在上海华东教育部工农速算实验班、上海华东文教委员会干部教育局编写教材。1954年借调到中央文委干部局、教育部工作，后调入人民教育出版社工作直至退休。1969年8月下放到安徽凤阳“五七干校”，并在安徽省教育厅教材组工作。1977年8月至1979年12月，在教育部全国中小学通用教材编写委员会任职。曾担任人民教育出版社总编室副主任、主任，数学编辑室主任。曾任中国教育学会学术委员，数学教学研究会副理事长、理事长，数学教育研究发展中心理事长，全国中小学教材审定委员会审定委员等社会职务。著作除教材外，有《小学数学教学漫谈》《初中数学教学指导书》《高中数学教学指导书》《为了大众掌握数学》《数学大师论数学教育》等。

别忘了那一代人

——忆张孝达先生

顾泠沅

“文化大革命”之后重启鸿蒙

30年前的一个夏天，在张孝达先生出席了上海的一个研讨会之后，市教研室要我们在淀山湖畔景区接待他。那年我刚刚步入“不惑之年”，张先生是长我24岁的前辈楷模。一见面便出人意料：淀山湖是上海的后花园，驰名中外的青浦红楼梦“大观园”落成不久，游客如织。张先生却要找个僻静处，一开口就谈青浦数学教改小组的事情。我们从“文化大革命”灾难说起，到一线的陆老师有个“一本练习本”及时纠错补漏的经验，再到《教学过程中的信息回授》那篇论文。他说，你们的那篇论文是由北师大丁尔升教授在全国数学教研会成立大会上发现并亲自推荐的，那时我的印象不深。今天听过之后，才知道尽管时下教学问题积重难返，但基层教师跌打滚爬出来的好经验正是解决问题的一剂良药。初次深谈，我就感觉到张先生是个国家民族责任于胸、不耻下问、广纳众言的关注现实的人。

1982年的全国数学教研会成立大会暨首届年会在郑州召开，我是上海市的代表。会上，丁尔升先生在开幕词中提出要建立自己的数学教育学，令所有与会者精神为之大振。张孝达先生的大会总结报告，历数“文化大革命”破坏数学教育方面的大量问题，明确指出：我们能否从教研、师范院校、第一线三方面解决目前存在的问题。此后，全国的数学教研有了“龙头”，各省（自治区、直辖市）、地（市）、县（区）等自上而下的多级教研机构纷纷响应，它们扎根于一线老师的实践智慧，它们与高师院校等专家学者亲密合作，势如潮涌，一时曾领全国之先。

近年来，上海两次参加国际经济合作与发展组织（OECD）的国际学生评估项目（PISA）测试，无论阅读、数学还是科学，均为全球之冠，而且学生分化相对较小。尤其是2012年以数学为主的测试成绩更佳，引起各国业内人

作者简介：顾泠沅，数学课程与教学、教师教育专家，曾任上海市教育科学研究院副院长、研究员，华东师范大学教授、博士生导师。

士前来探寻奥秘。例如《超越上海》一书主编马克·塔克，在做了短暂考察之后谈到，此奥秘不下四条，四条中最重要的是学科主导的教师专业知识，还有包括“师徒制”在内的教师在职学习，其中严密的学科教研系统几乎成了大家关注的焦点，堪称基础教育成功的“国宝”。

这是从30年后看当初，“文化大革命”取消了教研制度，基础教育便倒退、滑坡、陷入灾难。拨乱反正时期，张先生那一代人瞄准数学教育的现代化，恢复中小学教学研究制度，从教学方法试验、教学内容更新、教学评价改革、师资队伍专业化等入手，大胆构想、踏实推进，确是大胆之举。张先生在主持全国数学教研会工作期间，几乎每两年都会提出研究会的主攻方向和实施内容，每两年都为大家提供遍布全国各地的鲜活典型。教研会一直行走在改革开放的前列，多次被评为中国教育学会所属专业研究会的先进单位。这正是那一代人勇往直前的本色和旁若无人的学术底气使然。今天，我们最好能记住这一点。

推广经验奔走呼号

旁若无人的学术底气来源于对现实的深刻把握。自那次意外深谈后，张孝达先生几乎每年都来上海青浦一次：去实验中学观摩课堂改革，到赵屯乡讨论教育为农村经济建设服务……在安徽绩溪召开的第二届年会上，张先生大力推荐青浦大面积提高数学教学质量的教改经验，引起强烈反响，青浦的《改革数学教学的一项实验研究》被评为研究会的首篇优秀论文。丁尔升先生十分赞赏青浦经验，认可取得经验和成效后有组织推广的做法。从此，青浦经验在全国各地不胫而走。

1990年9月，国家教委基础教育司在天津召开推广青浦经验筹备会，由马立副司长主持，会上张先生提了重要建议。由于在“推广”问题上意见不太一致，所以在推广之前经历了多次周折，张先生等很多人来回奔波，马司长等上下周旋，时而风和日丽，时而疑云密布。10月9日至17日，基础教育司组织由数学教育专家、教育科研人员和记者组成的专家研究小组赴青浦进行实地考察，组长是张先生和彭咏松，成员有曹才翰、曹福海、林铭荪、张家全、雷实、烟学敏、郭维亮等14人。经过深度调研，大家取得一致的意见，然后基础教育司拟就《关于推广青浦数学教改经验问题的请示报告》。该报告经国家教委何东昌、柳斌、邹时炎等主任批示同意，遂于1992年4月下旬在上海召开“学习上海市青浦县数学教改经验现场研讨会”，推广此项经验。这就把我们推上了全国的“检验台”，从此受尽煎熬。张先生他们是与我们同在一个“锅”里的受“难”人：推广会前一起在青岛组织全国首届中学数学教学的观摩与研讨，又南下广东举办学习教改经验的教学观摩研讨会，西进宁夏举办同样内容的研讨班，在福建省八天走了六个城市，晚上越野赶路，白天报告讨论（一共八场）和征询意见。会后的这类活动多得不可胜数，包括赴南宁召开西南五省学习经验的讲习会等，老前辈和我们站在一起，既是壮胆，又是练功，同时建立了真诚的友谊。

经验不可复制，教学原理和研究方法才能传播。1991年8月中旬，张孝达先生和我从北京出发去宁夏的中卫县，抽空去了那里的沙坡头，冒高温听嗡嗡“溜沙”鸣，坐羊皮筏荡黄河波涛。然后我们往北走进腾格里沙漠，包兰铁路有16千米在这里通过，将铁路建在流动的沙丘上，这种做法国内外少见，引起张先生与我不约而同的注意。据介绍，早在20世纪50年代，老百姓在实践中（可能是源于迷信）创造了一个非常简单的固沙方法——麦草方格，成为中国治沙成功的标志，化腐朽为神奇。先从迷信到经验，又从空气动力学的角度研究这种方格的粗糙度与空气阻力的关系，然后做实验，寻找流沙距离、风速与草障规格、联网结构的最佳关系。这不就是从经验筛选到实验研究，多快好省解决现实问题的生动例证吗？于是，后来我在宁夏回族自治区推广青浦经验的大会上以此为例，解释青浦经验的做法，取得了比预想好得多的效果。张先生说，这就是隔行如隔山，隔山不隔理。华东师范大学心理学家邵瑞珍教授曾对我说：措施存活于短期，只有上升到方法与学理才能长期留住。因此，我后来的博士学位论文，才定名为《青浦实验的方法学与教学原理研究》。

1995年12月，全国教研会第七届年会在浙江宁波召开，时任中国教育学会数学教育研究发展中心理事长的张孝达先生提议，约请部分专家先在上海聚

在上海青浦做调查研究，张孝达（右四）与第一线数学教师和教研员合影

会，他们是钟善基、丁尔升、张玺恩、陈宏伯、刘东、郭维亮、彭咏松、吴之季和方运加等十来人。前一天半在上海市区，由市师资培训中心的黄老师报告德国小学数学教育初探。黄老师在德国学习期间，强烈意识到理论思维的重要性。我补充说："民族底蕴不同，德法重思辨、英美好探新、日本善移译，而中国的特点是中和。"晚上小聚，本市数学教研会毛先生唱京剧助兴。他唱周信芳的《四进士》。钟先生点评："演宋士杰的老生，京派马连良，海派麒麟童，毛先生唱法，马中有周，周中有马。"当日兴奋有加，堪称数学界南北盛会，钟先生嘱咐我今后写一部数学教育界的"儒林外史"，可以记下此事。丁先生最后强调合作思想，南北联姻，各地协调团结，并赞成我说的"中和"思想。后来，钟先生手书七律一首赠我，后四句为"闻道聆听黄公论，飞觞歌唱毛公兴。不计物议吾侪妄，敢名盛会聚精英"。后一天半在青浦，住莲盛乡北任村的红楼度假村，领略田园风味。十位专家半数以上年事已高，已到了老骥伏枥的年岁，我曾谈到附近同里镇有一个退思园，内有楹联"忙里偷闲，退而思进"。当日钟先生又占七律一首赠我，后四句是"度假村中不偷闲，退中思进记心间。吾辈任务重如是，百尺竿头着先鞭"。

毕生追寻"大众数学"

张孝达先生一方面四处奔波，为大面积提高数学教学的质量不遗余力；另一方面又为数学教育的内容改革殚精竭虑。20世纪50年代初，张先生就在上海参加由孙克定老先生主持的工农数学教材的编写，历时近两年。之后，他被调到北京，参加全国中学数学教材的研究和编写工作，先后任人民教育出版社总编室主任、数学室主任。"文化大革命"期间人教社被撤销，他随原教育部到安徽凤阳的干校搞"斗、批、改"，随后就地分配，被分配到当时安徽省革命委员会文教办教材编写组。粉碎"四人帮"后，他调回原单位，从此积极投身到"文化大革命"后新一轮的全国中小学教材编写工作中去。1978年年初，他与丁尔升、钟善基诸先生首先在北京成立"中小学数学教育现代化研究会"。在这个组织推动下，1982年正式成立中国教育学会数学教学研究会。

研究会成立之初的1983年年底，由张先生和丁先生负责，成立“我国经济和社会的发展对数学基础知识和技能的需要的调查研究”课题组。调研历时两年多，集中了教研会与课程教材研究所数学室的骨干力量，涉及全国17个省、16类行业的79个单位，涵盖60余所高校300多个系或专业，翻看了76种近半年共413期的杂志，最终得出了三个方面的统计表：一、各行各业对数学知识需用情况统计表；二、高等院校各系（或专业）对中学数学知识需求情况统计表；三、在76种杂志中出现的数学知识统计表。三个方面还各有一份较为详尽的分报告。调查结果成为制订九年义务教育数学内容的重要依据，也为张先生日后提出“大众数学”的思想提供了重要支撑。

1983年4月，张孝达（前排居中）在烟台与参加中国教育学会数学教学研究会举办的“大面积提高初中数学教学质量”研讨会部分同志合影

1990年8月初的一个晚上，张孝达先生与我在青岛市教师之家三楼休息厅谈话。他认为当时我们有必要也有可能提出数学教育的一种思想和方法。说必要，指的是实施义务教育；说可能，指的是我国近十年大面积提高初中数学教学质量的实践和研究。张先生把“大众数学”的轮廓表述如下。思想——所有能力正常的儿童和少年，都能够掌握现代社会所必需的数学，即“大众数学”。原则——循序渐进。在班级授课制的前提下如何使每个学生都做到这一点？我们已在这方面找到了一些行之有效的方法。条件——制订正确的可检查的数学目标：①具体到每个知识点；②有的知识点还要分为若干层次，明确逐步掌握；③每个知识点、每个层次的目标具体化为应知应会；④此外，还应根据学生差异制订每个学生达到的目标。手段——反馈矫正。例如青浦经验。他还说，总而言之，大众数学、掌握数学是针对义务教育提出来的，但它们是开放的。首先，大众数学是随着社会的发展而发展的；其次，它不是纯数学，但纯数学由它发展出来。因此，大众数学具有广泛的适应性，它既能满足大多数人适应现代社会生产和生活的需要，又能满足一部分人向高层次、多分支发展的需要。这就是张先生的思想（10年之

后出版张孝达的学术论著，书名为《为了大众掌握数学》)。

次日早晨，张孝达夫妇与我相约，顺道送我一起去烟台（我将从烟台坐船赴大连出席全国教育科学规划领导小组会议）。我们坐的是站站停的列车，沿着胶州湾慢慢北上，在车上张先生滔滔不绝与我谈掌握数学的设想。下午两点多到烟台，住下后我们三人徒步去毓璜阁，登高赏景，全城雄姿一览无余。傍晚折回，在住处餐厅吃晚饭，张先生请我喝啤酒。先生高兴极了，他说我们是忘年知己，千杯恨少。第二天早起，三人出游蓬莱诸景，坐船探渤海，穿洞寻仙踪，且行且聊心中事，言语间澡胸荡脾，悠悠然神清气爽。午后回住处。下午五点半到烟台港客运站，张先生竟执意送我上候船室，再三叮咛要把青浦的改革往前再推一步，到六点才握手道别。前辈师长待我如此，此次半岛之行，我终生铭记于心。

奖掖后人关注明天

1997年，我受上海市教委领导委托，主持起草《进入21世纪中小学数学教育行动纲领》。那年10月底，教研会的第八届年会在江苏张家港召开，开幕后，我们向大会报告上海的行动纲领。张先生高兴至极，要过我手头的第65本研究日记（他知道我会长期保留这些日记），工工整整地写上“神州世纪春雷”六个字，并声明这是对行动纲领的评价。他说，在他们家乡——浙江新昌，春雷一响，到处是生机勃勃的竹笋破土而出。我回应，君子好竹，人称“未出土时先有节，及凌云处仍虚心”。张先生点头称是。

张先生一生好与年轻人结交，处处帮助别人，提携后学。这其中除了青浦我们那一帮教师深有体会外，还有江苏搞平面几何入门教学的杨裕前老师、广州搞思维与数学教学的郭思乐老师、东北搞教育评价的魏超群老师等都感同身受。每每谈起张先生，大家常感叹不已。除此之外，为了未来21世纪的数学教育，张先生后来又结集更加年富力强的青年学者，记得有北京的刘坚、浙江的范良火、南京的马复等。在张先生建议之下，20世纪90年代初开始成立“21世纪中国数学教育展望——大众数学的理论与实践”课题组。课题组做了

1998年8月，张孝达（居中）参加华东版初中数学教材审稿会

大量的调查研究和教材建设的工作，成绩卓著。他们参与了教育部近20年来新的课程标准的制定和实验教材的编写，已在新世纪产生影响。

晚年的张孝达先生，还亲自参与主持华东版初中数学实验教材的编写。他和张玺恩、陈宏伯两先生一起，受安徽省教科所的邀请，参与筹划与编写、审查工作。当时，张先生作为80岁高龄的老人，不但改稿，而且写稿，还要参与教师培训和试教研讨。壮心不已，志在明天，足见老先生对我国数学教材建设的一片赤诚之心。

重温那些渐渐远去的足迹，30年了，红楼初识，大漠论理，退思盛会，半岛长谈，烟台饯行，春笋明志……真是"忆君心似西江水，日夜东流无歇时"。

他们这一代人，遭"文化大革命"迫害，劫后余生，奔"现代"奋不顾身。人生驿路崎岖短暂，他们抓住这辈子着先鞭、自奋蹄，一路上登山涉水、特立独行，看尽村落炊烟、都市霓虹，真不愧是大跨度的一代拓荒者。粗粗看，他们教书、编书、调查、研究，无非都是寻常事，但他们身上却集中反映了不同寻常的精神价值。或许我们只有读懂这一点，才能对当下的教材建设或教学研究中的大小问题进行检讨，才能远离急功近利，找到改革的根由所在。如果从这一代人身上能看出另一个天地的话，那么我们才能真正体会到责任与执着的魅力，并从中"打捞"如今急需的精神。因此之故，我们，千万别忘了那一代领航人！

（摘自《课程·教材·教法》2014年第11期，有改动）

王占春（1930—2013）

王占春（1930—2013），河北临榆（今属秦皇岛）人。我国著名学校体育专家。1949年9月至1954年12月在黑龙江省佳木斯师范学校担任教师。1954年12月调入人民教育出版社，历任助理编辑、编辑、体育组组长兼教育部办公厅直属体育教导处副处长。1974年到北京市东城师范“五七大学”任教，1978年9月再次调入人民教育出版社，先后担任中小学教材编辑部体育室主任、体育编辑室主任，离休后继续担任人民教育出版社咨询委员。先后参与、主持或协助编写了新中国成立以来八套《中小学体育教学大纲》和中小学体育教材。主持过《中等师范学校体育教学大纲》《幼儿师范学校体育教学大纲》以及配套教材的编写。出版了《新中国的学校体育》《新中国中小学体育教材编写纲要1954—1988年》《王占春教育文集》等著述。

为学校体育倾注毕生心血

——怀念王占春同志

宋尽贤

王占春同志去世了，我们失去了一位令人尊敬的老大哥。

我与占春相识于1986年在集美召开的学校体育论文报告会，翌年我到体育司（现教育部体育卫生与艺术教育司）工作，见面的机会就多了。由于长期在大学工作，我对中小学体育知之不多，对国家机关也不熟悉。刚到体育司时，占春向我介绍情况，又不吝赐教，给了我许多宝贵的建议，成了我在体育司工作期间的“百事可问”。2000年高等教育学会体育专业委员会与教育学会体育卫生分会合并为统一的理事会，我担任理事长，占春是谙熟中小学体育的副理事长之一，在以后长达十几年的学会工作中他又给了我极大的支持与帮助。

为编写中小学体育教材奉献一生

我与占春第一次工作上的直接接触是1990年年初举办的新教材培训班。会前，占春要我在会议开始时讲话，还要多讲。我不爱讲长话，且对中小学体育教学又不熟悉，便一再推辞。占春两次约我长谈，还带了许多资料不厌其详地介绍中小学体育教材的发展演变，以及1990年教材的特点，并向我介绍有关中小学教材的基本常识。正是在准备那次讲稿的过程中，我对中小学教材有了基本了解，也知道了占春几十年间为中小学教材建设所做的贡献，崇敬之情油然而生。

作者简介：宋尽贤，曾任教育部体育卫生与艺术教育司司长、中国教育学会体育与卫生分会理事长、中国高等教育学会体育专业委员会理事长、中国大学生体育协会副主席。

教材审查委员会体育学科组部分成员及相关人员合影（前排左一为王占春）

为纪念建社60周年，2010年人民教育出版社编辑了“新中国中小学教材建设史（1949—2000）研究丛书”。丛书的《体育卷》详述了新中国建立后半个世纪内全部八套中小学体育教材的编写背景、内容及特点。王占春作为编者之一参与了1954年第一套中学教材的编写工作，主持编写了1961年第二套至1990年第五套，并在离休后参与并协助编写了第六套至第八套。占春生前不止一次自谦地说“写了一辈子教材”。跨越半个世纪，为亿万青少年的健康呕心沥血、孜孜不倦，占春不愧为新中国中小学体育教材编写第一人。

王占春与师生共同研讨武术教学

在教材编写中，占春认真负责、一丝不苟。此外，还有三点特别值得提及：一是尊重历史，善待前人的经验教训，避免重复错误，少走弯路；二是注重中国传统文化与现代体育的结合，积极、稳妥地将武术等优秀民族传统体育引入中小学体育教学；三是尊重实践，与一线体育教师广交朋友。他积极参与地方乃至基层学校的教学研究活动，汲取各地学校的先进经验。20世纪90年代的他虽已年过古稀，但无论是在岭南的湛江还是北国的兴安岭，不管是在城市还是乡村，在几次稍有影响的学校体育工作交流现场都可以看到他的身影。他有一批交往密切的朋友，其中不少是特级、高级教师。在培训或教学研讨时，他能随时列出生动的实例，告诉大家某地、哪位教师是怎么教的。尊重他人，必然得到他人的尊重，在向他遗体告别的队伍中，就有不远千里专程赶到八宝山殡仪馆的朋友。

全民健身、全面增强学生体质的积极倡导者

1949—2000年，我国中小学体育教材建设经历了改造旧中国体育课，学习苏联经验体育课程“正规化”，“大跃进”及“文化大革命”干扰，取消体育课，改革开放后逐步建立科学完善的体育课程体系等阶段。在这一曲折发展的过程中，占春及人民教育出版社体育编辑室逐步明确了中小学体育教学的主要目标与基本原则，这是中小学体育教材建设方面的“先知先觉”。

印象最深的一点是他们把学校体育的指导思想和方

针、原则牢记于心，如学校体育的目的是全面增强学生体质、提高健康水平，青少年健康是终生发展的前提，中小学体育是国家体育的基础等，并在教材编写中努力实践。其中有一件事给我留下深刻印象。记得刚到体育司不久，占春就向我讲述了何东昌同志在听取学校体育和中小学体育教材建设工作汇报时关于“学校体育以面向全体学生为主，以增强体质为主，以经常锻炼为主”的指示，既表明他们编辑室将坚决贯彻“三个为主”的方针，也提醒我在工作中要加以注意。此后不久，我和他一起到国家体委（现国家体育总局）就武术编入中小学教材向体委领导及武术院的专家请教。他开宗明义地表明，希望武术院不要只关注武术项目走向世界，只宣传武术明星在国外讲学、开武馆，应该更多地关心武术等传统文化在我国青少年一代中的传承与发展，让全体学生领悟中国武术文化的精髓，学会用武术健身。听着他对武术界似乎颇有微词的直白，我有些担心，没想到却收到了极好的效果。武术院的专家感谢占春的提醒，并从练武术如何起步，武术与剑道、拳击的不同，教师培养等方面提出了不少建议。

王占春（前排左二）参加体育研究会理事会年会

作为中国体育科学学会常务理事、国家体育发展战略委员会委员，占春关注国家体育事业的发展，是全民健身的积极倡导者。他呼吁体育管理部门正确处理全民健身与竞技体育的关系，建议增加对全民健身的投入；更明确地提出，重视学校体育是加强全民健身的重要标志。

青年教师的良师益友

占春积极参与了中国教育学会体育研究会（后更名为“体育卫生分会”）的创立，并担任第一届至第四届副理事长及第五届顾问。他与1930年出生的几位常务理事一道，是学会的元老。更因为他是1月出生，按长幼排序被称为老大哥。

1985—2010年，在长达25年的学会工作中，占春像青年人一样不辞辛劳地积极参加学会的各项活动，认真完成他承担的每一项任务，哪怕琐碎的小事他都放在心上。如为避免冷场、节省会议时间，他往往第一个发言，后来几乎成为惯例，他也被大家誉为“首席发言专业户”。不顾年迈、遇事率先垂范的点点滴滴赢得了大家对他的尊重。

占春是个有话就说不会隐藏自己观点的人。初次见面可能觉得他过于直言不讳、不留情面，接触多了就深切感到他真的是“刀子嘴，豆腐心”。

无论是在人民教育出版社体育编辑室，还是退休后在学会工作，占春都结交了为数不少的青年教师。感悟他的魅力、倾慕他的风采、聆听他的“说教”，使大家受益匪浅，从心底里把他视为良师益友。

前不久看到启功先生赠北京师范大学的一幅画，并有题诗：

从来造化本无私，喜见松苍竹茂时。
抱雪凌阳嘉荫远，好培修箨长新枝。

得知占春过世，我一下子就想到了这首诗。我们学会虽无法与北京师范大学相比，但学会理事少长咸集，理事间取长补短、互相切磋，不也恰可成为一个老树新枝、茂林修竹的百花园吗？

占春同志自新中国成立前参加工作，是我的同事中享受“离休”待遇的老革命之一。他为中小学体育教材建设殚精竭虑，把毕生精力献给了中国学校体育事业。2004年学会换届，占春等几位老大哥不再担任副理事长，被聘为顾问。为表彰他们对学校体育工作的贡献，学会定制了一件纪念品送给他们。我以十分崇敬的心情拟了以下两行字镌刻其上：

为中国学校体育事业辛勤耕耘50载，倾注毕生心血
为研究会创立和发展不懈努力20年，奉献全部身心

是啊！从1949年起就为我国中小学体育课程改革和教材编写笔耕不辍的，除占春外还能有谁？1985年参与创建教育学会体育卫生分会，其后又为学会发展建设尽心尽力的，除占春外还有几人？

2010年纪念学会建立25周年，并为占春等几位老同志过80岁生日，占春又激动地提及了上面两句话，感谢学会对他一生工作的肯定。

（摘自《中国学校体育》2014年第2期，有改动）

张志公（1918—1997）

张志公（1918—1997），河北南皮人。我国著名语言学家和语文教育家。1945年毕业于金陵大学外语系，后留校任教。1948年应聘到海南大学外语系任副教授，并代理系主任。1950年赴香港，任教于华侨大学。1950年10月赴北京，任开明书店编辑，翌年负责编辑《语文学习》月刊。1954年调入人民教育出版社，历任《语文学习》编辑部负责人、汉语编辑室主任、外语编辑室主任、副总编辑。主持编写过汉语课本、英语课本和俄语课本。曾任第六、第七届全国政协常委会委员、中国民主促进会中央执行局委员、中国修辞学会会长、全国中语会副会长、中国语言学会常务理事、北京语言学会会长、中国外语教学研究会名誉理事等。著有《汉语语法常识》《修辞概要》《语法学习讲话》《传统语文教育材论》等。著述结集为《张志公文集》五卷本。

张志公：实用语法学家

周有光

我和张志公先生成为往来频繁的亲密朋友，因为我们长期一同住在一个大院里，这个大院叫作公主第。

1955年年底，我被调来北京，在中国文字改革委员会工作，办公处和住处都在北京沙滩景山东街的公主第。这里是新中国成立前的北京大学、清朝末年的京师大学堂。沙滩的红楼是后来添造的。“五四”运动的许多故事，就发生在这里。

地名早期叫马神庙，现在改称“沙滩后街”。公主第原来是一座规模宏大的驸马府。中国文字改革委员会一个单位用不了这许多房屋，跟另一个单位人民教育出版社共同使用。当时全国大中小学的所有教科书都是人民教育出版社编辑出版的。

志公先生在人民教育出版社工作，跟我随时往来，非常方便，甚至一天往来几次。我有什么工作上的问题就去找他，同他商量。有时有朋友来找我，在我的办公室和家里都找不到，就到志公先生的办公室和家里去找，一定找到。

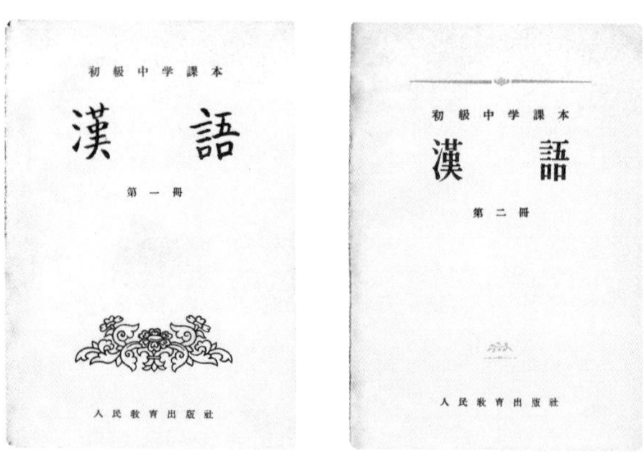

张志公主持编写的《汉语》课本

我们一同看到公主第大院的一派宫廷景象，绿树成荫，花香

作者简介：周有光，中国语言文字学家，《汉语拼音方案》的主要制定者，被誉为“汉语拼音之父”，先后任中国文字改革委员会委员、国家语言文字工作委员会委员、中国社会科学院研究生院教授、语言文字应用研究所研究员、《中国大百科全书》第一版总编辑委员会委员、《汉语大词典》学术顾问，第四届至第六届全国政协委员。其夫人张允和曾为人教社历史编辑室编辑。

叶圣陶与吕叔湘（左）、张志公（右）讨论教育问题

鸟语。春天，白色和紫色的丁香花处处盛开。大院中心有一个荷花池，每年开放复瓣荷花。池中有一个白石头的方柱子，顶上是斜放着的圆盘形日晷，旁边刻着“仰则观象于天，俯则观法于地”字样。这是京师大学堂和北京大学遗留下来的文物。

我们也一同看到公主第大院在一次一次政治运动中不断遭到难以相信的破坏，成为很像一个无人管理的低级难民收容所的样子。终于，浩劫过去，否极泰来，把红漆大门拆掉，把大门外的两个石狮子搬走，封建意味一扫而空，改成一组一组矮矮的新式办公楼和宿舍。

我每次想起志公先生，不能不同时想起公主第大院的沧桑变化，因为从我的办公室到他的办公室必须经过这一带使人回想清朝覆亡和“五四”运动的花园式庭院。现在，志公先生的宝眷还住在公主第的新造宿舍里，我已经离开公主第内清朝末年建筑的破烂不堪的住宅，迁移到名称古怪的后拐棒胡同。

20世纪50年代，振兴教育，朝气蓬勃，一方面提倡普通话、简化字、汉语拼音；另一方面改革现代汉语教育，重视语法和修辞。这时候，掀起一个语法学的百家争鸣，语法学的文章如天女散花，缤纷落地，现代汉语的语法研究得到前所未有的提高。

张志公（后排左二）会见苏联普希金俄语学院院长斯托马洛夫

但是，中学的语法教科书不能众说并立，旁征博引，需要有一个简单明了、说法一致而且容易为青年们所理解的语法体系。这是一件艰难而重大的学术综合工作。在志公先生主持之下，折中于各家学说之间，写成一个兼收并蓄、汇集众长、适合中学教学用的语法体系。他和他的同事们出色地完成了这一工作，得到社会各方面的赞赏。

志公先生学识渊博，著作很多。他治学谨严，著作切于实用。例如，他跟田小琳女士合著的《现代汉语》，就是一部极好的适合大学一年级用的教科书。语文界对他的理论结合实际的学风钦佩之至。

志公先生长期以来热心文字改革，不仅观点跟文改会的同道们共鸣，而且在许多工作中跟文改会的同道们协作进行。他最后担任中国语文现代化学会的会长，就是他众望所归的证明。他几次对我说，他被邀请到国外讲学，人家希望他多讲一些语法学，可是他想尽办法多讲中国的文字改革。他的学术思想是向前看的，不是向后看的。他同意我们提出的“厚今而不薄古”的观点。这跟中国语文学界的传统思想有许多不同之处。

志公先生比我小几岁，可是他一早就拿起拐棍，留了胡子，而且胡子渐渐有些花白的影子，人家称他张老。他笑笑、点点头。我呢，年纪比他痴长几岁，可是不拿拐棍，不留胡子。每次一同开会，他总是笑着介绍说，我是他的老弟。我也就称他为老兄。许多人信以为真，引起哄堂大笑！这是我们常在一起开会的趣事。

现在，我还是常常遇到问题就拿起电话跟他老兄商量。可是，在想电话号码的时候，我忽然记起老兄已经登上了“八宝山”，而老弟还停留在“后拐棒”。真是，“夫天地者万物之逆旅，光阴者百代之过客”：我们一辈的人属于语法学上所说的过去时态了。可是中国语文和语文研究应当永远属于未来时态。

（摘自《我的人生故事》，当代中国出版社2013年版，有改动）